新装版

生年月日の暗号

統計心理学でわかる6つの性格

佐奈由紀子

PHP文庫

○本表紙図柄＝ロゼッタ・ストーン（大英博物館蔵）
○本表紙デザイン＋紋章＝上田晃郷

はじめに

「才能」のことを、英語では「GIFT」と言います。
「才能」、それは神さまからの贈りもの。

神さまはきっと人間に幸せになって欲しいと願っていることでしょう。しかし、簡単に幸せになる方法を教えてしまっては、人間は努力をしなくなってしまいます。

幸せになる方法を教えたいけど、教えてはいけない。でも教えたい。
そんなジレンマに悩んだ神さま、せめてヒントだけでも教えようとしたのでしょう。

人がオギャーと生まれる瞬間、つまり誕生日に情報を暗号化して託しました。

誕生日には、その人が神さまから贈られた「GIFT」を解く鍵が隠されています。解読することによって、生まれながらにしてもっている「才能」がわかります。

「才能」というと、特別な人にだけ備わっているものといったイメージがありますね。でもそれは誤解です。人にはだれにでも天から与えられた、生まれつきの「才能」があるのです。

ここで言う「才能」とは、その人の基本的な考えかたや行動パターンといった「価値観」のことです。「え？　それって才能？」と思うかも知れませんね。「価値観」がわかるとは、才能を開花することに継がるのです。「価値観」がわかることによって、その人の強みや得意分野、ピーンと心に響く言葉（言霊《ことだま》）、意思決定のポイントがわかります。さらには、その人らしさ、幸せ感、人間関係の構築方法といったことまで明らかになってきます。つまり、その人らしく無理なく生きるガイドラインが示されるのです。

この本は、誕生日から読み取れる「才能」の傾向を明らかにしています。理解しやすくするために三つ、あるいは六つのタイプに分類し、それぞれの基本的な考えかた、どのポイントをほめられれば能力を発揮できるのか、ぶつかりやすい壁の傾向といったことを明確にしました。さらに、自分とはちがうタイプの人と、どのようにつきあっていけばよいのかといったコミュニケーションについても明らかにしました。

この本をとおして、自分の強みを把握し、不要な迷いを減らし、自分らしさを愛し、他人を許容する器を広げて人間関係の向上に役立ててください。

新装版

生年月日の暗号

統計心理学でわかる6つの性格

目次

直感重視タイプ 62

第3章 6つの性格の特徴

オウンマインドタイプ　138

第4章 コミュニケーションアドバイス

レベルアップタイプ

第5章 6つの性格とのつきあいかた

第1章

バースデイサイエンスとはなにか

「才能」発見のための新しいツール

✦人は自分の価値観で決めつける

昔から、十人十色と言われるように、人の性格はさまざまです。明るくにぎやかな人もいれば、もの静かな人もいます。せっかちな人もいれば、のんびりしている人もいます。きめ細かい人もいれば、おおざっぱな人も……。

世の中にはいろんな人がいるのです。このことは、特に、専門的な心理学や精神医学などのむずかしい概念や解釈を知らなくても、身近な人々と社会生活をしていくなかで、だれもが経験としてわかっていることです。

しかし、世の中にはいろんな人がいるということを頭では認めても、ハートではなかなか受け入れることができません。

人はだれでも、「自分は正しい」「自分はまちがっていない」と信じています。ですから、まわりの人のやりかたや考えかたが自分とはちがっているのを見ると、どうにも納得いかないものなのです。一般に、「趣味嗜好《しこう》」や「ポリシー」といったものは異なっていることを受け入れられるのですが、基本的な考えかたや価値観、やりかたについては、自分のそれとは異なる他人を否定的に見てしまうのが通常です。

例えば、ものごとを深く考える人は、他人も同じように深く考えるものだ、あるいは深く考えるべきだと思っています。逆にまず行動ありきの人は、深く考えるよりも行動してみることが大切だと思っていますから、深く考える人のことを「考えすぎ」「神経質」と決めつけてしまうのです。

✦お互いを尊重するための客観的指標

「敵を知り、己を知らば、百戦危うからず」
（敵を知り、自分を知れば、百回戦っても危ないことはない）

これは、『孫子の兵法』の有名な一節です。紀元前四〇〇年頃に書かれたこの教えは、今もなお色あせずに生きています。太古の昔から賢人は、自分を知り、他人を知り、そのちがいを客観的に受けとめることの大切さを知っていました。

ではいったい、自分と他人の考えかたや価値観のちがいを明確に知るには、どうすればよいのでしょうか。

その答えは分類化です。

人の性格の傾向性を研究し、分類化することによって、自分とはちがう価値観の存在を受け入れることができます。つまり、お互いのちがいを認め、尊重するための客観的指標となりうるのです。

ところがこうした分類化は、しばしば、「人を特定のタイプにおしこめ、決めつけるものだ」と思われてしまいます。しかし、これは間違いであり、むしろ逆です。

なぜなら人は、自分の価値観を基準にして、他人を推し量るものだからです。自分勝手に他人のことを決めつけているのです。そのため、

「あなたの性格の問題点はここだ」

といったダメ出しも日常的に行われています。

しかし、ダメ出しは危険です。ダメ出しする方は、相手のためを思っての親切心から指摘するのですが、実はそれが相手の「才能」を潰《つぶ》してしまいます。なぜなら、長所と短所はいつも表裏一体だからです。たとえば、ものごとをていねいに処理する人は、どうしてもスピードが遅くなりがちです。それを「ノロマ」と指摘して急がせてしまうと、持ち前のていねいさが活きなくなってしまいます。

そもそも、相手のことを本当に受け入れて、理解し、尊重していれば、ダメ出しなど思い浮かばないのではないでしょうか。

こうした理不尽な決めつけを避けるために分類化が効果的なのです。

また、分類化は占いとはちがいます。「当たる」「当たらない」を検証するものではありません。また、適性を決めつけるものでもありません。

分類化は、その人に判定されるタイプの傾向を、その人の現在の姿に照らし合わせて、強く傾向が出ているのはどの部分か、あるいは表出していないのはどの部分かといったことを観察するものなのです。

たとえば、Ａさんは、とても人に気をつかうタイプであるとします。しかし、現在のＡさんからは全く人に気をつかう様子は見られません。むしろ協調性がなく、まわりは手を焼いています。

そのような場合、Ａさんはいったいなぜそうなったのか。その状態のままで、果たしてＡさんは本当に幸せなのか。もしかしたら今、表面的には表れていないだけで、何かをきっかけに人間関係がうまくいくことがあるのではないだろうかと考え、Ａさんの深層心理をわかってあげるように努めたり、話しかたを工夫するヒントにする。こういった視点をもつことによって、その個人を不必要な悩みから救い、強みを生かす方法を模索するのが分類化のありかたです。

タイプによる決めつけをするのではなく、人の可能性を引き出すためのツールとして活用するところに、分類化の存在意義があるのです。

✦バースデイサイエンス――新しい統計心理学――

太古から人は、誕生日には何か特別な意味があるのではないかと本能的に感じ取っていたようです。その一部が、星座、干支《えと》などに見られる占いです。

しかし、この本で扱うのは占いではありません。誕生日を基にしたこの研究は、心理学者であり、同時に四柱推命の研究家でもあった増永篤彦先生が、ご研究のなかで発見されました。また、人間科学研究所の長谷川博一先生は、ビジネスシーンで活用できるように体系化し、態度類型学として発表して、生涯五〇年にわたって、追跡調査を続けられました。その後も複数の研究家によって、誕生日から読み取れる性格の研究が続けられています。

こうした偉大な先哲の血と汗がにじみ出るような多大なご苦労の下に生み出された理論と膨大な統計データを基に、今の時代にマッチするように修正を加え、わかりやすく言葉をあらためてまとめ直し、さらに研究を深めて発展させたものが、誕生日を基にした統計心理学です。こうした研究を総称して、「バースデイサイエンス」と呼んでいます。

バースデイサイエンスは、人が生まれながらに持つ特性を解析し、分類しています。タイプの種類は、つきつめると数万パターンにもおよびます。すべてを覚えるのはほとんど不可能に近いので、項目を設けて分類しています。

どの項目を見るかは活用する場面によってさまざまですが、もっとも基本となるのが、ベーシック三タイプです。そして、さらに詳細に見るためにそれぞれを二つずつに分けて、六つになります。

ベーシック三タイプ（そのなかから細分される六タイプ）

・人柄重視（レベルアップタイプ・セーフティタイプ）

・結果重視（ドリームタイプ・オウンマインドタイプ）
・直感重視（パワフルタイプ・ステータスタイプ）

バースデイサイエンスでは、数多くのビジネスシーン、たとえばセールスパーソンと顧客、上司と部下、適格な人材配置・育成、さらには個々人の自己分析など、ありとあらゆるデータをとりながら、統計的な観点で検証を続けています。

日本を代表するような企業のなかにも、積極的にこの研究成果を取り入れて、高い実績を上げているところがあります。また、多くの経営者やマネジメントにも活用されています。

ビジネスは社内外を問わず、人間関係で成り立っている社会です。その一場面一場面にバースデイサイエンスは活用されうるのです。

また、ビジネスシーンだけでなく、教育現場にも取り入れられ、教師と生徒の関係、効率的な学習方法を見極めるヒントとして役立っています。

しかし、この本ではむずかしい統計データや解析の結果の説明は割愛し、それぞれの傾向の説明を充実させました。

次章から、それぞれのタイプの説明に入ります。まずは巻末の年表から、ご自身のタイプを調べてください。

タイプを調べたら、まずはベーシック三タイプ、次に六タイプと読み進めてください。読む上で注意をしていただきたいのは、できるだけ「素」の自分をイメージすることです。

ここに書かれているのは、誕生日から導き出された傾向性を基にした人間像です。親の影響や立場、本人の努力で培《つちか》ってきたスキルといった後天的なものは、一切加味していません。ですから、今現在の自分からできるだけ後天的な影響を取り除くように意識して読んでください。例えるなら、小学生くらいの頃の自分をイメージするとよいでしょう。

そして、読みながら自分自身に「どう？　そんなところがある？」と素直に聞いてみてください。自分にはどのくらい当てはまっているのか。特に当てはまっているのはどのあたりか。まったく当てはまらないのはどこか。そうしたことを探ってみてください。その過程で、自分でさえ気づいていなかった能力や適性、強みを知ることになります。自分の強みや持ち味に気がついたら、それを大いに磨いて光らせましょう。

なかには、まったく腑に落ちない記述もあるかもしれません。しかし、それはあまり気にしないでください。ここに書かれているのは、あくまでも傾向です。今現在の自分にその傾向が見られないのであれば、埋もれてしまったのか、あるいは表出したことが一度もないのかもしれません。その場合は、無理に自分をタイプに当てはめる必要はありません。今現在のありのままの自分を受け入れてください。

また、自分のことを本当によく知っている近しい人にも、あなたのタイプのところを読んでもらいましょう。そして、その人から見て、どこがあなたに当てはまっているのか、どこは当てはまっていないのかを言ってもらいましょう。自分で思っている「あなた像」と他人から見た「あなた像」は、もしかしたらちがっているかもしれません。そのギャップを探ることで、自分自身を客観的に見ることができます。そこには、自分では気がついていなかった「才能」が隠れていますから、見つけ出しましょう。

なお、本文中の文章は各タイプ別に響くよう、表現方法を工夫しました。

では、ベーシック三タイプから説明していきましょう。

第2章

ベーシック3タイプ

人柄重視タイプ

人柄重視タイプに共通する特性

✦人の和を乱したくない

人柄重視タイプは、基本的に「人からきらわれたくない」という思いが強い傾向があります。人と人の「和」といったものを大切にするのです。

といっても、「世界は一家、人類は皆兄弟」とまで思っているわけではありません。自分の手の届く範囲で、周囲の人とケンカしたり競争したりせず、ともに助け合い、協力し合いながら、和気あいあいと生きることを好むのです。

そのため、仲間うちでその和を乱すような人がいると、強い態度をとって、徹底的に排除したくなってしまいます。

また、自分自身も和を乱すことがないように、まわりの人に協調するのもこのタイプの特徴です。自然とまわりの人に気をつかっているのです。

ですから、たとえば、もし自分だけが仲間はずれになるようなことがあると、とても傷ついてしまいます。「自分だけが知らなかった」「自分だけが誘われなかった」という状況には耐えられません。精神的なショックが大きすぎて、ひきこもりたくなってしまうほどです。

✦人間らしく生きたい

「人間社会のなかで、まわりの人とともに、人間らしく生きたい」という思いがあります。そのため、個々人の「人間らしさ」を受け入れますので、人の煩悩《ぼんのう》や欲求には寛容で、理解を示します。しかし、社会のルールから逸脱するようなモラルに欠けることはきらいます。

法に触れなければ何をやってもいい、といった考えは受け入れられません。

また、人を押しのけてまで自分の我をとおしたり、どんな手を使ってでも勝てばいい、といった行動をとることもできません。

✦意思決定が相手の人柄に左右される

何であれ意思決定をする場面では、その件に関わっている人物の人柄に、もっとも影響を受けます。

買い物を例にとりましょう。

ある店で、欲しいものが見つかったとします。ところが、そのときに接客した店員の態度が悪ければ、とたんに不愉快になってしまうのです。もちろん不躾《ぶしつけ》な接客をされれば誰でも同じように感じるかもしれませんが、人柄重視タイプの場合は、「店員の態度が悪い」というただそれだけの理由で、目あての品物を買う気がなくなるのです。たとえその商品が、そこでしか売られていないものであっても、もうその店では絶対に買いたくない、そのブランドのものは買わない、とさえ思ってしまいます。

つまり、一人の店員の態度の悪さが引き金となって、店そのもの、ひいてはブランドそのものまでもきらいになってしまうのです。場合によっては、わざわざ本社に電話をかけて苦情さえ訴えかねません。その苦情は商品に対してではなく、

「店員の応対が悪い。どういう教育をしているんだ」

といった内容に終始するのが特徴です。

人柄重視タイプの人は、せっかく買い物をするのなら、感じのよい人から買いたいのです。ですから逆に、とくに買いたいものがなかったとしても、接してくれる店員さんの感じがあまりにもよかった場合は、特に欲しくなくても買ってしまうことがあります。

このように、「感じがよいか」どうか、つまり関係者の人柄が、意思決定に大きな影響を与えるのです。

✦物事の「理由」を突きつめたい

「なぜ？　なに？　どうして？」という、「知りたい」欲求がすべてにおいて強いのも特徴です。人の話は「なにが、どうして、どうなったか」といったように起承転結で聞かないと、よくわからないのです。そのため、

「どうして？」

「なんでそうなるの？」

「その根拠は？」

という質問を会話のなかで、たびたび差し挟みます。

自分が理由や根拠を聞かないとうまく消化できないため、ほかの人もそうだと思っています。ですから、人に何かの話をするときは、ひとつひとつ順を追って、ていねいに説明していきます。そうやって説明しなければ、相手

はわからないと思っていますし、それこそが、わかりやすくてよい説明の仕方だと信じています。

そういった思考をもっていますから、話をする上で、要約するとか省くなどということはしません。起承転結でていねいに説明をしますから、どうしても長くなってしまいがちです。

人柄重視タイプの人へのコミュニケーションアドバイス

✦前置きや説明が長いことを自覚する

とにかく、前置きや説明が長くなりすぎてしまいます。自分では「長い」という自覚がないかもしれませんが、ほかのタイプから見れば、「とってもとっても長くてくどい」のだということを知っておきましょう。たとえ口には出さなくても、内心では、

「そんなにていねいに説明しなくても、要点やポイントだけ教えてくれればいいのに」

「くどいなあ。もうわかったから、早く切り上げてよ」

と思われていることがあるのです。

そうはいっても、あなたにとって話を短くするというのは、容易にできることではないでしょう。ですから、要点を手短に話せるように努力することも大切ですが、それよりも大事なことがあります。

それは、ほかの人が自分の話を最後まで聞かないからといって、不快に感じないことです。たしかに人の話をちゃんと聞かない相手も悪いのですが、あなたが最後まで聞けるような話しかたをしていなかったのかもしれません。つまり、これはどちらが良い・悪いの問題ではなく、生まれつきもっている価値観のちがいによるものなのです。そのことを受け入れる器を広げましょう。

人柄重視タイプとのコミュニケーション

✦感じよく接する

人柄重視タイプにとっては、相手が「感じがよい人かどうか」という判断が、つきあう上での大切な要素になります。ですから、基本的ににこやかに、やわらかくて穏やかなムードで接することが必要です。

初対面のときは、少しはにかんだような控え目な様子を見せながらも、ていねいにあいさつしましょう。

あまり大きな声で話す人は、好かれません。自己主張が強そうで、協調性が薄い人のように思われてしまうからです。自己アピールはほどほどにして、その場の雰囲気を大切にしている姿勢を見せましょう。

✦話の腰を折らない

コミュニケーションをとるときは、お互いにお互いの話を、最後までだまって聞くことが肝心です。相手が話している途中に差し挟んでよい言葉は、

「なぜそうなるの？」
「それからどうなったの？」

など、その話題に興味をもっていることをアピールする質問のみ。決して、

「それは間違っている」
「その考えかたはおかしい」

といった否定的な言葉を差し挟んではいけません。

特にタブーなのは、

「結局、何が言いたいの？」
「で、結論は？」

と、途中で話の腰を折ることです。人柄重視タイプの人は一から順を追って、ていねいに話してくれているのです。それなのに、話の半ばで結論を聞いてしまうようなことをすれば、非常に腹を立てるでしょう。

「人の話は、だまって最後まで聞け！」

と思いますし、それこそが人間関係において大切なマナーだと信じているのです。ですから、たとえ説明が長いと思ってもイヤな顔は見せず、途中で結論を急がせないように、よくよく注意すべきです。

人柄重視タイプの人は、自分の話を最後まで聞いてくれないと、精神的にたいへんなダメージを受けるのです。決しておおげさではなく、自分の存在価値まで否定されたような気がしてしまうほどです。

といって、ただだまって話を聞いているだけでもダメです。

「最後まで話せば気が済むのだろうから、だまって聞いてあげればいいんだろう」

という態度で接してしまうと、人柄重視タイプの人はそれを察し、軽く扱われている気がして口を閉ざしてしまいます。相手から、まるで自分は取るに足らない人間だと思われているように感じるのです。

✦共感しながら聞く

人柄重視タイプの人の話を聞くときに、一番大切なことは「共感」です。たとえば、人柄重視タイプの人が悩んでいることを話しているのであれば、ニコニコしながら聞いていてはいけません。真剣に聞いて、

「それはひどいね」
「それは困ったでしょう」

などと相づちを打ちながら、相手の感情に共鳴しながら聞いてあげてください。そうすれば、人柄重視タイプの人は、心底気持ちがラクになりますし、あなたへの信頼度は飛躍的にアップするはずです。

✦仲間意識を大切に

仲間意識を大切にします。何か手柄をたてたときでも、「自分が自分が」と主張せずに、

「自分だけの功績ではありません。だれそれや、どこそこの協力があったからこそ、できました」

という人には、たいへん信頼をおきます。

また、職場の人間関係でも、自分自身が部下を仲間として見ているので、自分も部下から、仲間内の先輩といった位置づけで見てもらえるとうれしく思います。仕事を離れたときにも、仕事のとき以上に先輩として親愛の情を示してくれたり、誘ったりしてくれる部下のことは、たいへんかわいがります。

事例

ある会社に、中途採用で新しい部長が入ってきました。有能と期待されている人物です。この部長は人柄重視タイプ。彼の寡黙でインテリな雰囲気は、まわりを近づきにくくしていました。

ある日、若い社員が残業を終えて会社を出ようとしたときのことでした。偶然、部長に、ばったりと出くわしたのです。部長もやはり残業を終えて帰るところでした。若い社員は、思いきって声をかけました。

「部長、今お帰りですか？　駅までご一緒させて頂けませんか？」

すると、とたんに部長はニッコリとして、少し照れたような表情を浮かべました。そのまま二人は肩を並べて駅まで歩きました。

このことを、幹部会議の席で部長は、しみじみ語ったそうです。

「部員は私に遠慮をしているらしく、ちっとも寄りつかないから、随分とさみしい思いをしていました。しかし、昨日、部下の一人が一緒に帰らないかと誘ってくれましてねぇ。本当にうれしかったですよ」

その後間もなく、その若い社員は部長に見込まれて、一躍プロジェクトリーダーに抜擢されました。

結果重視タイプ

結果重視タイプに共通する特性

✦一国一城の主

結果重視タイプに共通するキーワードは「一国一城の主」。小さくてもよいので、だれからも邪魔をされたり文句を言われることのない自分の「城」が欲しいと考えます。

「城」というのは、たとえば「自分の会社」「自分を中心とする組織」「自分の空間」といった第三者に侵されない自分の世界のことです。

自分の「城」で、思いきり自分が望むとおり、思いどおりにやりたいという価値観をもっているのです。

✦自分のペースを乱されたくない

自分のペースを乱されることをきらいます。目標を定めたら、最終ゴールに向かって一直線に進んでいきたいのです。そのため、まずは全体像を把握し、その上でゴールから逆算しながら、ペース配分をして進めていきます。そして、かならず結果を出したいのです。

つまり、結果が命です。結果が出ないことには何の意味もないと思うので、結果を求めて一所懸命にがんばります。そうやって真剣になっているときに、ペースを乱されると腹立たしく感じてしまうのです。

✦人のペースも乱さないようにするがために……

自分がペースを乱されることをきらうので、人のペースも乱さないように気をつけます。その傾向は、子育てにおいてもあらわれます。結果重視タイプのお母さんは、たとえ小さなお子さんであってもペースを尊重してあげるのです。「一人遊びをしているな」と思ったらそのペースを乱さないようにして、さりげなく見守ります。何かあったらすぐに手を差し伸べられるように適度な距離を保ちながら、自分は自分の仕事をしているのです。

しかし、こうした見守りかたは、ほかのタイプからは理解しがたいのです。ほったらかしているように見えてしまうので、場合によっては冷たいと思われてしまうこともあります。

子育てだけではありません。こうした特性は、職場でもあらわれます。新人の部下に指導する場合など、基本的なことを教えたら、あとはマニュアルを渡して、

「これに書いてあるからね。何かわからなかったら聞いてね」

と、相手のペースにゆだねることがあります。

結果重視の人にとって、これは最大限に相手を尊重した善意の対応です。新人なのですから、もちろん最初から全て一人でできるとは思っていません。マニュアルを見ても解決できないような問題があれば、いつでも手助けしてあげる体制を整えて見守っているのですが、ほかのタイプの人にはなかなかそれがわかりません。

「マニュアルを読めなんて冷たすぎる。教えてくれた方が早いのに……」

「意地悪だ」

と思われてしまうこともあるのです。

✦ムダなことをきらい、効率を追求する

意思決定においては、ムダがないかどうかにもっとも重点をおきます。お金のムダ、時間のムダ、労力のムダ、全てにおいてムダをきらうので、同じ

ものを買うのなら安くてお得なところから買いたいのです。しかし、安いものを買うために時間をかけすぎるのもムダなので、全てのバランスを考えて、もっともムダのない最適なところから買いたいと考えます。つまり効率を求めるのです。

それは、決してケチということではありません。実質と中身を重視するのです。値段と商品の価値を見比べて、一〇〇万円の品物でも、それに見合う価値があると判断すればあっさりと買いますし、一〇〇円の商品であってもそれに見合う価値がないと判断すれば買わないのです。

✦問題解決へと導く親切心

困っている人の問題解決の役に立ってあげたいという親切心があります。どこが問題なのか、どうやったら解決するのかを一所懸命に考えてあげるのです。ですから、困っている人がいると張り切る一面も持ち合わせています。

ただし、問題解決の案を懸命に考えてあげることはしますが、それを実行することについては、本人に任せるのが特徴です。なぜなら、自分の力で解決して実力をつけなければ、同じ問題がおきたときに自力で乗り越えられません。それではいつまでたっても自立できませんから、その人のためになりません。

このように、「人間は、自分の実力を養っていくことが大切だ」という価値観が根底にあるので、困っている人には自分のもっている知恵やアイディアを提供してあげます。そうすることで、その人の問題解決に役立ってあげたい親切心が豊富なのです。

結果重視タイプの人へのコミュニケーションアドバイス

✦言葉がキツくならないように

ここまでの特徴でもわかるように、結果重視タイプはほかのタイプからみて、キツイという印象をもたれがちです。

親しい人とは、本音で直球ストレートの会話を好みますし、普段から何事においてもあいまいさをきらうので、会話においては語尾をハッキリと断定的に言いきる傾向があります。この、きっぱりと言いきる特性が、ほかのタイプにはよく理解できません。

ほかのタイプは、よほど自信があることでなければ、ハッキリと語尾を言いきることはありません。

「～じゃないかな」「と思うけど……どう？」「いいのではないですかね？」

「だと思いますよ、たぶん」「〜な感じ」というように、疑問符やにごす言葉で終わる言い回しの方がはるかに多いのです。普段の会話では、その方があたりがやわらかいからです。

ですから、結果重視タイプの断定的な言いきりかたは、怒っているかのように聞こえてしまいます。

また、結果重視タイプの人は、真剣になればなるほど、笑顔がなくなって、硬い表情になっていきます。ペースを乱されたくない性質が、「今話しかけるな！」という空気をあたりにみなぎらせてしまうのです。そのためまわりは、

「話しかけにくい」

「ちょっと聞きたいことがあるだけなのに、声もかけられない」

と感じてしまいます。

そもそも、ほかのタイプには「ペース」という感覚さえ、よくわからないのです。ですから、怒っているわけでもないのになぜ、そんなに厳しい表情

で仕事をしているのかわかりませんし、そうまでして、自分流をとおすほどのものなのだろうか、と思うのです。

ペースを乱すまわりの人に腹立たしさを覚えることもあるとは思いますが、そのペースを乱されたくないという感覚は結果重視タイプ特有のものです。人間全員に共通のものではありません。ほかのタイプには理解しがたい感覚なのだということを知っておきましょう。

事 例

企業のシステム開発を担当している部長がいます。彼は結果重視タイプです。

あるとき、部下が伝言を伝え忘れたことがきっかけで大切な取引先を怒らせる大問題が起こりました。部長は叱りました。

「伝言を伝え忘れるとはなにごとだ！」

すると、部下は言いはじめました。

「たしかに、伝言を伝え忘れるのは、絶対にあってはいけないことです。しかし、そうはいっても、とにかく部長は話しかけにくいのです。実際に、話しかけても返事をしてくださらないことも多いです」

「あまりの険しい雰囲気に、電話ひとつ取り次げません。伺いたいことがあっても、声ひとつかけられません」

部長は唖然としました。真剣に仕事をする自分の姿が、まわりからそんなふうに思われていたとは気がつかなかったのです。部長は大いに反省しました。

このことがあってから、部長は連絡用のSNSグループを作り、できるだけチャットで伝えてくれるように、部員に頼みました。話しかけるのではなく、チャットで送り1時間以上既読にならなければ再送してもらうようにしたのです。

「○○の件、NGでした。対応を相談させて下さい」

「○○打合せの件、○時までに確認願います」

そうすることで、部員に、話しかけにくいといった余計な気づかいをさせることはなくなりました。そして、なにより部長自身がペースを乱されるといったストレスを感じなくなりました。

結果重視タイプとのコミュニケーション

✦結果から先に話す

コミュニケーションにおいては、話は結果から先に話して欲しいと望んでいます。結果を先に聞いて、その後にポイントを箇条書きのようにして伝えてもらえると、スッと頭に入りやすいのです。その際の話しかたは、目を見て真剣にお世辞抜きの本音で話して欲しいと思っています。

不必要なお世辞を言われたり、ニヤニヤされると、「何かウラがあるのでは？」と疑ってしまいます。

結果重視タイプに営業をする場合は、目を見て真剣に話すことが大切です。声のトーンは少し落として、淡々と話しましょう。お世辞は必要ありません。

商品説明では、コストパフォーマンスに重点をおいて説明し、

「私があなただったらこうします」

「お客さまのことを考えるとこれがいいと思いますよ」

といった提案スタイルの営業が喜ばれます。

人から評価されるときには、「できる人」「役に立つ人」といった表現を喜ぶ傾向があります。結果重視タイプの人を、自分の知人に紹介するときは、真剣な表情で、

「このかたは、お若いのに、なかなかのやり手なんですよ」

といった言葉を添えてもらうとうれしく感じます。また、自分が紹介を受ける場合でも、そういった言葉が添えられている相手には興味がわきます。

✦ペースを乱さない

結果重視タイプは、仕事はペース配分をしながら計画的にすすめていきたいと思っています。ささいなことでも「何時までに、どこまでを仕上げる」といった自分なりの計画があるのです。そして、それが計画どおりに仕上がると、達成感に満たされます。その心地よさを知っているからこそ、自分で決めた計画どおりに仕事をすすめようと、必死になって取り組む一所懸命さがあります。そうやってがんばっているときにペースを乱されることを非常にきらうので、結果重視タイプの人が集中して作業しているときに、「これ、すぐやって」と突発的に仕事を頼んだり、「ちょっと来て」と呼びつけるようなことは、できるだけ控えましょう。

✦プライベートタイムに仕事の連絡は、極力さける

自分の時間を楽しみたいので、「オン」と「オフ」にはメリハリをつけま

す。思いっきり仕事をした後は、存分にプライベートタイムを楽しみたいのです。

したがって、休日にはできるだけ仕事には関わりたくないと思っています。携帯電話が普及している現代だからこそ、休日でも便利に仕事の連絡を入れることができるのですが、こういったことは、結果重視タイプはきらいます。よほどの急用ではないかぎり、休みの日に仕事の電話はしないようにしましょう。

直感重視タイプ

直感重視タイプに共通する特性

✦面倒くさいのがイヤ、手っ取り早いのがスキ

直感重視タイプは、面倒くさいことがキライです。どんなタイプの人でも面倒くさいのはキライでしょうが、直感重視タイプは特に面倒くさいことが大キライです。そのため、手っ取り早さとスピードを好み、すぐに結果を出したがる傾向があります。

ピンとひらめいたり、可能性を感じることがあって展開のイメージがわくと、もうじっとしていられません。すぐに行動したくなります。そして、とにかくすぐに結果が欲しいので、人とコラボレーションをしながら手っ取り早く合理的に展開していき、拡大にともなって、あれもこれも何でもできる枠組みをこえた多角化を目指す分野を好みます。

人間関係においても、しがらみなど面倒なことはキライます。面倒くさいと思いながらつきあうくらいなら、一人の方がラクと割り切ることに抵抗がありません。自分をわかってくれる人だけいてくれればいいのです。

✦「今」が大切

人生は、「今」の連続です。直感重視タイプは、「今しかない」という精神性が特徴で、「いつ、どこで、なにをするか」とか「結果のためにがんばる」といった考えかたよりも、「今なにができるか」「今どうしたいか」というように、「今、この瞬間」が大切であり、「今の気分」が最優先なのです。

ですから、買い物をする場合は「買ってすぐ、そのまま使えるもの」には意思決定が早くなります。

また、気分がいいところから買いたい傾向も強い方です。たとえば、高級感が漂う店での買い物はそれだけで気分がいいものですし、皇室御用達のものなどは持っているだけで気分がいい。気分を満たしてくれるところで、なおかつ、なにかあったらすべて面倒をみてくれるようなアフターサービス万全のところから買いたいと思うのです。

そのため、必然的に有名店や高級ブランド店での買い物が多くなりがちです。決してミーハーなブランド趣味ということではなく、その方が手っ取り早くいい物が見つかりますし、サービスが万全なので安心で合理的だと判断するからです。

✦臨機応変

ものごとをはじめる前に、一応計画はたてますが、あくまでも計画は目安という意味合いです。大まかな方向性をイメージできればOKなので、「とりあえず、こんな感じ」とだいたいイメージできれば動けてしまうのです。

そもそも、「計画は計画どおりにいく方が少ない」という考えで、「予定は未定」を地で行きますから、物事が計画どおりに進まなくても、あまりストレスを感じません。

計画どおりにいけば、それはそれでいいのですが、それよりも、その場その場でよりよい選択をしていくことの方に重きを置くので、ハタから見れば、コロコロ変わるように見えてしまいます。

仕事であれば、より大きな仕事にしたい、売り上げをより多くしたい、と考えるので、今の計画よりももっと可能性があるものなら、一瞬で意思決定して、その場でどんどん方向転換していきます。

もちろん、売り上げを伸ばしたいということは、経営や営業に関わる人ならだれでも思うものですが、たとえ「売り上げが多くなる分、経費もかさむので利益は同じ」ということであっても、迷わず大きくすることを選択します。その方が、より大きな仕事になって、世に名が知れると思うからです。

このように、「変えることがすばらしい」という価値観ですから、決めたとおり、計画どおりに事を運ぶよりも、その場その場でどんどん変えていくことに、むしろこだわりをもちます。

世の中の成功哲学のなかには、目標をもち、計画をたてて進むことを推奨するものがありますが、直感重視タイプにはそういったやりかたは向きません。ですから、

「計画どおりに進めないからダメなんだ！」

と指摘されても困ってしまいます。

そうした指摘は、直感重視タイプの持ち味を否定することであり、可能性を封じる行為なのです。

直感重視タイプの人へのコミュニケーションアドバイス

✦「あれ」「それ」をなくし主語をはっきりと

思いつきでしゃべるので、人の話の腰を折ったり、代わりに自分が話してしまうところがあります。ピン！　と思いついたときにすぐ言わないと忘れてしまうので、ついそうしてしまうのです。これは、直感重視タイプの特徴で、ほかのタイプにはない傾向です。

決して意識してさえぎっているわけではないですし、悪気もないのですが、話をさえぎられた方はいい気持ちがしません。一般的にとても腹の立つことなのです。

とはいえ、意識していないのですから、直すといってもなかなか簡単ではありません。そもそも、相手が話し終わるのを待っている間にも、思考がどんどん先に進むため、相手が話し終わった頃には、なにを言おうと思ったのか、すっかり忘れてしまうかもしれません。

人が話している途中に口を挟もうとして、

「話し終わるまで待って」

と言われ、一分後に、

「はい、話し終わったよ。どうぞしゃべって」

と言われても、

「あれ、なに言おうと思ったんだっけ？ 忘れちゃった」

となりがちなのです。

また、自分が話す場合でも、話しながらも頭のなかで、関連のある話や必要なことを思いつき、それをつなげて話すので、話が飛びやすく、また長くなってしまう面があります。

さらに、自分が察しがいいため、ほかの人も細かく言わなくてもだいたいわかると思っています。そして、話すときは頭のなかでイメージしながら話すので、「あれ」とか「それ」といった指示代名詞が多くなりますし、主語が欠落しがちです。自分の頭のなかでは全てが理論的につながっているのですが、ほかの人には、サッパリわからないということも起こってしまいます。

直感重視タイプの人は、是非このことを踏まえておいてください。ほかの人が察しが悪いということもあるでしょうが、あなたの話が飛んで、かつ主語が抜けているために、相手には何の話なのかよくわからないということもあるのです。

直感重視タイプとのコミュニケーション

✦任せる

直感重視タイプは、細かく指示を出されたり、ワクにはめられることをキライます。仕事においては、自分の裁量に任せて自由にやらせて欲しいので、仕事のやりかたについて細かく指図されると、とたんにやる気をなくしてしまいます。

「そこまで手順が決まっているのなら、自分でやればいいのに」

と思うからです。大げさな表現をするならば、

「だれがやっても同じものなら、あえて自分がやる必要がない。機械じゃないんだから。私に任せてくれれば、もっといいものにしてみせますよ」

ということです。

そのため、仕事を依頼しても、自分なりに工夫をくわえるので、いつのまにか当初依頼したものとはちがう方向へ行ってしまうことがあります。であるからこそ、当初予定していたものからは想像もできなかったほどの大きな結果をもたらすこともありますし、また、指示どおりのものが仕上がらないこともあるのです。直感重視タイプに仕事を任せる場合は、方向性を間違えないように折をみて軌道修正することが必要になります。

自分がそういう考えなので、人に対して細かく指示を出すこともできません。

「こんな感じでやって。任せるから。わからないことがあったら、聞きに来て」

というふうに、その人の裁量に任せる指示の出しかたをします。

せっかく任せてあげているのに、

「どうやったらいいのですか？　次はどうするんですか？」

と、あれこれ質問をされると、最初のうちはいいのですが、心のなかで

は、

「任せたんだから、自分で考えて好きなようにやればいいじゃないか。面倒くさいな」

と、だんだん思うようになります。それが高じると、

「わかった。この仕事、やりたくないんだね。もういいよ」

と取り上げて、ほかの人に依頼してしまいます。

直感重視タイプの人と仕事をするときは、お互いに任せ、任されながらすすめていくのだということを知っておかなくてはなりません。

✦察する

直感重視タイプは、とにかく察しがいいので、人の話は最後まで聞かなくても、だいたい言いたいことをつかめてしまいます。自分がそうであるからこそ、相手にも察して欲しいという気持ちがあります。つまり、コミュニケーションでは、察することが大切なのです。自分の言葉や態度や表情から言

いたいことを察して欲しいので、相手の察しが悪いとイライラしてしまい、

「いちいち細かいところまで言わせないでくれよ」

と、腹を立ててしまいます。

また、ネガティブなことをグチグチという人には閉口してしまいます。親しい人であれば少しくらいのグチにもつきあってあげられるのですが、いつまでもグチが続くとすっかりあきてしまい、

「まだ言ってるの？　しつこいなぁ！」

と、頭にきてしまいます。

自分は、甘えられる人にグチを言うこともありますが、それは気分的に言いたいだけのことなので、別に相手が聞いていなくてもいいのです。言っていればそのうち気分が変わるので、とりあえず言わせてくれればそれでいいのです。にもかかわらず、妙に真剣になられたり、アドバイスめいたことを言われたり、問題点を指摘されると、思いっきり引いてしまうか、しらけてしまいます。

グチにかぎらず、直感重視タイプには、気持ちよくしゃべらせてあげることが大切です。細部にわたって聞いている必要はありません。適当に調子をあわせてあげるといいのです。

「へー!」「そ～なんですか～」「スゴイですね!」「さすがですね!」と相手が気持ちよくなるようにおだてるような調子で聞いてあげると本当に喜びます。

逆に「なぜそうなったんですか?」「どうしてですか?」「それって何ですか?」と、あまり聞かないようにしましょう。気持ちよくしゃべっているのに、質問されたら答えなければいけないので、面倒くさくなってしまうのです。

人柄重視タイプは、真剣に聞き過ぎて面倒がられてしまう傾向がありますので、注意しましょう。結果重視タイプは、相手の話になにかしらの回答をしてあげようと、真剣に聞き、最後にアドバイスをしてしまいがちですが、そういったことは望んでいないので、適当に聞き流してあげましょう。答えるのは、明確に質問をされたときだけでOKです。

✦ほめて、のせて欲しい

とにかく、ほめられるのは大好きです。お世辞でもなんでもいいから、とにかくほめて、ほめて、ほめて、のせて欲しいのです。問題点を指摘する場合も、まずはほめてから、

「ここところは、すっごくいいよ！　絶妙だね！　か〜やられた！　ただ、ここがちょっとおかしいんじゃない？　ここをもう少しこうすると、さらにいいよ」

といった感じでほめながら指摘してもらえれば、モチベーションがグーンと上がります。逆にほめられないとやる気になれません。

結果重視タイプは、相手が結果を出したときにタイミングよくほめようとしますが、直感重視タイプは、結果を出す前、できればスタートする前からほめて欲しいのです。

もし、なにか結果を出した場合には、人前でまわりの人にわかるように、大げさにほめてもらえると、テレながらも気分は最高です。

そして、そのときには直感重視の人は「そんなことないよ」とよく言いますが、それを言葉どおりに受け取らないでください。「そんなことないよ」と言われたからといって、ほめるのを止めないで欲しいのです。「そんなことないよ（もっとほめて）」ということを察して欲しいのですから。

✦まわりくどいことをされるのを嫌う

直感重視タイプは、まわりくどいことをされるのをキライます。自分はけっこう根回しをしたりもするのですが、されることは好まないのです。言いたいことがあるのなら自分で言いに来ればいいのだし、遠慮などしないで欲しいと思っています。

事例

ある会社の営業所が、閉鎖されることになりました。営業所の所長は、今後どのような形で整理をされていくのか知りたいと思い、本社の部長宛に手紙を書きました。そして、本社に出向いた際に、部長の机に置いておきました。なぜなら、部長はいつも多忙なので、手紙なら珍しがって合間に読んでもらえるかなと思ったからです。

この部長は直感重視タイプです。机に置かれた文面を見て唖然としました。事細かに質問が項目になっているのですが、

「答えられることと答えられないことがあるし、第一まだはっきりと決まってもいないし……」

という戸惑いもあり、回答しないまま保留にしていました。

三週間待っても返事がこないため、所長は改めてもう一度手紙を書き、机におきました。今度は、

「いつ回答をもらえますか？　なるべく早く教えて欲しい」

と丁寧に書きました。

これに、部長は激怒してしまいました。

「文書で出すとは、どういうことかわかっているのか！」

直感重視タイプの人にとって、口で言えばすむことを、わざわざ手紙にしてくるという感覚が理解できません。いくら忙しそうにしているからといって、呼び止めて聞いてくれればいいだけなのに。一回聞かれたくらいでは忘れてしまうから、何度でも聞いてくれればいいのに、あえて手紙にして、そこに「いつ回答をくれますか」と書かれてあると、まるで法的手段を匂わすような抗議をされていると思ってしまうのです。

直感重視タイプに伝えることを手紙（文書）にして渡すことは、控えた方が無難です。相手に対する謝辞やご挨拶ならばいいのですが、質問や依頼は手紙やメールよりも、会ったときに話すか、もしくは電話で頼んだ方がいいでしょう。

また、頼まれごとをすぐ忘れてしまう傾向もあるので、何度も聞いたり言ったりした方がいいのです。何度も言われても決してイヤな気はしませんし、忘れっぽい自分を自覚していますので、気軽に催促した方がかえって親切なのです。ただし、無理に日付を入れて約束させられるのを極端にキライますので、その点は充分に気をつけましょう。

催促は、「あの件どうなりました?」と軽く聞きましょう。忘れている場合は「ああ! あれね! やっとく!」と返事してくれますから、「お願いしますね」といった感じで、明るく言いましょう。そうした言いかたであれば、何度催促をしても大丈夫です。

第3章

6つの性格の特徴

レベルアップタイプ

日々成長型

「昨日よりも今日、今日よりも明日」というように、「一歩前進していたい」「日々成長していたい」という向上心にあふれているのが特徴です。

日常のささいなことでも知識や経験を積みかさねていき、「日々に新たなり」と自分が成長していくことを望みます。ここでいう「成長」とは、考えかたや器が広がるといった人間性の向上、知識や技術を習得すること、雑学的な情報を知ること、人脈が広がること、などを指します。

✦情報通で物知り

日々の成長を実感していきたいので、知識欲が旺盛です。そのため、情報を集めたり、取り入れたりすることが得意です。最新情報は出遅れずに早く知っていたいと思っています。いろいろなことを知っていることに価値があるので、「物知りな人」と言われるとうれしくなります。

✦人に説明することが好き

知りたい欲求にまかせて情報を集めますが、集めることに喜びを感じると同時に、その豊富な知識をまわりの人に話しているときにも喜びを感じます。「人間は教えたい生きもの」だと言われていますが、レベルアップタイプの人は「説明したい生きもの」だと言ってもよいでしょう。好きなだけあって、実際に、子供からお年寄りまで、だれにでもわかるように説明するのがとても上手なのです。

人に説明するときは、一から順を追っててていねいに説明します。それをまわりの人が最後までだまって聞いてくれ、最後に「いろんなことを知っているね」「詳しいね」「わかりやすかった」「勉強になった」などと言葉で感心してくれると、心の底から満足感をおぼえます。そのため、情報収集には余念がなく、「たくさんのことを知っている自分」「最新の情報をもっている自分」であろうと、努力します。

哲学的な要素を表すような「考えかた」「知恵」「先人の教え」といったものも、ひとつの情報として自分のなかにファイルしておき、何かの折に他人に提供してあげようとします。

✦「知りたい」「わかりたい」欲求が旺盛

「なぜ？」「なに？」「どうして？」といった「知りたい」「わかりたい」欲求を強くもっています。すべてにおいてその理由が知りたいので、理由がわからなければ「そのことを知っている」と思えません。

たとえば、「産業革命はなぜ起きたのか?」という、その「なぜ?」の部分を知識としてもっていなければ、「産業革命について知っている」とは自信をもって言うことができません。数学の計算をするときでも、方程式を教えてもらうだけでは心底わかったとは思えません。なぜその方程式が成り立つのかという根本が理解できないうちは、何度やっても同じ間違いを繰り返してしまうのです。

細かく、「なぜ?」「なに?」「どうして?」を教えてもらうことで、はじめて腹の底から理解でき、二度と同じ間違いをしなくなります。

これは、「ものごとは、結果も大切だけれども、それと同じぐらいにプロセスも重要である」と考えるからです。プロセスがよければ、結果はおのずとついてくる、という考えかたをします。

ひとたび、根本さえ理解してしまえば、その後の応用はいくらでも自分で考えられるところが強みです。ですから、最初に時間をかけてわからないことを解決していく努力がレベルアップタイプには大切です。

✦協調路線をとる

「自分のやりたいこと」「自分が満足すること」は大切ですが、社会で自分の嗜好や都合ばかりを振り回していては、人間関係はうまくいかないものです。人間同士が仲良く生きていくためには、ときには自分の意見を曲げることも、大切な処世術です。

レベルアップタイプは、この処世術に長《た》けています。自説や持論を押しとおすのではなく、みんなが満足できる方法を探すべきであると考えます。強く自己主張してケンカをしたり、人からきらわれたりすることを避けるのです。

対人的な好ききらいは激しい方ですが、即応的に相手の意にさからうような態度はとりません。自分の主観や個人的な意思、感情を率直に表現することはできるだけ抑えています。むしろ、順応的で受け身の構えでいることの方が多いのです。そのため、表面的には鷹揚《おうよう》で寛容な態度をとっているように見えます。

なぜなら、人の心情に敏感で、観察眼を光らせているという特徴があるからです。人の心情や感情に敏感なのですが、相手が「心を悟られている」ということに気がついたら、「余計な神経をつかわせてしまうことになるだろう」「居心地が悪くなってしまうだろう」と考えるため、あえて気がつかないふうを装って、表面に出さないように気をつけているのです。

したがって、レベルアップタイプの人は、表面的な態度やその場の言動からだけでは、本当の心理をはかりにくい傾向があります。

✦命令は、するのもされるのも苦手

自分が強く自己主張しないだけではなく、強い自己主張で他人に無理強いする人や、上役顔をして頭ごなしに命令する人を極端にきらいます。とくに、みんなで何かをやっていて、問題がおきたようなときに、自分ひとりの責任にされたり、自分だけに命令されたり、自分ひとりだけ冷たくされた

り、といった状況には耐えられません。

また、人に命令するのも得意ではありません。ともに歩むメンバーとは、できるだけ我を抑え、仲良く、仲間意識を大切に、協調しながらすすんでいくのがベストだと考えています。

根本的にこのような思考の持ち主ですから、ふだんから相手の感情や気分を害さないように、まわりの人にはとても気をつかいます。

✦仲間をつくる

レベルアップタイプが何かのスキルに秀でると、必ずといってよいほど「会員組織」をつくりたくなります。

自分を中心とした組織やチーム、サークルをつくるとき、そのなかには地位や上下関係はありません。メンバーを常にフラットなポジションにおきます。自分の仲間が集《つど》える場所をつくって、そのなかでみんなが仲良くして欲しいと願っているのです。

そして、そのグループのなかで、自分自身はたくさんの友人に恵まれていると実感できると心が躍り、もっとみんなが交流して楽しめるようにといろんなことを考えて、モチベーションが高まります。そして、グループのなかで自分は人格的に好ましい人物であるという評価を得られるとうれしいのです。

チームプレーが得意なタイプであり、チームの人間関係がうまくいっていると、自分の力を最大限に発揮することができます。反面、チームの人間関係がうまくいかなくなると、精神的に落ち着かないので、持ち前の力を発揮しにくくなってしまいます。

✦使命感が原動力

もともと、自分よりもまず相手の満足、という考えをもっています。人に喜んでもらうことで自分の幸せを感じるので、自分がどうしたいかよりも、「どうやったら相手に喜んでもらえるか？」を考えます。

自分をふくめた世の中がよくなることに主眼を置くため、「自分がこのように動くことによって、よりよい世界を実現させるのだ」という使命感が原動力につながります。

「これをやるのは自分しかいない！」と思うと、モチベーションが高まります。また、人からも「あなたしかいない！」という言葉で頼まれると、使命感に火がついて力を発揮します。

このタイプのチェックポイント

レベルアップタイプの優れている点は、なんといっても周囲に気配りできる点です。

しかし、育ってきた環境で、それがゆがんだ方向にいってしまう場合があるのです。たとえば幼少時代に、両親から、

「お前は人に気をつかってばかりで情けない」

「優しいだけじゃダメ。もっとしっかり自己主張しなさい」

「人にきらわれることなんて気にしてどうする。人を蹴落としてでも上にいくぐらいの根性をもちなさい」

などと言い聞かされ、生来もっている優しい心を抑えられて育つと、やがて人に気をつかう自分にコンプレックスを抱くようになってしまいます。

こうなると、不自然なまでに人に気をつかわなくなり、腹の底で相手をあざ笑っているかのような、ツンとした印象を与える、いわゆる「感じの悪い人」になります。

もともと人に対する好ききらいは激しく、それを協調性という特性で補っているのに、その補う部分をはずしてしまうのですから、不用意に感じの悪い人になってしまうのです。本人は「人に気をつかうのをやめた」と考えているだけなのですが、実際は好ましくない態度が露骨に出るようになります。

また、時間がたつにつれて、そんな自分に居心地の悪さを感じるようにもなるので、やがては集団から孤立していきます。そして、ますます協調性を欠いていくのです。

それでも「人にどう思われるかを気にせずに、自分本位で動けばいいのだ」とムリに思い込み、ひとりでがんばることも出来なくはありません。けれども本来は仲間と協力しあう方が力を発揮できるので、一匹狼的にがんばっていても、つらさばかりがつのってしまいます。

世の中の多くの人が自分本位であるなかで、レベルアップタイプは心から相手のためを思って行動することができる貴重な存在です。その点を自覚し、人に気をつかえる自分の特性を、強みとして受け入れることが大切です。

人に気をつかうことが上手なレベルアップタイプがいるからこそ、殺伐とした人間社会がスムーズにまわるのです。つまり、人間社会の潤滑油的な存在なのです。

ときには気をつかいすぎて、つかれてしまうこともあるかもしれません。

しかし、思いやりの深いあなたの優しさに感謝している人はたくさんいるはずです。時々は心を許せる人の前でグチをもらしてストレスを発散しながら、周囲に優しさをふりまいていきましょう。

迷いの傾向

事例

レベルアップタイプの高橋さんは、大手IT企業でSEをつとめる、二十八歳のオシャレなサラリーマン。勤め先は度々メディアに登場する、飛ぶ鳥を落とす勢いの有名な企業です。

仕事は好きでやりがいを感じていますが、SEという職種柄、同僚たちとゆっくり話をする機会はほとんどありません。隣の席に座っているのに、わざわざメールで用件を伝え合うような職場です。もともと人づきあいがよく、仲間とワイワイすることが大好きな高橋さんは、コミュニケーションが活発でない会社の環境に不満を感じていました。

そんな高橋さんの楽しみは、プライベートを利用して、積極的にパーティーや交流会に出かけることです。「会社の連中は陰キャラ勢。もっと陽キャラな友人がほしい」、そう思って出かけていくと、目新しいビジネスの話を聞くことも多くあります。高橋さんは触発されて、いつかは自分も独立して会社をやってみたいと思うようになりました。しかし独立といっても、いったい何をやればよいのか、自分に何ができるのか。答えが見つからないいま、日は過ぎていくのでした。

ある日、交流会の席でバッタリと大学時代の先輩に再会しました。先輩は、数年前に起業して順調に伸びていっているとのことでした。

ひとしきり昔話に花を咲かせた後、高橋さんは思い切って先輩に相談してみました。

「ボクも独立して会社をやりたいと思っているんです。でも、何をすればいいのかわからなくて……。今の時代、何をやるのがいいのでしょうか？」

すると、逆に質問が返ってきました。

「キミはいったい、何がしたいの？」

何がしたい？　高橋さんの頭のなかは真っ白になりました。なんと答えてよいのかわからないのです。自分は何がしたいんだろうか……？　だまりこくっている高橋さんに、先輩は言いました。

「自分がどうしたいかさえも自覚していないんじゃ、話にならないよ。まずはそこを明確にしないとね。じっくりと考えてごらん」


それ以来、高橋さんは自分の心に問い続けました。でも、自分のことなのに、よくわからないのです。高橋さんは、「ほかの人はどうなんだろう」「自分のやりたいことが明確な人っているのだろうか」と、疑問に思いました。

そこで、インターネットで調べてみることにしたのです。検索エンジンに

「将来やりたいこと」と入力してみました。すると、沢山の情報が目のなかに飛び込んできました。「政治家になりたい」「専業トレーダーになりたい」「海外に移住したい」「モテたい」……、いろいろなものがありました。なかでも「あっ、これはいいな！」と思ったのが、「宇宙旅行に行きたい」でした。

そこで、「やりたいこと＝宇宙旅行代理店のビジネス」とすることにして、さっそく先輩に連絡しました。すると、

「なぜ、宇宙旅行ビジネスがやりたいの？」

とまた質問されてしまったのです。高橋さんは、ネット検索をしているうちにピンときたので、これをビジネスにできたらいいなと思ったことを、正直に言いました。

「自分のやりたいことを探すのに、ネットで人のやりたいことを参考にするなんておかしいよ。自分がどうしたいかを考えているときに、人の例なんか参考にすること自体、筋がちがうでしょう。それは自分の心と向き合うこと

から逃げているんだよ。それじゃ何をやっても続かない。やってもムダになるから、やらない方がいい。自分はどう思っているのか、もう一回考えてごらんよ」

高橋さんはまたもや、うーん、と考え込んでしまいました。先輩は言いました。

「自分がどうしたいか考えるのがむずかしいなら、夢はどう？　キミの夢は何？　そう聞かれたら、なんと答える？」

「夢ですかぁ。うーん……。だから宇宙旅行……、自分が行きたいんですけどねぇ」

答えながらも、高橋さんは自信がなくなってきました。

「オレ、本当に宇宙旅行ビジネスやりたいのかな。そもそもなんで宇宙旅行ビジネスがいいって思ったんだっけ？　なんとなくだなぁ。自分のやりたいことを明確に言えっていうから、期待に応えようと思って考えたんだけど、ダメみたいだな。いったいなんて答えたら満足してくれるんだろう？」

高橋さんは、ただ悩み続けるだけ。いっこうに答えが見つかりません。

解説

高橋さんは、先輩起業家から「キミは何がしたいの?」と質問されました。本来であれば、その「自分のしたいこと、やりたいこと」を言わなければならないのに、心のなかでは「なんて答えれば、相手はイイネ! と言ってくれるか?」を考えています。質問の真の答えを見つけるのではなく、相手の賛同を得るために、自分のやりたいことをでっちあげようとしているのです。

「あなたの夢は何ですか?」

「自分のやりたいことを明確にしてください」

レベルアップタイプの人は、こういう質問に答えるのが苦手です。答えを探そうとするものの、何だかよくわかりません。きちんと考えようとしても、脳というCPUがフリーズして、いっこうに考えが浮かんでこないのです。

成功哲学の多くは、「夢や目標は、明確になっているからこそ実現する」と、目標の明確化を重要視しています。レベルアップタイプの人もこうした考えに影響を受け、むりやり自分の夢や目標を掲げようと努力するのですが、それはもはや夢のでっちあげ状態です。本来の夢や目標ではなく、まわりに賛同してもらえるような答えを探そうとしているのですから、それではなかなかモチベーションは続きません。

対応策

夢を想像することは、もちろんだれにとっても楽しい作業です。レベルアップタイプの人も、夢想して楽しむときはあるでしょう。しかし、「こうなりたいな」という理想だけで走ると、どうしても途中でブレーキを踏んでしまいます。なぜなら、自分の夢のためにまわりの人に協力を求めるのは、ともすれば「自分さえ幸せになればいいと考えている」「自己中心的な人」と思われてしまいそうで、気が引けるからです。そのため、夢や理想を掲げて走っても、すぐに息切れしてしまいます。

レベルアップタイプの人のモチベーションのエンジンに火を点けるのは、何といっても使命感です。使命感とは、つまりは「命の使いみち」です。自分は何のためにこの世に生をうけたのか。人間として恥ずかしくないように生き、死ぬまでに何をまっとうするのか。人類のために何ができるのか。大げさに聞こえるかもしれませんが、本気でそこを考えるべきなのです。

ですから、「自分の夢」よりも「自分の使命」に主眼を置いて、人生設計をしてみてください。世の中に必要だと思うことを見つけて、信念をもって突きすすんでいきましょう。レベルアップタイプの人は信念さえもてば、怖いものはありません。信念をもつためには、自分の願望うんぬんよりも、世のため人のために何ができるかを考えましょう。そして、使命感を燃料にして走り続けることが大切です。そんなあなたのひたむきさに、心を打たれる人は少なくないでしょう。

奴隷解放宣言をしたエイブラハム・リンカーン。戦争で敵味方の区別なく怪我人を看護したナイチンゲール。お二人ともレベルアップタイプの人だったのですよ！

セーフティタイプ

安心追求型

このタイプの人にとって何よりも大切なのは、「安心していられる環境」です。安心できる人に囲まれて、心おだやかに過ごしたいという気持ちが強いのです。そのため、注意深くものごとを見る、きめ細かい観察眼をもっています。

ふだんから相手の人柄をよく観察して、信頼できる人かどうかを見極めています。ですから、人に対する好奇心は旺盛なものの、初対面の相手にはなかなか心を開くことができません。

　また、繊細な感性をもっているので、基本的に、慣れていないことになじむのに時間がかかります。そのため、はじめての場所に出向いたり、はじめてのことを経験したりするときは、かなり緊張して神経が疲れてしまいがちです。

　反対に、慣れていることには自信をもって精を出せるため、きめ細かくて、ていねいな仕事ぶりが信頼されます。

✦本質を探求する

　ものごとを突きつめて考えていく性質があります。探究心が旺盛で、何事においてもその本質を見極めようとするのです。さまざまな事象に対して「どうしてなんだろう？」「なぜそうなるんだろう？」と考えて、その理由を本質的な部分まで掘り下げて探っていきます。

　そのため、ひとつのことを粘り強く、じっくりと腰をすえて研究・探求していく力があります。コツコツと何かに専念して、研究成果、経験などを積み重ねていくのです。そうしたプロセスを経て自分のものにしてきたスキルや技能は、だれにもまねのできない高いレベルにまで達していきます。

また、その熱心さと私心のない誠実さにまわりの人が心を打たれて、いつしか自然に支援者が集まってきます。

セーフティタイプのまわりには、自然とまろやかな人間関係がはぐくまれていく傾向があるのです。

そうした経験と人脈の積み重ねを武器に、人生を生き抜くのです。

✦安心安全ネットを張りめぐらせる

行動するときにも、きめ細かさを生かし、念には念をいれて準備をします。安心安全ネットを張りめぐらせておきたいのです。

ちょっとした不注意で失敗することを恐れるので、何度も検討し直します。自分の心が「ＹＥＳ」と言うまで、不安材料はすべて取っ払いたいのです。そのため、はじめるまでには人一倍慎重でスローテンポ。十分に時間をかけます。

ところが、いざスタートすると、今度は早く成し遂げてしまわないと不安に思うため、とたんに性急になります。まるで人が変わったようにセカセカ動き、まわりの人をせきたてて駆けずりまわり、体を張った努力を惜しみません。

✦受け身で出番待ちの態度をとる

温和でやわらかい態度が、人から好感をもたれます。自然体でムリをせず、無邪気な面があるので、目上の人からはかわいがられる傾向がありま す。

コミュニケーションにおいては、控えめな態度をとりながらも、相手の気分を害さないように、相手の話をよく聞き、相手の意に沿った行動をとろうと、きめ細かく注意をはらって接します。

相手の出方を見てから自分の出方を決める、受け身の態度をとっています。自分の出番を心得ており、出番がまわってくるまではムリをせずに待っていますが、出番がまわってきたと思うと、とたんに積極的な態度に出ます。

✦人と競ったり、争ったりすることは大の苦手

本来が受け身なので、正面きって人と競争したり、争ったり、ケンカしたりすることは極力避けたいと願っています。

しかし、自分自身が、痒《かゆ》いところに手が届く、至れり尽くせりの注意力をもっているだけに、ほかの人が無神経に見えることがよくあります。細かいところが気になるため、その無神経さに耐えられず、頭にきてしまうのです。

そうした感情を抑圧することで、神経が疲れてしまいます。ふとしたときに無神経な人に対して、態度で不快感を表してしまうこともあるかもしれま

せん。

基本的には、自分が傷つくことも、相手を傷つけることも大の苦手なため、そういう態度はできるだけとらずに済むように願っています。

けれども、がまんが限界に達し、感情を抑えきれなくなって、爆発してしまうこともあるのです。そうなったときは、思いっきり過激な発言をしてしまうので、激しいケンカになってしまいます。ひとたびケンカになると、精神的に大きく消耗し、後々まで後悔をひきずり、立ち直るのに時間がかかります。

✦まわりにお膳立てしてもらうのが好き

オットリしていて、細かいことを気にしないようにも見えますが、実はとても神経が細かくて、対人面での悩みが多い傾向があります。内心では「どうしたらいいのだろう」とクヨクヨと悩んでいたりもするのですが、それを外に向けてうまく表現することもできません。その結果、「何も考えていない」とか「開き直っている」などと誤解を受けてしまうことがなきにしもあらずです。しかし実際は、どうしていいのかわからないで、本人もとまどっている状態なのです。

そのため、周囲がお膳立てして助けてくれることを、ひそかに望んでいます。

といっても、自分がお膳立てしてもらうことばかりを考えているわけではなく、人の世話もよくします。愛情一筋で、その愛情には打算がありませんから、信じる人に裸でぶつかります。そして、相手の関心をひこうと、きめ細かく気づかいをしながら、マメに尽くしていきます。

このように、きめ細かい着眼点を生かして、相手に対して至れり尽くせりのマメな気づかいができるので、目上の人からかわいがられるのです。

✦クールな一面をもつ

元来は素直なので、だまされやすいところをもっているのですが、成長するにしたがって、だんだんと「うかつに人の言うことを信じてはいけない」という警戒心が芽生えてきます。そのため、他人の言うことを冷静にうけとめて、うかつには信じないし、感情にまどわされないクールな一面もあります。

その結果として、社会的に認められたブランド、伝統と実績のある老舗《しにせ》の商品、あるいは信頼できる機関が発表する客観的なデータなどを、判断のよりどころにする傾向があります。

✦環境が大切で、自然志向が強い

環境に大きく左右されます。

自然志向の一面があり、自然環境の豊かな場所で、のんびり過ごすことを好みます。また、食べるものや着るものの素材が、自然で安心できるものだとホッとします。

また、人間関係でも安心を求めます。自分をありのままに受け入れてくれ、多少の甘えをとがめることなく、包みこんでのびのびさせてくれるような器の大きな人に見守られて、安心していたいのです。そうした状況にあれば、持ち前の力を最大限に発揮することができます。

外では自分を出さずにいるため、気を許した相手にはわがままになってしまいがちです。「ここでなら何をいっても大丈夫だ」という安心感をもったとたんに、言いたい放題にものを言うようになります。その変化におどろいてしまう人もいるかもしれません。

このタイプのチェックポイント

神経が細やかなため、心を裸にして、自分をさらけ出せる相手を求めています。

けれども、ひとたび安心できると思った人には、ついつい甘えてよりかかり、わがままを言ってしまいがちです。安心できるからこそしていることなのですが、ときに甘えすぎてしまうのには、あまり感心できません。

また、自分で意識しているわけではないのですが、「この人には、どこまで甘えられるのだろうか」「この人は、どこまで私に尽くしてくれるのだろうか」と、人を試してしまうところもあります。少しずつムリを言ったり、甘える幅を広げてみたりして、許してくれるかどうかを試していくのです。それが相手の器を広げてあげることもあるのですが、相手はどう思っているのかにも配慮が必要です。

本来、あなたには、その無邪気でにくめない愛嬌から、ちょっとやそっとのことなら、許されてしまうという人徳が備わっています。そうした自分の特性に慣れっこになっていると、つい甘えが過ぎてしまいがちになります。「あの人なら大丈夫」と、あなたは思っていても、もしかしたら相手は苦しがっているかもしれません。そして、あるとき、突然に相手が爆発して、怒り出してしまうかもしれません。そうなると、あなたは大きなショックを受けてしまいます。そんな事態を避けるために、まずは、自分でできることと、できないことをしっかりと踏まえておきましょう。

自分でもできることを、甘えられる気安さから「あれもやって、これもやって」と人に頼りたくなってしまいますが、できるだけ自分でやりましょう。体験してみる方が、自分の糧になるものです。

できるだけ積極的に経験の幅を広げていきましょう。いろいろな経験を積むことには、何ひとつとしてムダなことなどないのですから。

迷いの傾向

〔事例〕

二十九歳でフリーランスのライターである川村さんは、かねてから地球環境の汚染問題に関心を寄せていました。

「このままでは地球が危ない！ 自分に何かできることはないだろうか」

そんな危機感から、インターネットにコミュニティをつくりました。「宇宙船地球号セーフネット」と題したそのコミュニティにはたくさんの人が集い、活発な意見が交わされています。参加者には、医者や弁護士といった職業の人もいました。そして、日々交わされる意見のなかに、キラリとひかる知性をのぞかせる人もいました。

「私のコミュニティには、こんなにもレベルの高い人がけっこういる」

手ごたえを感じた川村さんは、

「環境汚染反対のデモ運動をおこそう！」

とコミュニティに呼びかけました。これにはコミュニティメンバーの多くが色めき立ち、スローガンを掲げて立ち上がりました。

「ぜひやろう！　行動しなければ何も変わらない！」

この状況を見て、言いだしっぺの川村さんの胸にも熱いものがこみ上げました。

ところが、いざ計画段階に話がすすむと、とたんにさまざまな不安材料が頭をもたげてきました。

「デモといっても、そもそも勝手にやってもいいものなの？」

「行進をする場合は、あらかじめ警察に許可を取ったりする必要があるかも」

「これって、罪になるのかな。その場合、懲役何年くらいだろう？」

「逮捕されるとすると、きっとリーダーの私よね。刑務所ってどんなところだろう。怖いなぁ」

「デモのリーダーって何をするんだろう？　そもそもデモにリーダーは必要？」

次から次へと、とめどもなく疑問が浮かびます。そのため、何も前にすすめることができません。メンバーからは、早くしてくれと急《せ》かされはじめました。すると今度は、

「そもそも、デモなんてやる必要があったんだろうか？　ほかにもっといい方法があるのではないか」

という疑問までわきはじめます。あれこれと考えをめぐらせているうちに、コミュニティからポツリポツリと人が離れはじめました。そんな状況にあせりを感じつつも、なかなかスタートできないでいる状態が続いています。

解説

川村さんは、世のため人のために大義名分を掲げて声をあげてみたものの、いざスタートする段になると心配なことが山積みで、なかなかスタートできないでいます。そのため、せっかくの賛同者を待たせてしまい、なかには離れてしまう人も出てきました。

そうした状況にあせりつつも、なお心配ごとがいろいろと頭をもたげて、やっぱりスタートできません。もうそろそろスタートしないと、いい加減まわりの信用をなくしてしまうかもしれないと頭ではわかっているのですが、心が「YES」と言わないのです。

すでに、泣き出してしまいたい心境です。心配がかさんで夜は眠れなくなっていますし、朝もウツな気分のため、起きるのがイヤになっているほどです。心のなかでは、だれかに助けてもらいたい気持ちでいっぱいです。

「私がリーダーをやります！　この計画を私が実行しますから、川村さんはアイディアをくださいね！」

と、すべてを引き受けて実行してくれる人が現れないでしょうか。すべてを上手にお膳立てしてくれて、自分は安心できるポジションにいられたら、どんなにホッとできるでしょう。

そんな人が現れてほしいと、ひそかに信頼できる人にあたりをつけてみるものの、正面きってそういったことを頼むことはできずにいます。

対応策

心配ごとがあると、なかなかスタートできないのは、セーフティタイプの特徴です。

ところが、実際のところ、その心配ごとというのは、ささいな内容である場合が多いのです。障害が大きい場合には、素直に逆境だと受け止めることができます。そして、「やらなければ！」という意識が刺激されるので、逆に元気が出てくるのです。けれども小さな心配ごとには、どんどん元気がなくなってしまいます。セーフティタイプの人にとっては、小さなことを気に病むことの方が、逆境に立ち向かうよりも苦しいものなのです。

なぜなら、小さなことにこそ、本質的な問題が隠されていることが多いからです。だからこそ、なかなか心が「ＹＥＳ」と言わないのです。

セーフティタイプは、失敗する可能性があるものにはそれほど興味がひかれません。ものごとをはじめるにあたっては非常に慎重派で、つねに失敗したときのことを考えておきます。万が一失敗してしまった場合でも、「どこまでなら自分で責任をとれるのか」「どこまでなら大丈夫なのか」といった範囲を考えてから取り組むのです。

しかし、あまり時間をかけてあれこれ考えすぎても前にすすみません。やらないでいることに対するリスクもあるかもしれませんから、本当は何がリスクなのかを視点を変えて、考えてみましょう。なによりセーフティタイプは、机上で考えるよりも経験して学ぶ体験学習派なのです。ある程度のところで自分でゴーサインを出すように意識しましょう。

安全思考でありながら、決してことなかれ主義ではいられないため、心労が多いかもしれません。でも大丈夫です。心配いりません。なぜなら、セーフティタイプには、いざというときには体をはって責任をとる誠意と底力と、そして強い生命力が備わっているのですから。

考えるのはほどほどにして、自分の力を信じましょう！

Don't Think. Feel!（考えるな、感じるんだ！）

※「Don't Think. Feel!」ブルース・リーが残した名言。ブルース・リーはセーフティタイプのかたでした。

ドリームタイプ

目標明確化型

「楽しくなけりゃ人生じゃない！」「毎日充実！」「毎日ハッピー！」「一人で過ごすのが大好き！」「みんなと過ごすのはもっと好き！」というぐあいに、とにかく楽しいことが大好きです。

瞬発力があり、チャンスを見極めるのがうまく、タイミングをはかって全力投球。自分の時間と体をフルに有効活用していきます。

しかし、そんなドリームタイプであっても、常に動きまわるのはさすがにシンドイ。ときどきはゆっくりとした時間をとらなければ、がんばり続けることはできません。温泉でボーッとのんびりすごしたり、南の島で太陽とアバンチュールする時間が必要です。

✦目標に向かってワクワクしていたい

ワクワクすることが大好きです。それも、目標に向かって走っているときのワクワク感がたまらないのです。

「これをやりとげてやる！」「これを手に入れてみせる！」と、はっきりした目標を定めてチャレンジすることは、楽しい未来を予感させるものでしょう。それも、簡単に達成できる目標ではおもしろくありません。少し高めの、がんばれば手が届くぐらいのレベルに目標を定めることで、攻略したい意欲がフツフツとわいてくるのです。そのための戦略を考え、「よし！これならイケる。攻略できそうだ」と感じたときに、ワクワク感に満たされます。

目標が明確に定まったときの集中力は、だれにも負けません。ほしいものは絶対に手に入れる執念をもっているので、手を替え品を替え、あれこれと対応しながら、確実に目標を達成していきます。たとえむずかしい問題が立ちはだかったとしても、あきらめたりはしません。どこかに糸口があるはずだと考え、攻略してみせるという意欲に拍車がかかります。その課題にゲーム感覚で取り組みながら、目標達成に向けてがむしゃらにがんばっているときに、心から充実感をおぼえるのです。

✦「なりたい自分」のセルフイメージがある

「自分を変える」「なりたい自分になる」という意思があり、自分自身を革新することを好みます。

そのために、「理想の自分」のセルフイメージをもつことを大切にしています。「こうなりたい」という理想像を思い描いて、実際にそうなるにはどうしたらいいのかを前向きに考えていくのです。

理想の自分と現状の自分とを比較して、どこにギャップがあるのかを見つけ出し、「どうすれば変われるか」という知恵を働かせることが得意です。そして日常生活のちょっとしたクセを改善したり、発想を転換したりなど、すぐにできる知恵を取り入れます。

✦「目的」と「結果」が必要

行動をおこすときに、かならず「目的」や「テーマ」を決めて、それに対する「結果」を求めるところが特徴です。「何のためにそれをやるのか」をはっきり決めておく方が行動しやすいからです。

そして、行動したことによって何を得たか、どんなメリットがあったか、学んだものは何かと、行動した結果の「価値」を測ります。自分の行動に対して、かならず自分なりに評価を下すという点において、損得勘定には敏感だといえます。

✦エネルギー源は「夢の実現」

「夢を実現したい」という気持ちが、エネルギー源です。

夢想することが好きなタイプではありますが、ただボーッと夢を見ているだけではありません。ドリームタイプにとって、「実現しない夢」は「夢」とは呼ばないのです。実現する可能性がないものを夢見ていても、そんなものは時間のムダでバカバカしいだけ。達成可能な手堅い夢をもち、実現に向けて策を練る戦略家です。

意欲的に取り組む自分自身に満足感をおぼえるため、自虐的に見えるほどがんばる一面もあります。努力した分だけ、形になって返ってくることが好きなのです。

ですから、自分のことだけではなく、「がんばっている人は、がんばった分だけ報われてほしい」と心から思っています。

ます。

✦サービス精神が旺盛

「人の役に立ちたい」「人の喜ぶ顔が見たい」という気持ちを強くもっています。

自分の言ったことや行動が人の役に立ったり、よい影響を与えたことがわかれば、心からうれしくなって、エネルギーに満たされます。「役に立つ人」「やり手」といった評価を喜ぶのです。

人を楽しませることも大好きなので、笑いをとるために毒舌ぶりを発揮したり、体を張って芸をしたりして、サービス精神を発揮します。

✦駆け引き上手

駆け引き上手な一面があります。

相手しだい、成り行きしだいで、適切な判断と行動をとる柔軟さをもっているのです。非常に機転がきくので、相手の反応を見ながら上手に調子を合わせて、楽しませるポイントを押さえていきます。「こういえば、こう答えるだろうな」と、相手の感情を読みながら自分のペースに持ち込み、自分をアピールしていきます。そうやって自分の思い描いたとおりにものごとが進むと、快感をおぼえます。

駆け引きそのものを楽しんでいる面もあるので、駆け引きがうまくいきさえすれば、最終的に自分の思いどおりにならなかったとしても、それほど後悔はしません。それはそれで人生の糧になったと、前向きにとらえます。

✦ムダを嫌い、パフォーマンスを重視

すべてにおいて、ムダを嫌います。時間、労力、お金といったものを、ムダなく効率よくつかうことを考える、パフォーマンス重視タイプです。そのため、ものごとを比較して検討することが得意です。

行動をおこすときも、いきあたりバッタリの行動は好みません。ムダなく効率よく動けるように、事前に計画を立てます。目標を達成するために必要

な人材を集めるのもうまく、適材適所の役割分担をさせて、短期間で成果が上がるようにスケジュールを組みます。すべてがスケジュールどおりに進むと、快感をおぼえます。

✦チャンスをつかむ勝負師

競争意識は強い方です。競争心を表面に出すこともあれば、内に秘めていることもありますが、いずれにせよ「ライバルに負けたくない」という気持ちをもっています。

いったんライバルを意識すると、カンが冴えるようになって、ここぞというチャンスを逃しません。ライバルが油断しているスキを突いて、すばやく打って出て、競り抜いていきます。

✦アレンジしてプロデュースするセンス

吸収が早くて器用です。見よう見まねで、ある程度のことは難なくこなせます。

その反面、ひとつのことを突きつめるのはあまり得意ではありません。表面的にこなすことで満足しがちなので、小手先のモノマネになってしまうこともあります。

探究力には不足するものの、応用力や表現力には長けています。ほかの人が独自につくりあげたものを、今すぐ世の中でつかえるものに実用化したり、情報をとりまとめて形にしたりするのが得意です。

また、人の優れたところや隠れた才能を引き出して、それを売り込むなどのプロデュースについては、鋭いセンスの持ち主です。

このタイプのチェックポイント

ドリームタイプには本来、ライバル心が備わっています。ところが、この「ライバル心」という性質が、トラウマになってしまっている残念なケースがあります。

「ライバル心」というと、なんだかおだやかじゃないイメージがありますね。少し前までの日本には、競う心を否定する風潮がありました。とくに、平等教育が浸透しはじめてから競争心が排除される傾向があります。ですから、成長の過程で「勝ちたい」という気持ちを、大人から否定されてきた方もいるでしょう。

しかし、ライバル心というのは、決してネガティブな種類の感情ではありません。

たしかに人と競うには相当なエネルギーがいりますし、気が抜けなくて疲れることでもあります。けれども、そもそも楽に勝てる相手には、ライバル心はおきません。ライバル心とは、自分とレベルが同等か、ちょっと上ぐらいの相手に対して抱くものです。「がんばれば勝てる」というレベルの相手に対してライバル心を抱けば、切磋琢磨することができ、自分を磨くことにつながるのです。

ところが、自分のライバル心を活かすことに慣れない段階にいることがあります。自分がどこまでできるのか、まだ自信をもてない状態です。そんなときに、相手から一方的に勝負を挑まれたり、上役から「あいつがライバルだ」とけしかけられたりすると、プレッシャーが強すぎて、本来の実力を発揮できません。やるべきことに集中しなければならないのに、ライバルが気になって没頭できなくなってしまいます。その結果、負けてしまうのです。

元来は負けたくない性質であるため、不本意な勝負で負けてしまうと、悔しい気持ちがなかなか消化できません。その経験がトラウマになって、やがて勝負から逃げるようになってしまいます。そうなると、本来なら「なにくそ！」という気持ちで一所懸命がんばれば勝てるのに、その気持ちを抑制するようになってしまうのです。そして、負けて悔しいという自分の気持ちに正直に向き合わないで、「別に本気で勝ちたかったわけじゃない」などと自己正当化を繰り返すようになり、いつしか負けグセが身についてしまいます。これは、とてももったいないことです。

ドリームタイプの人が自分のモチベーションを上げるためには、自分のライバル心に点火することが効果的です。別に正面きって競う必要はありません。心のなかで「あいつには絶対負けない」と思っているだけで、カンが冴えるようになるのです。せっかく備わっている勝負強さなのですから、上手にタイミングよく点火して、有効に活用すべきです。

もし、どうしてもライバル心をおこすことができないというかたには、トランプゲームの「大貧民」をオススメします。「大貧民」には不公平なルールがあって、最上位の人は、最下位の人の手持ちカードから、いちばん強いカードをもらうことができます。そして、最下位の人は、最上位の人の手持ちカードから、いちばん弱いカードを受け取ります。一度負けると、勝ち上がるのが困難になってしまうこのルールをとおして、負けに甘んじていてはいつまでも這い上がれないこと、「なにくそ！」という気持ちで挑めばチャンスを逃さない本来の勝負強さを発揮できることを体得してください。たかがトランプゲームと思わずに。

そうしたところから、勝ちを体験していくことが大切です。

迷いの傾向

〔事例〕

川田さんは三十七歳の男性。予備校の講師をしています。ここ数年、彼は悩み続けていました。自分が何に向いているのかがわからないのです。

もともと人に教えることが好きで、予備校の講師という職を選びました。自分の能力には自信をもっていましたし、自分が教えることで学力が伸びていく生徒の姿を見ていると、心からうれしいと思っていました。しばらくの間は、情熱をもって仕事に取り組んでいたのです。

ところが、およそ三年前から雲ゆきがあやしくなってきました。その頃は仕事にも慣れきっていて、ベテランの域に達していました。変わりばえのしない毎日に、物足りなさを感じはじめたのです。

「このままじゃいけない。もっともっと何かできるはずだ」

そういう思いが心のなかで大きくなっていきました。それにつれて、自分の仕事に対してやりがいを感じなくなってしまったのです。

「もっと仕事を楽しみたい！」

「やりがいのある仕事につきたい」

もんもんと悩み続けるうちに、やがて「思いきって転職をしてみようか」と考えるようになりました。ところが、いったいどんな職業を選べばいいのかとなると、よくわからないのです。

世の中には、いわゆる「天職」を見つけて、イキイキと活躍している人がたくさんいます。

「自分にだって絶対に天職はあるはずだ。なんとか見つけて人生を悔いなく生きたい」

そう思って求人情報をながめてみるものの、ピンとくるものが見つかりません。

好きなことを仕事にできればどれほどいいでしょう。けれども、そもそも好きなことが何なのかさえわからなくなってしまいました。「やりたくないこと」ならたくさん思いつくのに、「やりたいこと」となると、どれも今ひとつしっくりくるものがないのです。

結局、何もしないまま、時間ばかりがダラダラと過ぎてゆき、フラストレーションがたまる一方でした。

解説

川田さんの悩みは「自分の天職は何だろう？」ということですが、いくら求人情報をながめたところで天職など見つかるものではありません。なぜなら、天職とは「職種」そのものを指しているのではないからです。天職とは、生まれながらの性質に合っている「職務」や「職業」のことです。つまり、自分自身のことをよくわかっていないかぎり、天職を探してもムダなのです。

本人もそのことはうすうすわかってはいるのです。わかってはいるのですが、現在の仕事にやりがいを感じなくなっていますから、仕事をしていても楽しくないのです。その思いが、「この仕事は天職ではない」と考える原因です。

とはいえ、決して自分自身の能力が低いとは考えないところが救いです。ただ単に今の職場では能力が活かされていないだけであって、探せば必ず自分という人間が最大限に活かされる環境がどこかにあるはずだ、という自信をもっています。だからこそ、自分にピタッとはまる職種は何なのかを知りたがっているのです。

対応策

天職を得るとは、自分の得意なことや能力、やりたいことが、仕事と結びつくことです。ですから天職を見つけるためには、まず、自分自身の内観を深めなければなりません。「自分はどういう人間なのか」「好きなことは何か」「どういうときに心が躍るのか」……というぐあいに、自分自身について、深く見つめてみることが必要です。

ところがドリームタイプには、長い時間、自分と向き合うことが、あまり得意ではない傾向があるのです。自分と向き合うことは向き合うのですが、そこに十分な時間をかけることは少ないようです。これは、すぐに結果を求める性質があることに起因しています。

あせってはいけません。そもそも自分自身のことというのは、考えてみてもすぐには答えが出ない場合が多いものです。たとえば、好きなことひとつ考えるにしても、「あれも好き」「これも好き」「こんなのもいいな」といろいろと浮かぶでしょう。ところが、実際にそれを書き出してみると、「あれ、でもこれ本当に好きかな？　ちがうんじゃないかな」というぐあいに迷いがつきものなのです。ところがドリームタイプの人は、このように、なかなか結果がピタッと出ないことに対してついイラだってしまい、あきてしまうのです。

それよりも、もっと楽しいことを考える方がずっと幸せだからです。

もちろん、人生を楽しく過ごそうという前向きな姿勢はたいへん素晴らしいことです。ですが、もっともっと素晴らしい人生にするためにも、たまにはじっくりと自分自身と向き合う時間をとってみてはいかがでしょうか。一所懸命に考えても、最初のうちは浅い結果しか出てこないかもしれません。けれども時間をとるうちに、どんどん自分の心の深い部分にまで焦点があたるようになっていきます。ぜひ、自分の心の深いところを掘り下げることをオススメします。

もしかしたら、一人でその作業をするのは難しいかもしれません。なかなかできないとお感じになるかたは、パートナーに手伝ってもらってもいいでしょう。

パートナーを選ぶときは、「あなたってこういう人だよね」というぐあいに決めつける人は絶対に避けましょう。望ましいのは、よく話を聞いてくれて、上手に引き出してくれる人です。

自分が尊敬している人や、信頼している人の前で、思いっきり心を開いてみてください。未知の自分を発見することでしょう。自分が本当に好きなことや、強みを発見して、もっともっと上の人生を目指しましょう。あなたなら、まだまだできます。

オウンマインドタイプ

熟慮納得型

キーワードは「納得」と「マイペース」です。

どんなものごとでも、自分の頭で考えて、納得してから、自分のペースですすめていくことを基本としています。

そのため、自分のペースを乱されることがないように気をつけています。

なにごとも、まず、じっくりと考えてから行動にうつします。そして、「もっとこうした方がいいな」「この方がうまくいくぞ」と、たくさんのことに自分自身で気づきながら、それを知恵として自分の内側に蓄えていくのです。

最終的には、周囲の環境に左右されない自分の世界を構築し、一国一城の主になることを望んでいます。

✦ライバルは自分自身

自分が納得して決めたことに対しては、一直線に向かっていきたいと考えます。そのため、どんな原因があるにせよ、決めたとおりにできないと、とても悔しく思うのです。ライバルは自分自身であり、自分に負けるのがイヤなのです。計画が当初の予定どおりにすすまないと、イライラすることもあります。

まずは自分がしっかりすることに主眼をおいているため、人に頼ろうという意志はさほど強くありません。人に頼るよりは自力で切り抜けたい方だし、だれかに何かを相談するときでも、自分のなかですでに答えが出ていることの方が多いのです。どちらかというと、出した答えの確認、答え合わせのために相談するといった感じです。

自分がしっかりした人間になることが重要なので、他人の思惑に頓着しないところがあります。ですから、人間関係の悩みはそれほど多い方ではありません。「いろんな人がいるからね」と考えて自己完結します。

「理屈」で納得できるかどうかを大切にするため、ほかのタイプに比べて、驚き、感嘆、賞賛、悲哀、怒りなどといった心理的な反応や態度が遅れがちです。相手が家に着く頃になってようやく本気で怒り出したり、思い出し笑いをしたり、時間がたってから「あれ、あのときの態度はこういう意味だったのかな」などと振り返ったりするのです。

✦ペースを乱されることが苦手

一度決めたら、最後までやりぬく意志があります。そして自分なりのペースで着実にすすめていくので、初志貫徹する強さをもっています。また、他人のペースも乱さないように気をつけています。

ですから、コロコロとスケジュールを変えられたり、アポイントなしで訪問されることをきらいます。

✦義理堅くて親切

マイペースで落ち着いた態度には、どことなく包容力が感じられます。悠然とした態度で振る舞うため、ときには横柄な人物と思われることもありますが、実際は実直なタイプです。

人間はみな、その人なりのよい面を活かして生きればよいと考えるので、他人に干渉することを好みません。といっても、親切さに欠けるわけではないのです。はっきりと言葉で頼まれたことについては、親身になって面倒をみる親切心をもっています。

常に自分のペースを守って行動することを基本にしているので、周囲に合わせて行動するのはあまり得意ではありません。けれども心を許した相手には、自分のペースをなげうってでも、誠心誠意、力を尽くす義理堅さがあります。

✦自分の価値観が正しいと信じる気持ちが強い

「人はだれでも、自分の価値観が正しいと信じている」と考えます。「いろんな人がいるけれども、突きつめて考えれば、だれでも『自分が正しいと思うことは正しい』という答えにたどりつくでしょう」と。つまり、オウンマインドタイプは、自分の価値観を信じて疑わない面があります。

自分の考えに確固たる自信をもっているからこそ、責任感が強く、自分を見失わない誠実さが養われているのです。

✦言葉を言葉どおりに受け止める

根本的に無邪気で素直なので、人を疑うことはあまりありません。対人的な警戒心は少ない方です。

また、相手の機嫌をとる、おべっかをつかう、気兼ねするといったことも少なく、陽気で率直でありながら、初対面ではぶっきらぼうな印象を与えます。人の心理に対して楽観的なため、相手の態度、心理、表情といったものを深く気にとめないし、詮索することもありません。だれに対しても正直で、裏表のない性分であるため、物怖じしない発言で周囲を驚かせることもあります。

自分が思いつくままを口にできるため、ほかの人も自分と同じだと考え、相手が本音で本心をしゃべっていると思い込んで疑いません。言葉を文字どおりにストレートに受け止め、そこにふくみがあることには気づかないため、冗談や社交辞令が通じないところがあり、何事も真に受けてしまいがちです。

あからさまなお世辞や、うさん臭い話にはのりませんが、自信満々に語られるとコロッと信じてしまい、だまされてしまうこともあるでしょう。

✦楽観的でのんき者

何事についても「なんとかなる。人間がんばれば、なんだってやってやれないことはない」と考えています。楽天的で、のんき者なので、あせることは少ない方です。

この「なんとかなるさ」が悪い方向に働くと、「いずれ、なんとかなるさ」となり、何もしないまま人生を終えてしまうことになります。逆によい方向に働くと、「なんとかなるさ」は「なんとかしてみせる」となり、強さを発揮します。

考えることが好きなので、結論を出すのが早い方ではありません。段階的に順を追った考えかたをしていくために、きわめて論理的です。そのため、飛躍的な考えかたは苦手ですし、飛躍的な話を理解できません。

思慮深いところがありますが、反面、考えているばかりで行動が伴わないと思われてしまうこともあります。しかし、熟慮した上でスタートしたことは、たとえ難しい状況になっても決して投げ出したりはせずに、初志貫徹する粘り強さをもっています。

✦自立心が強い

お人好しの面はあるものの、基本的には他人に干渉することを好まず、干渉されることもきらいます。

まず自分がしっかりと、精神面でも経済面でも自立して、自分の納得のいく人生を歩んでいきたいと考えます。ですから、たとえ失敗したとしても、他人や状況のせいにはしません。

✦反応が鈍い面がある

スイッチを押しても起動してOSが立ち上がるまで時間がかかる古いパソコンのように、反応が鈍い面があります。これは、ものごとの基本と全体像がのみこめないうちは、どう動いていいか判断できないからです。全体像をつかむのに時間がかかるので、とっかかりが遅いと思われてしまうこともあります。

自分のペースを守れない環境にいると、ストレスがたまりやすく、本来の力が発揮しにくくなります。また、瞬時の変化に対応することが得意ではないので、はたからみれば臨機応変に動けないと思われてしまうことがあります。

けれども、いったん基本がつかめると、全体像を把握して、バランスをとりながら、自分のペースで最後まできちんとやりとげる器用さをもっています。

このタイプのチェックポイント

オウンマインドタイプの優れている点は、なんといっても常に自己研鑽《けんさん》していける強さです。自己研鑽とは、「ライバルは自分」という意識で、自分のいたらない点をひたすら見つめて、克服することに挑戦し続けることです。

自己研鑽には、思いどおりにいかない悔しさと、今の自分を受け入れる辛《つら》さが伴います。しかし、「自分に負けない」という強い意志で乗り越えていくのです。その努力が成果となって、自分が磨かれていきます。こうしたことを繰り返しながら、自分を向上させ続けていけるところが、オウンマインドタイプの強みなのです。そうした強靱な精神が、備わっています。

しかし、自己研鑽は、それはそれは苦しいものです。自分のダメなところと向き合い続けるのは、ときには疲れてしまうこともあるでしょう。あまりにも苦しくて耐えかねてしまうこともあるかもしれません。それはムリもないことです。

たしかに、たまには、息抜きも必要です。しかし、あまりにも長く休憩してしまうと、またがんばることが辛くなり、面倒くさくなってしまうかもしれません。そうなるとやがて開き直って、本当は、今の自分では満足していないはずの自分を肯定するようになってしまいます。

「自分はもう、これでOKだ。これからはまわりの人に貢献しよう」

そう思った瞬間に、ラクになります。そして、今度は自分磨きではなく、他人磨きに精を出しますから、なんとしてでもまわりの人に結果を出させようと、厳しいことをズバズバ言いはじめます。

もちろん、人に貢献することや、まわりの人のことを親身に思うのはよいことなのですが、しかし、そもそもオウンマインドタイプは、

「人に意見をする前にまず自分がしっかりしないと……」

という意識が強いので、基本的には人のことに干渉しないのです。自己研鑽に努めていれば、人のことなど構っている余裕はありません。そして、その状態こそが、オウンマインドタイプにとっていちばんよい状態なのです。

まわりの人のことも大切ですが、今の自分に満足をして努力をやめてしまっては、向上はありません。

がんばり続けることが人生です。苦しいかもしれません。でも、大丈夫で

す。あなたには強い精神力があります。かならず乗り越えていけます。

常に、「ライバルは自分」という意識を持ち続けましょう。そのために、「今、自分に勝っていますか？」

と、紙に書いて壁に貼ってみてはいかがでしょうか。

「まだまだ！　自分ならもっとやれる！」

そう言えるあなたがそこにいたら、あなたは最高によい状態であるといえるでしょう。

自分に厳しいあなただからこそ、現状の自分に決して満足せず、もっともっと、もっともっと自分を高めていってください。

その先に、きっと「あなたらしい」幸せな人生が待っていることでしょう。

迷いの傾向

【事　例】

三十代でオウンマインドタイプのミカコさんは、苦しんでいました。主婦ですが、日ごろはダンナ様の会社の経営を手伝っています。

結婚してまもなく、二人で立ち上げた会社でした。設立当初は厳しいことも多々ありましたが、二人で必死にがんばって、乗り越えてきました。それから十年、会社は見事に成長し、社員も増えました。彼女は社長夫人として、金銭的には何の不自由もない生活をおくっています。

ところが、会社経営が順調になるにしたがい、夫婦関係がぎくしゃくしてきました。

彼女は心底ダンナ様にもっとよくなってもらいたいと思い、いろいろとアドバイスするのですが、ダンナ様の方がそれをうるさがるようになってしまったのです。

彼女から見て、ダンナ様には優柔不断なところがあります。社長なのだからテキパキと決めていけばよいのに、いちいちミーティングを開いて社員の意見を聞き、その上ですすめていきます。

「社長なんだから、そんなに社員の顔色ばかりうかがわなくてもいい。もっとしっかりしなきゃダメ」

ミカコさんは心底そう思うので、ダンナ様にアドバイスするのです。

「社長のあなたがそうやってお伺いばかり立てていると、社員は頼りがいなくって不安になってしまうでしょ。社長というのは、社員に安心感を与えなければならないの。この社長の下で働けてよかったと社員に言われなければ、本当の社長とはいえないのよ」

「お客様に気をつかいすぎよ。お客様は神様ですって言うけれど、だからといって、あなたみたいにへりくだる必要は全然ない。むしろ、そんなに卑屈になっていては、儲かっていないと思われてなめられちゃうわよ。それで足元見られて、値切られたりしたらどうするの？　あなた、それを断れないでしょう。コメツキバッタみたいにペコペコしてちゃダメよ。情けない」

ところが、こうしたアドバイスをすればするほど、ダンナ様は不機嫌になり、やがて声を荒げて怒り出すのです。

「おまえは自分のことしか考えていない！　偉そうな口をきいて、何様のつもりだ！」

そう言われると、ミカコさんも言いたくなってしまうのです。

「あなたこそ、何様のつもりなの？　社長ったって、そもそもこの会社は私が一緒になって立ち上げたんでしょう？　会社が繁栄しているのだって、苦しい時期に私も一緒にがんばってきたからでしょう？　それを自分だけの手柄みたいに威張ってるんじゃ、まわりから尊敬される人物にはなれないわよ」

ついに、ダンナ様は家に帰ってこなくなりました。

「いったい何が悪いんだろう？　何がいけなかったんだろう？」

ダンナ様のためを思うからこそ一所懸命やっているミカコさんには、なぜこうなったのかがわかりません。相手のために自分にできることを最大限やっているのに、なぜ彼はそれを理解できないんだろう？

ひょっとして、自分にも悪いところがなかったかどうか、考えてみました。

「もしかしたら、ちょっと言葉がキツかったかな……」

そう思いはしますが、それ以外には自分の悪いところは一切見あたらないのです。

ミカコさんは考えます。たしかにプライドは傷つけたかもしれないけれど、自分は本当にダンナ様のことを思ってやっているのだから、これ以上の善意がどこにあるというのだろう？　彼は向き合うことをせずに逃げている。それはどう考えてもおかしい！

結論はひとつ。「ダンナ様の器が小さい」。

解説

ミカコさんは、心底、自分が正しいことをやっていると信じて疑いません。

なぜなら、価値観の根底に「人間関係においては、相手のミスであれ、足りない点であれ、どんなことでもストレートに言いあえる関係こそが親密である」という考えがあるからです。

ダンナ様のことを本当に大事に思うからこそ、心のうちを包み隠さずストレートに話します。このときに、言う内容ばかりに気をとられ、どんな言いかたをすればよいかという配慮に欠けてしまうため、言葉がキツくなります。「あなたのここがダメ」と断言するので、言われた方はグッサリと傷つくのですが、この傷つく感覚が理解できません。

それどころか、言った後はスッキリして、言われた相手も「言ってくれてありがとう」と感謝してくれていると信じて疑いません。

したがって、ダンナ様が感謝してくれないどころか、激怒する姿を見ると、不思議に思います。「大事に思うからこそしていることなのに、なぜ理解されないのか」が、どうしてもわからないのです。

対応策

オウンマインドタイプの人は、

「心底、相手のことを思っているのだから、気づいたことは伝えてあげる方がよい。気づいているのに言わないのは、自分をよく見せたいからで、相手のことを本気で考えていないから」

「相手が傷つくかもしれないと気にして、ダメなところや見つめ直した方がよいところを指摘しないのは、本当の意味で相手のことを思っていないから。相手を大事に思えばこそ、言いにくいことでも、伝えた方がその人の為になるのであれば、あえてそうするのが本当の親切心である」

と考えます。

相手を思う親切心は、とても尊いものです。けれども、その親切心を相手が受け入れてくれなければ、どんなに相手のことを思ったとしても、その思いは伝わりません。相手を大事に思っての素晴らしい行為であるからこそ、その善意を汲みとれる相手かどうかを見きわめた上で、きちんと相手に伝わるような表現力を身につける必要があります。

いくら、親しい間柄だからといって、率直に本心を口にしてもよいとはかぎりません。

人によっては、親しい人からいたらない点をハッキリと指摘されることで深く傷ついてしまい、再起不能になってしまうケースもあるのです。

こうした事態を避けるために、まず、「言いかた」に気をつけましょう。

一般的に、語尾を言いきると、それだけでキツく聞こえるものです。「〜と私は思うよ」「〜と考えるけど、あなたはどう？」というふうに、断言を避けるのもひとつの方法です。

また、相手の感情に配慮することも大切です。なぜ苦しんでいるのか、なぜ理解できない行動をとるのか、その理由をしっかりと理解し、努力を認めて受け入れる姿勢を示しましょう。

そのためには、自分の意見を言うよりも先に、まず、「それはくやしいよね」「それは悲しかったよね」と、相手の感情を肯定してあげてください。先に相手の感情を肯定してあげて、その後に自分の意見を述べるようにするだけでも、相手はあなたの話を聞ける余裕が出てくるでしょう。

そして、いちばん大切なことは、自分の価値判断で人を推し量るのではなく、できるだけ客観的な立場になって相手の話に耳を傾けることです。

オウンマインドタイプの人が他人の話を聞くと、つい自分の頭のなかで段階的に整理をして、

「それって、つまりこういうことでしょう」

と言ってしまいがちです。親切心からわかりやすく整理しているつもりなのですが、それは自分にとってわかりやすくしているだけであって、相手にとってもわかりやすいとはかぎりません。

せっかく相手が話してくれたことでも、「それって、つまりこういうこと」と自分の解釈で置き換えてしまうと、いつのまにか相手の見解を自分の価値観にすり替えてしまうことにもなるのです。これは相手の価値観を尊重した行為とはいえません。

自分の考えかたや価値観に自信をもてる生きかたをしているのは素晴らしいことです。しかし、それに加えて、自分とは異なる考えかたや価値観をもつ人をも、認めてあげることができたらどうでしょう。自分の考えかたや価値観が、万人に共通するわけではなく、さまざまな考えかたや価値観をもつ人々がいるという現実を、受け入れられる自分がいたらどうでしょう。それだけで、ストレスは減り、心にゆとりが生まれ、より思い描いている理想の自分に近づけるのではないでしょうか。

たしかに、その現実を受け入れるためには、相応の覚悟が必要となるでしょう。容易には受け入れられないかもしれません。けれども、自分の価値観や視野を広げることにより、人の考えかたや価値観を受け入れることのできる自分になれたら、どんなに素晴らしいことでしょう。

より豊かな人生を送るためにも、なりたい自分を目指して、自分の価値観の幅を広げ、相手の考えを尊重すると同時に、相手の感情にも配慮することを、大切にしてください。

その先に、どんな自分が待っているか……。それは言うまでもないことでしょう。

パワフルタイプ

即行動型

あれこれ考えるよりも、即行動！

「気合だ！」「がんばろう！」を合言葉に、実践あるのみ！

あれやこれやと理屈をこねられることや、口先ばかりで行動しないことがキライで、「やってみないことには、いいも悪いもわからない」と考える、行動第一のパワフルなタイプです。

動くことが苦にならないため、「行動するべきかどうか」「やろうか、どうしようか」と迷うことはほとんどありません。一度決めたら、まわりが心配するくらいに思いきりよく行動にうつします。

もしもうまくいかなくても、グズグズと引きずったりはしません。やってみてダメだと思ったことは、さっさと切りかえて別の方法を探して試しているか、何事もなかったかのように忘れてしまい、それ以後は興味をもつこともなくなってしまいます。何日かして、「あれはどうなったの？」と言われても、「ああ、あれね……」とケロッとしているのがこのタイプです。

✦抜群の行動力

まずは、「なんでもやってみる」ことをモットーにしています。理想としているものに向かって突きすすむ猪突猛進の情熱家であり、思いついたことはサッと実践にうつす行動派です。

そして、常に打ち込めるものを求めています。抜群の行動力を活かして、いつでも何かに打ち込んでいたいからです。

好奇心が旺盛で、いろんなことに興味をひかれます。ひかれたものはあれこれやってみますが、いざ「これだ！」と信じるものをひとつ見つけると、もうそれに一直線。まっしぐらに突っ走っていきます。

ただし、考える前に行動してしまう傾向があるので、行動した後になってふと不安になることがあります。

「こんなこと、やっちゃってもよかったのかな」

という疑問がもたげてくるのです。

そのため、自分をフォローしてくれる人がいると、とても安心します。自分の向かっている方向について、いつでも前向きに相談にのってくれるような人です。

また、「失敗してもやり直せばいい」と考えて行動しているので、逆境をものともしない強さがあります。その裏返しで、失敗したときにクドクドと叱られると、すっかりやる気をなくしてしまいます。

りします。

✦プロ意識が高い

ふだんは明るくて楽しい人ですが、仕事の場面では一転して厳しい人になります。

自分の仕事は人に頼らないで、きちんと自分でやりたいと思っています。ですから、任せてもらえれば、本来の実力を最大限に発揮します。つまり、やりたいようにやらせてもらえる環境に身を置くことで、持ち前のプロ意識をもってしっかりとやり抜く強みが生かされるのです。

逆にいえば、自分のやりたいようにやれない環境の下では、その能力を活かすことができません。たとえば、監督する人のもとで細かく指示されるとか、いろいろな規制があって工夫する余地がないとか、そのような環境で働かなければならない状況だと、実力を発揮できないのです。

手先が器用で、技術を体得することが早いのもこのタイプの特徴です。数をこなせばこなしただけ身になるような、いわゆる「手に職をもつ」分野にたずさわると、プロ根性にいっそうの磨きがかかります。大成も夢ではありません。

✦頭の回転が速いキレ者

待たされることや、白黒ハッキリしないことが苦手です。「待たなくちゃ」とは思うものの、相手がグズグズしていると、つい機嫌が悪くなってしまうのです。

頭の回転が速いので、いくつかのヒントからあっという間に答えを導き出すキレ者でもあります。そのため、何事にも手早く、瞬時にパパッと対応できます。

反面、自分が速攻型であるだけに、人の話をゆっくり聞くことは苦手です。要点さえ教えてもらえれば十分だと思っているので、長々と話されると興味を失って、ほかのことを考え出してしまいます。

あるいは、言いたいことはだいたい察しがつくので、

「この人になんて言ってあげようか」

と、相手が話している最中に先のことを考えはじめることもあります。ところが、そういったときは露骨に視線がキョロキョロしてしまうのです。そのため、相手に聞いていないことがバレてしまいます。

また、細部にわたって人の話を聞いたりはしないので、早とちりをしてしまったり、あるいは、つい二つ返事で頼まれごとを引き受けたものの忘れてしまうような、お人好しの面もあります。そうした、おっちょこちょいの部分が憎めないところでもあるのです。

✦敵・味方の区別がハッキリしている

行動派であり、かつ割り切れる性格のため、失敗をしても「やっちゃったものは、しょうがない」の一言で片づけることができます。

そのため、人間関係においても、

「相手が怒っちゃったのならしょうがない」

「謝っても許してくれないのだからしょうがない」

というぐあいに、すぐに割り切ってしまえます。この竹を割ったようにハッキリしているところが魅力ではありますが、結果として、人間関係が長続きしにくいということにもなってしまいます。

また、周囲の人を敵・味方で判断する面があります。

自分がものを言える人と言えない人を見極めて、言える人にはズバリ相手の心情を無視したキツいことを言うこともあります。さらに、意外と根にもつ性質があって、一度、何か気に入らないことをされると、やられたらやり返せの精神で打ち返します。それがプラスに働くと、いい意味で闘争心となり、努力となって前進することにつながるのです。

このように、敵とみなした相手には厳しいのですが、反対に、味方には公私にわたってとても面倒見がよい温かみがあります。

✦一匹狼

このタイプは自分の思いどおりにやりたいため、いつのまにか独走して、チームワークを乱してしまうことがあります。また、実行することに心をうばわれて、周囲の人の心の動きが察知できない面もあります。

もともと理屈に合わないことをきらう合理主義なため、理屈で割り切れない人の感情といったものには閉口してしまいがちです。自分がサバサバしているため、ネチネチと不平を言われるとすっかり面倒くさくなってしまいます。そのため一匹狼になりやすい傾向があります。面倒くさいことを言われるくらいなら、一人の方がラクなのです。

また、対人関係においても「自分がどうしたいのか」「自分はどうしてあげたいのか」を軸において、「こうしたら相手は喜ぶにちがいない」と考えます。そのときは善意のかたまりになっており、頭のなかでは、相手が感激しているイメージがいっぱいに膨らんで、ワクワクしている状態なのです。

そのため、「相手がどう思っているのか」「どうしてもらいたがっているのか」というような相手の心理状況まで深く考えがおよぶ前に行動してしまい、誤解をまねくことも多いのです。

✦直情径行で屈託のない愛嬌

本質的には、他人をとくにどうこうしようと考えない、おだやかな人柄です。素直で相手の話に何の疑いもはさみませんし、興味のない話は適当に聞き流しています。

しかし、感情表現はストレートで、直情径行です。面白いことにはゲラゲラとお腹をかかえて笑いますし、涙もろい面もあって大粒の涙をポロポロこぼしたりもします。

ちょっとしたことでムッとしやすい性質もあって、それが表情に出ます。とくに、自分のやるべきことをやらない人には、容赦なく厳しい態度をとります。しかし、やるべきことさえやれば、あとくされがなくサッパリとしていて、屈託のない笑顔が魅力です。

また、自分の味方をしてくれる人には、とても素直になります。

この屈託のない笑顔と、素直さが、パワフルタイプの人の魅力なのです。

このタイプのチェックポイント

パワフルタイプの人は、感情の浮き沈みが激しい傾向があります。

ふだんは明るいのですが、ふとしたことで落ち込み出すと、落ち込む勢いがとまらなくなってしまいます。そして、悲観的すぎる状態にまでなってしまい、「感情の浮き沈みが激しすぎる。これは一歩間違ったら病気になってしまうかもしれない」と思ってしまうかもしれません。

パワフルタイプにとって、「病は気から」です。元来、素直なので、自己暗示にかかりやすいのです。自分は精神的な病気かもしれないと思ったら、本当にそうなってしまうこともあります。しかし、感情の浮き沈みが激しいのは、パワフルタイプの特徴のひとつです。まずは自分の性質を受け入れましょう。

努力と根性でがんばっても、なかなか結果が出なかったり、評価してもらえなかったり、あるいは思わぬ壁にぶちあたったりすると、すっかり弱気になってマイナス思考になります。そうなると、何もかもを悪い方向へ考えて、ただただオロオロするばかり。「どうしよう」を連発することしかできなくなってしまいます。

そういうときは、自分にすっかり自信をなくしています。そして、まわりの人が助けてくれないことを逆恨みして、他人のことも信用できなくなります。その結果、自意識過剰気味になって、周囲がすべて敵のように思い込んでしまいます。

一度キライだと思ったものはとことんキライなので、敵だと思ったものはとことん攻撃します。

逆に、味方だと思ったものには思いっきり心を許します。そのため、味方だと思っていた人に裏切られたときは、深く落ち込んで大変なことになってしまいます。衝動的に電車に飛び込みたくなったり、失踪《しっそう》してしまいたくなったりすることもあるかもしれません。落ち込んだときは、それほど激しく落ち込んでしまうのです。しかし、そうした衝動を懸命に抑えて、人前では明るくふるまう健気《けなげ》なところがあります。

だれかに相談したいと思ってもうまく言えず、なかなかわかってもらえないと感じるので、結局は自分で抱え込みすぎてしまうのです。

なぜそのようなことになってしまうのかというと、パワフルタイプの思考回路が原因です。

パワフルタイプは、可能性を感じると次々と展開のアイディアがわいてくるという強みがあります。思考が頭のなかでどんどん展開をして広がっていくのです。そうした一面が、世界をまたにかけて活躍できるほどのスケールの大きさにつながっていきます。

しかし、マンネリの生活が続いたり、人からネガティブな話を聞かされ続けたり、悲しい出来事があったりして状態がよくないと、その展開型の思考がマイナス方面に働いてしまいます。どんどん悪い方に展開していき、際限がなくなってしまうのです。まさに、長所と短所は紙一重なのです。

せっかくの展開思考なのですから、プラスに働かせましょう。悪い方へ悪い方へと考えるのではなく、プラスに働かせて、

「あれもこれも、なんでもできる！」

と、好奇心旺盛にチャレンジしていきましょう。落ち込むのは時間のムダ。さっさと切り替えて、大志を抱き、行動あるのみです！　だって、落ち込んでいるよりも、希望に燃えてがんばっている方が絶対に楽しいのですから。大丈夫。あなたのバイタリティをもってして、不可能なことなどありません！　今すぐ行動して、可能性を追求しましょう。

迷いの傾向

事例

二十八歳のOLである朝子さんは、興味のおもむくまま、いろんなことに挑戦するチャレンジャー。OLの仕事だけでは物足りません。独立とまではいかないものの、いろんな商売をやってみたい気持ちが旺盛です。いざアイディアがひらめくと、どんどん頭のなかで構想が展開していき、すぐに行動にうつします。

あるとき、朝子さんはピン！　とひらめきました。

「前にトルコに行ったけど、日本にはないデザインのおもちゃや食器がかわいかった。ああいうのを輸入して、インターネットで売ろう！」

そう考えた朝子さんは、まだ商品を仕入れてもいないまま、とりあえずホームページをつくり、その三日後にはトルコへと飛んだのでした。

トルコで商品を仕入れてこようと思っていたのですが、思いのほかホテルの居心地がよくて、ついノンビリしてしまいました。とくにエステは最高でした。またもや、朝子さんはピン！ ときました。

「トルコ風のエステのサロンを開こう！」

このとき、すでにインターネットショップの案は頭のかたすみに行ってしまっているのです。

さっそく、ホテルの支配人に相談をもちかけようとしましたが、言葉が通じません。

「輸入ビジネスをやるからには、最低限英語ぐらいは話せないと」

そう考えて、まずは帰国して英会話学校へ通うことにしました。

すると今度は、英会話学校で、レストランを経営している人と知り合いました。またまたピン！ ときました。

「トルコ料理のレストランをやろう！」

インターネットショップもエステも忘れたわけではないのですが、今はレストランの方が可能性を感じるのです。

そうやって、あれこれと可能性を感じてトライしてみようとする朝子さん。ところが、まわりの友人達はなかなか理解してくれません。

「そうやって、次から次へといろんなことをはじめるって言うけど、結局ちゃんとできたものって、ひとつもないじゃない。ひとつくらい、ちゃんとやってみなよ」

「そもそもトルコの雑貨をネット販売する計画だったよね。あれはどうなったの？　ホームページもつくりっぱなしで、ほったらかしてるじゃない。あれつくるのだって、けっこうお金かけたんでしょう？」

「会うたびに、言うことがコロコロ変わるんだもん。一貫性がなさすぎるよ。もっとよく考えなきゃ」

「もう夢見る夢子ちゃん、って歳じゃないでしょ」

耳の痛いことを言われてしまった朝子さんは、すっかりしょげてしまいました。

たしかにまわりの人の言うことももっともだと、本人も思うのです。でも、次々といろんなアイディアがわいてくるし、そのどれもが、その瞬間はとても魅力的に思えるのです。だから、すぐに行動にうつしたくなるし、それ以前に浮かんだアイディアはもはや色あせてしまっていて、興味がなくなってしまうのです。

解説

頭の回転が速い朝子さんは、いざアイディアが浮かぶと、頭のなかでそのアイディアがどんどんふくらんで、イメージが展開していきます。

トルコの雑貨をインターネット通販しようと思い立ったら、頭のなかにはすでに魅力的な商品がたくさん掲載されたホームページの映像が描かれています。そのサイトへのアクセス数は莫大で、売り上げは絶好調。雑誌やテレビに自分が成功者としてインタビューされているところまで浮かびます。さらに、海外向けのサイトをオープン。雑貨以外の商品も扱うようになり、物販だけではなく旅行代理店のようなことにまで事業を広げていく……、といった感じで、際限なくイメージが展開していくのです。

ところが、こうした展開の発想は、なかなか理解されがたいものです。まわりの人から見れば、朝子さんはただ単におもしろおかしく空想で遊んでいるだけ。その日暮らしで、言動に一貫性のない、落ち着きのない人物に思われてしまうのです。

対応策

あれこれとアイディアが浮かび、可能性を追求できることは強みではありますが、体はひとつしかありません。ですから、「あれもこれも」とやりたい気持ちはいったん抑えて、まずはひとつに絞ることが大切です。

もちろん、たくさんある「やりたいこと」を同時進行することは可能です。状況によって優先順位をコロコロ変えられるのは、パワフルタイプの強みでもあります。けれども、その分だけ散漫になりやすく、ひとつが完結しにくいという弱点もはらんでいるのです。ですから、まずはやりたいことのなかで優先順位をつけること。そして、今やるべきことをひとつに絞って没頭しましょう。

これができるかどうかが明暗をわけます。もちろん、短期間でOKです。この短期間にパワーを注ぎましょう。

そういうときのパワフルタイプは、持ち前の行動力を最大限に活かすことができます。そうした自分に充実感と自信を感じることができるので、その状態をキープするためにも、目移りしないように気をつけましょう。

とくに、これまでだれもやったことがないような未知の分野に挑むと、生きがいを感じて、目的のために体あたりで挑んでいくことができます。そのときの勢いは、まさにブルドーザー。だれにも止められません。

目的がハッキリしないと、本来の頭の回転の速さや、キレがいっさい見られなくなり、あれこれ迷ったり、クヨクヨ悩んだりしてしまいます。

本来は、失敗をものともしない度胸が強みなのです。そのためには、常にビジョンを明確に掲げること。そして、あれもこれもやりたい気持ちを抑えて、まずはひとつに没頭し、集中してパワーを注ぎましょう。

ひとつ確固としたものをつくりあげれば、いろんなことを展開して広げていける背景が手に入ります。そうなったときには、まさに世界をまたにかけて活躍していける度胸がパワフルタイプには備わっているのです。

パワフルタイプにとって、舞台は世界。まず、確固としたものをつくりあげて、それを武器に世界へ羽ばたきましょう。世界で活躍する日本人は、パワフルタイプのかたが多いのですよ！

ステータスタイプ

品行方正型

「まわりから一目置かれたい」という気持ちが人一倍強いのが特徴です。ささいなことでも、人から「すごい！」「さすが！」と感嘆されると快くてたまりません。

成功願望も強い方で、いつかはステータスの高い自分になって、周囲からかつぎ上げられたいと願っています。

実際に、どことなく普通の人とはちがうオーラをかもし出しています。

人あたりはやわらかくても、心のなかには王様のようなプライドをもっています。「なんだか近寄りがたい」とまわりが引いてしまうくらいが、心地よいのです。

けれども、さみしがり屋の一面もあるので、心を許した人の前ではとことん甘えん坊になります。外ではスキを見せずにキチッとしているのに、内ではとことん甘えん坊になってしまう二面性が魅力です。

✦一目置かれる人物を目指す

「人から尊敬されたくない」などと思う人は少ないでしょうが、ステータスタイプの人は、「世間から尊敬のまなざしを浴びたい」「一目置かれたい」という願望がとくに強い傾向があります。

そのため、地位や立場といった上下関係に敏感です。自分より立場が上の人や、成功している人、えらい人の言うことには素直に従います。そういう人に対しては、忠誠心を発揮して、できるだけそばにいられるように寄っていき、気を利かせながらキビキビと動いて自分をアピールします。上役から指示や命令を出されなくても、よかれと思うことをその場の状況で判断して、先周りして動けるところが強みです。

このように、カッコよくて人からうらやましがられる、陽のあたる場所にいたいと願っているため、「縁の下の力持ち」といった、人をかつぎ上げることは得意ではありません。もし、やる場合は、「あの○○さんが有名になれたのは、ほかならぬ自分のおかげなのだ」と、まわりの人に知ってもらうことが、一目置かれることにつながると考えるからです。そうした面があるからこそ、ステータスタイプの人は、他人の成功のために真剣になって知恵をしぼり、行動することができるのです。

✦ステータス性を重視する

人の地位や立場だけではなく、物や場所といったことにも「ステータス性」を重視します。ゴージャスなイメージが好きなのです。といっても、決してミーハーなブランド趣味ということではありません。ブランドのもつ背景を見ているのです。

いわゆる有名ブランドでも、はじめから有名だったわけではありません。ステータスのあるブランドとして世の中に認められるまでには、さまざまな困難を乗り越えてきた相応の努力があったに違いないのです。現在のステータスを築くまでの、そうしたバックグラウンドをもつからこそ、安心して買い物をしたり、サービスを受けたりできるのだと、ステータスタイプの人は考えています。

その安心感を得るためには、価格が多少高くてもかまいません。むしろ、高いぐらいがちょうどいいのです。

大切な人へのプレゼントは、世界の一流品図鑑に載っているようなものを選ぶ傾向があります。

✦直感、ひらめきが武器

自由な感性を持っており、束縛されるような窮屈さをキライます。心にピン！ とくる直感が強みで、何でもすぐに決断する潔さがあり、「思い立ったが吉日」で飛びまわります。行動範囲も広く、遠出を苦にしません。

ただ、フットワークが軽いのはいいのですが、出かけたら行方《ゆくえ》がわからないと思われてしまいがちで、「鉄砲玉」という評価を受けやすい面もあります。

自由な感性を持っていると言いましたが、決して周囲に気配りをしない気ままな人というわけではありません。マナーをわきまえなかったり、礼儀に欠けたりすることをキライます。目上の人に対しては失礼のないように気をつけて、きちんとした人間であるように心がけています。品行方正に見られたいのです。

✦手っ取り早く成功したい

成功願望が強いものの、綿密な計画を立てているかというと、そうでもありません。だいたいのイメージができれば動けます。

直感やひらめきから行動をスタートさせるので、「今だ！」と思った瞬間にはもう動きはじめています。

スピードを重視するため、一年以上かかるような長期に及ぶことは基本的に好みません。手っ取り早く結果が出るものでないと、モチベーションが続かないのです。なかなか結果が見えないと、イライラしてほかのことが手につかなくなってしまうため、そういう場合はすぐに切りかえて、さっさと結果が出るものに方向転換します。

また、一人で動く場合はよいのですが、ほかの人と共同で作業する場面では、独り合点に陥りやすい面があります。だいたいのイメージを伝えればわかるだろうと考えるため、説明を省略しすぎてしまうのです。聞いている方は、大きく漠然とした話に思えて、具体的に何をすればいいのか、よくわからないということになってしまいます。しかし、ステータスタイプは、細々《こまごま》と指示を出したり、いちいち連絡や相談をするわずらわしさをキライます。そのため、必然的に一人で動くことが多くなります。

✦ほめ言葉にめっぽう弱い

人からほめられると、謙遜して「それほどでもありません」と言いますが、心のなかでは「もっとほめて！」と思っています。ステータスタイプに、ほめすぎはありません。ほめられればほめられるほど気分がよくなって、「もっとがんばろう」というエネルギーに満たされるのです。

自分がほめられると心地よいので、人をほめることも上手です。相手の立ち居振る舞いから持ち物まで、ありとあらゆるものをほめて、気分をよくするツボをちゃんと心得ているのです。

経験を積んで、まわりの人から一目置かれるようになり、人間ができてくると、ただ単に自分を謙遜するだけではなく、ほかの人の自分への協力ぶりもほめて欲しいと言える余裕が出てきます。

また、人の「気づき」を促すことも上手です。相手の状態を見て、的確な質問を投げかけたり、たとえ話をしたりして、自分で答えを見つけるように考えさせるコミュニケーションが巧みです。ふだんはスピードを重視しますが、人を育てる場面では辛抱づよく相手を見守る懐の深さをもっています。

✦気分屋であまのじゃく

「型にはまりたくない」という気持ちが強いので、「あなたは○○だよね」と決めつけられると、反射的に「いや、ちがう」と言ってしまいます。

柔軟な思考をもっている上に、ものごとの解釈が気分次第でどうにでも変わるので、今「YES」と言っても、三分後には「NO」になることもあります。そのため、「さっきと今では言ってることがちがう！」と思われてしまうこともあるのですが、自分のなかではきちんと論理がつながっており、矛盾を感じていないのです。

✦甘えん坊

甘えたい気持ちが強いのも特徴です。外で気を張ってがんばっているため、そのがんばりは家のなかまで続きません。気を許せる人の前ではうってかわって、とことんまで甘えん坊になります。このギャップの激しさが、たまらないほど魅力的です。

ゴロニャ～ンと可愛らしく甘えているうちはいいのですが、それが高じて、

「わがままをきいてもらえる。こんなことをしても、自分なら許してもらえる。そんな自分はすごい！」

と、勘違いをしはじめると、ただの「困ったちゃん」です。甘えるというよりも、単にぐうたらするだけになって、相手の負担を大きくしてしまいま

す。

決して男尊女卑というわけではないのですが、ステータスタイプの男性は、「オンナはオトコをたてるものだ。オトコの言うことをきくものだ」という価値観が根底にあります。そのため、女性から反対意見を言われることをキライます。家庭をもつと、亭主関白になる傾向があります。

このタイプのチェックポイント

一所懸命にがんばって結果を出したにもかかわらず、まわりの人から一目置いてもらえていないと感じると、とたんにやる気をなくしてしまいます。普通にほめられる程度では物足りないのです。

あえて言うなら、別格扱いしてほしいというエネルギーが強いのです。そのため、まわりがそういった扱いをしてくれないと、つい「自分はこんなにもスゴイ人間なのだ」と自ら語るようになってしまいます。これはよい状態ではありません。そもそも本来は謙遜していたいタイプなのですから、尊敬してもらおうとして威張っても、空まわりするばかりなのです。

本当に尊敬される人間は、まわりがほうっておきません。だまっていても「この人はスゴイ人なんですよ」とかつぎ上げてくれるものです。

それを自分でもよくわかっているにもかかわらず、自ら「自分はスゴイのだ」と言わずにはいられなくなってしまう。そんなことを自分で吹聴《ふいちょう》したところで、だれも尊敬してくれないどころか、かえってダメな人間に思われてしまうものです。そのことも、ちゃんとわかっているのに、どうしようもない。一目置かれていないという欲求不満を解消したくて、もがくわけです。そして、もがけばもがくほど悪循環に陥って、自分を止められなくなってしまうのです。

こうした苦しさは、つきあう相手のレベルをちょっとだけ下げることで解消できることがあります。たしかに知識や経験のレベルが自分より低い人ならば、尊敬のまなざしで見てくれることもむずかしくないでしょう。一時的には心地よい賞賛を浴びることができます。しかし長続きはしません。また苦しくなるので、一目置いてもらえそうな人を探してさまよい、さらにレベルを下げて一時的に心地よくなる……、ということを繰り返していくうちに、どんどん自分のレベルを落としていってしまいます。

これは非常にもったいないことです。人から一目置かれるために相手のレベルを下げるのではなく、苦しくても自分のレベルアップを目指さなければなりません。そのためには、自分よりもレベルの高い人と一緒にいることです。

あなたの礼儀正しい態度と、察しのよさは、目上の人に「よくわかっている」という好印象を与えます。できるだけ、レベルの高い人のそばにいられるようにしましょう。その方が、自分の特性をさらに生かせるようになりますよ。

迷いの傾向

〔事例〕

四十代の林さんは大手企業の中堅社員で、部下を指導する立場にいます。いつもさっそうとしていて、面倒見がよく、部下から信頼されています。身だしなみはキチッとしていて、だらしない格好は絶対にしません。若い頃はそれほどでもなかったのですが、地位が上がるとともに注意を払うようになりました。

堂々として自信満々に見える林さんなのですが、実はだれにも知られたくないことがあります。それは、「実は自分は小心者だ」と思っていることです。

なぜ自分のことを小心者だと思うのかというと、ときおり漠然とした不安に駆られてしまうことがあるからなのです。

たとえば、生活が不安定であったり、体調が悪かったりすれば、だれしも不安感におそわれることはあるでしょう。しかし林さんの場合は、生活や精神の状態とは関係ありません。なぜだかわかりませんが、不定期に漠然とした不安におそわれてしまうのです。仕事がうまくいかなくてもそれほど不安に感じないこともあれば、仕事もプライベートも何もかもうまくいっているにもかかわらず不安感でいっぱいになるときもあるのです。

「きた！　不安がきた！」と前兆を感じることもあれば、気がついたら不安でいっぱい、ということもありました。

以前は、こうした不安感は人間ならだれにでもあるものなのだろうと思っていました。偉い人や成功している人なら少ないのかもしれませんが、一般的な人には必ず不安感はつきものだと思っていたのです。

ところが、社会経験を積むにつれて、「どうやら、まわりの人間は自分ほど不安に駆られたりしないようだ。不安感でいっぱいになる自分は特殊なのかもしれない」と、思うようになりました。

不安になったそのときは、背筋に冷たい水をさされたようなゾーッとした感覚がはしり、指先まで冷たくなってしまうこともあります。

しかも、不安になると、それまでは見えていなかった問題点が突然見えてきて、「このままでいいのだろうか」「あそこに何か問題があるのではないか」と感じはじめます。

そして、いてもたってもいられなくなるので、突き動かされるように何かのスキルを学んだり、トレーニングをして体をきたえたりしてみます。

そうやって何かに打ち込んでいると、新鮮な学びがあったり新しい仲間が増えたりして楽しく過ごすことができますから、不安など思い出しもしないのですが、しばらくして気がつくと、また不安感でいっぱいになっている自分がいるのです。

解説

林さんは、ときおり無性に不安でいっぱいになってしまう自分のことを、「小心者」だと思っています。

もともと勉強熱心な林さんは、いろんなスキルを習得しています。そして、精神論や自己啓発で学んだことを、部下に語って聞かせることが好きなのです。部下には、ことあるごとに、

「思考は現実化するのだから、ものごとはつねにポジティブに考えなければいけない。成功している自分をイメージしろ」

と、教えています。

ところが、そんなことを言っているにもかかわらず、自らが不安でいっぱいになって、ネガティブな思考が満載になってしまうときがあるのです。

「こんなネガティブなことが現実におこるかもしれない」

そう思うからこそ、いてもたってもいられないほど不安に駆られてしまう

のです。

そんなときはポジティブに考える余裕などありません。

対応策

ときおり漠然とした不安におそわれてしまうのは、実はステータスタイプの特徴なのです。おもに、一人で何もせずボーッとしているときに、

「このままでいいのかな?」

と、漠然と不安になってきます。この不安には、理由や根拠がありません。「自信がないからか?」とか「まわりから一目置かれていないからか?」などと理由を探してもムダなのです。そもそも理由がないのだから、見つかるはずがありません。

この不安感はイヤなものです。

しかし、気がついてほしいのです。実は、それがステータスタイプの原動力となっていることに。

不安になると、いてもたってもいられなくて行動にうつしますね。だからこそ、いろいろな勉強をしてみたり、もっと生活を向上させようと仕事をがんばったりするのです。

ステータスタイプの不安感は、決してネガティブにとらえるべきではありません。むしろ、ポジティブにとらえるべきなのです。

そして、不安感を押しのけて行動できるのは、とても勇敢なことです。決して小心者などではありません。そんな自分自身に自信をもってください。

これからは、不安になったら「よし！　出発！」とポジティブにとらえましょう。恐れおののいたり、ジタバタすることなく、「動け」というサインなんだと受け止めて、積極的に動いてください。そうすることで、不安感は残っていても、以前よりずっと冷静でいられます。

そうなったときに、また新たな自分を発見できるでしょう。

実は、不安に駆られたときには、ものすごくカンが冴えるのです。これまではせっぱつまっていたため、手あたりしだいに手を出していたかもしれません。その結果として、ムダな行動をしたり、ムダな出費をしたりすることもあったでしょう。

しかし、これからは、そんなときこそ冷静に判断することができるようになります。そのとき、直感力は抜群に冴えわたります。

ステータスタイプに、不安がなくなることはありません。ですから、それと上手につきあいましょう。不安は実はありがたい感情なのです。それがあるからこそ、前に向かうことができるのですから。

第4章

コミュニケーションアドバイス

レベルアップタイプ

あなたはこう思われてしまう

✦自分がない

ほかのタイプの人から見ると、レベルアップタイプのあなたは、なんでもかんでも人に合わせることが多いように見えます。また、なにかにつけて「すみません」「ごめんなさい」といった言葉がすぐに口から出てくるので、他人に気をつかいすぎているようにも見えるのです。

何かを決めるときでも、いちいち話し合いをして周囲の同意を求めることから、「ものごとを決められない」と思われています。
つまり、「自分がない」ように見えるのです。

なぜそう思われてしまうのか

決して「自分がない」わけではありません。心のなかでは、「こうしたい」という基本的な路線はもっています。しかし、それを主張することを好みません。なぜなら、協調性を大切にするからです。「人間社会はお互いに譲れるべきところは譲って、お互いが気持ちよく過ごせることがいちばんだ」という価値観がベースになっているため、対人関係においては「相手が満足してくれることが、自分にとっても満足」だという考えかたを根底に敷いているのです。

自分が好意をもっている相手から、

「あなたはどうしたいの？」

と聞かれると、心のなかでは「どう答えたら、あなたの期待に沿うのだろう？」と思っています。それは、考えるのが面倒くさくて相手に決定をゆだねているのでも、責任逃れをしているのでもありません。

ムリに自己主張をとおして相手にイヤな感情をもたれることの方がストレスなのです。ですから、まずは相手の希望や意見を聞きたいと願い、できるかぎりそれを尊重してあげたいと思っているのです。つまり、自分の希望よりも、相手の希望の方が優先順位が高いのですが、決してムリにそうしているわけではなく、本心からそう思っています。

しかも、「いつも向こうの意見ばかり聞いていると、私のことを自分の意見をもたない人だと思うだろう」とまで考えて、あえて相手の意を汲む答えを推測し、それを提案しているのです。

相手のタイプ別の傾向

こうした傾向も、同じレベルアップタイプ同士か、共通点の多いセーフティタイプとなら、ちょうどよい折り合いを見つけることが難しくありません。お互いになんとなく相手の希望を聞き合いながら、やっていくことができるのです。

けれどもほかのタイプには、ストレスを与えてしまうことがあります。ドリームタイプやオウンマインドタイプの人からは、「ズルイ」と思われるのです。本当は自分の希望があるのに、それを隠して言ってくれないというのは、ある意味では冷たい態度ともいえますし、心を開いていないようにも感じられる行為、つまり「ズルイ」ことなのです。

パワフルタイプやステータスタイプの人からは、「面倒くさい」と思われてしまいます。いちいち決めてあげなくてはいけないので、なにかにつけて

「手間がかかる人」と思われてしまいます。

まわりの人に気をつかい、にこやかで感じがよいのは素晴らしいことなのですが、あまりにも気をつかわれると、人は窮屈に思うものです。ときには自分がどうしたいのかを率直に相手に伝えてみることも大切です。あなたが相手の望みどおりにしたいと思っているのと同じように、相手もあなたの望みどおりにしたいと思っているのですから。

セーフティタイプ

あなたはこう思われてしまう

✦まわりくどい

あなたは言いたいことをハッキリと言わず、まわりくどかったり、理屈っぽいことを言って本題からずれてしまったり、あるいは人を試すようなことをする場合があります。こういった面は、他人からなかなか理解されません。

「いったい何が言いたいの？」

となってしまうのです。

また、他人を批判ばかりしているように見られることもあります。

「そんなに人の悪いところばっかり見ていても、仕方ないでしょう」

と思われてしまうのです。

なぜそう思われてしまうのか

あなたには、周囲の人に対して「お互いによい関係をつくりたい」という思いが根底に強くあります。

安心できて、本心をぶっちゃけられる関係をつくりたいので、ときとして、

「どれだけ自分の甘えを許してくれるのだろうか」

という許容範囲を測るようなことをしてしまうのです。決して悪気はあり

ません。

また、まわりくどい言いかたになってしまうこともあります。なぜなら相手にネガティブな感情を伝えるのが、あなたにとってはとても勇気のいることだからです。

あなたは、「もし相手に対する不安な点をハッキリ言葉にしてしまうと、相手を傷つけてしまうかもしれない」ときめ細かく配慮します。そのため、必然的にまわりくどい言いかたになってしまうのです。優しい気持ちで接しているからこそそのことなのですが、まわりの人はそれに気がつかないため「何が言いたいの?」と言われてしまうわけです。こんなふうに言われると、あなたは深く傷ついてしまいます。

そもそもセーフティタイプの人は、ポジティブでない話をしている人に対して、

「何が言いたいの?」

という聞きかたは決してしないでしょう。もしするとしたら、それは堪忍

袋の緒が切れるぐらいの勢いで激怒しているときです。自分が尋ねないからこそ、だれかから「何が言いたいの？」と聞かれたときは、相手が心底怒っていると思ってしまいます。当然傷ついてしまい、安心感をいだくことはできません。

また、人のマイナス面ばかりを言うように思われてしまうところもありますす。しかし、セーフティタイプがこうした状態のときは、実は最大限にオープンハートしているときなのです。心を裸にして、ふだん言えない本心を言いたい放題に言っている状態なのです。ですから、そんなときに、

「そんなことばかり言ってはダメ」

と咎《とが》められてしまうと、消沈してしまいます。せっかく安心して心を開いていたのに、相手は自分を受け入れてはくれないのだ、と思ってしまうのです。

相手のタイプ別の傾向

同じセーフティタイプ同士であれば、オープンハートのポイントがわかっているので、いったん仲良くなるといつもベッタリ一緒にいるようになります。

人の気持ちを読むのがうまいドリームタイプも、セーフティタイプのそうした傾向をなんとなく感じ取ってあげることができます。

けれどもレベルアップタイプ、オウンマインドタイプからは、ときとして甘えすぎていると怒られてしまいます。

ステータスタイプとパワフルタイプは、まわりくどい話をされたり、人のマイナス面の話になると、面倒くさく感じて聞いていられなくなってしまいます。

せっかくのきめ細かい気づかいや、「よい関係をつくりたい」という思いがまっすぐに伝わらないことで、もしかしたら悲しい思いをすることもあるかも知れません。

しかし、まわりは決してあなたにマイナスの感情があるわけではないのです。ただ、表現方法が、ちょっぴりまわりくどいので、わかりにくいだけなのです。

ほかのタイプの人は、セーフティタイプの人ほどには繊細ではありません。そのことをふまえておくと、今までほどには心労することが少なくなるのではないでしょうか。

ドリームタイプ

あなたはこう思われてしまう

✦人を寄せつけないところがある

例えば交流会やパーティなどで、挨拶をしようと思っても、目を合わせてくれないなど、「近くに来ないで」という雰囲気を発していることがあります。

その様子は「あなたがキライです」と態度で伝えられているように見えて

しまうこともあります。そうした態度をとられたと感じた人は、なぜそのようなことをされるのかも、自分のなにが気に障ったのかもわからないため、とまどってしまうのです。

なぜそう思われてしまうのか

ドリームタイプの人は、決して、相手に嫌な思いをさせようなどと思っていません。そのような悪意は一切ないのです。ただし、そうはいっても、そういう場合にはなんとなく「あの人と自分は合わなそうだ」ということを感じ取っているのです。

こういう人とは合わない、という明確な基準があるわけではないのですが、傾向としては「オレ様タイプ」「お姫さまタイプ」は敬遠しがちです。もちろん、オレ様でもお姫さまでも、相手の話を聞いたり、相手のことを考える器のある人ならば問題はありません。でも、自分のことばかり話して、相手の話には興味を示すことのない自己中心的な印象の人とは、知り合って話をしたところで、得るものは少なそうですし、なによりも、相手に話を合わせることの方がストレスだと感じるのです。それは、ドリームタイプの人にとって、結局は労力のムダづかいになってしまいます。

そういう考えがあるので、自分のテリトリーに入って来る人と来ない人を、無意識的にふるいにかけています。入って来られる人には、実にいい笑顔で接するのですが、入って来られない人とは、目も合わせませんし、なにかの拍子に目が合ってしまった場合でも、鉄仮面のような無表情になってしまうのです。

このようなことも、意識して、意地悪な気持ちでやっているのではなく、お互いに何のメリットも見出せない関係をつくっても無意味なので、最初から近づかないようにしているだけのことなのです。そこに全く悪気はありません。

ですから、第一印象では合わなそうだ、と思った相手でも、その後の情報でその人に有益な面があることを知ると、とたんに態度を変えて積極的に近寄っていくこともあります。そして、コラボレーションを申しこむようなこともやってのけてしまいます。最初から一貫して、一切の悪気がないからこそできることなので、自分のそうした態度にとまどっている人がいるなんてことは、思いもよらないのです。

相手のタイプ別の傾向

同じ結果重視のオウンマインドタイプならこのような一種のテリトリー意識のようなものを理解できるので、それほどストレスに感じることはないでしょう。

レベルアップタイプ、セーフティタイプは、こうした態度の変化にとまどってしまいます。第一印象で感じが悪かっただけに、つきあいが長くなってもなかなか信用することができず、安心感をもつことができません。コラボレーションの話をもちかけたときには、一応はのってくれるかも知れませんが、相当警戒をしていることでしょう。

パワフルタイプ、ステータスタイプは、最初は引いていたのに、あとから寄っていくようなことをすると、足もとを見られかねません。結果として、相手に主導権を握らせることになってしまいます。

ドリームタイプのこうした性質は、場合によっては無用な敵をつくってしまいます。それで損をすることもあります。

「合わなそうな人だな」と思っても、ちょっとくらいはニコヤカにしてみてはいかがでしょうか。

オウンマインドタイプ

あなたはこう思われてしまう

✦正論が多くなりがち

オウンマインドタイプの人は「こうあるべき」「これが本来の姿」といった考えが、自分のなかに確立している傾向があります。そのため、正論やべき論、あるいは理想論が多く、ときとして融通がきかないように見えてしまいます。まわりの人からは、

「この人は自分がいちばん正しい、自分が法律だと思っている」
「『自分ちゃん』で手に負えない」
と思われてしまうことがあるのです。

なぜそう思われてしまうのか

オウンマインドタイプの人は、「もともと、人間には上も下もない」という平等感が価値観の根底にあります。

この平等感が、オウンマインドタイプの人に、ほかの人の問題であっても自分と共通のレベルで判断する性質をもたらしているのです。つまり、どうしてもものごとを自分のものさしで測ってしまいます。

同じ人間である以上、自分が満足できる方法は、ほかの人でも満足できるだろうと素直に考えています。そのため、「この方法で解決するのがベスト」と思っている自分のアイディアが、みんなの満足につながるにちがいない、と素直に信じています。

しかし、ほかの人にはそれは正論に聞こえてしまうのです。正論は、大衆の支持を得るような種類のものですが、半面、相手次第では煙たがられるものでもあります。

そして、オウンマインドタイプが正論を語るとき、「主観」的な意図がふくまれていたとしても、それを主観的に言うのではなく、より相手に伝わり、より説得力が増すように「客観」的に判断すれば誰が見てもそうなるかのような言い回しを意図せず用いて、正論を通そうとする傾向があります。

そのために、

「これが正しいありかたなのだから、こうなるのが通常でしょう。それを踏まえればこの範囲内でなら多少のブレはかまわないけど、本来の目的はこうで、そのためにこういう枠組みがあるのだから、当然こうすべきでしょう」

という論調になりがちです。しかし、どんなにうまく話をしても、聞いている方は、

「だから、その本来の姿とか、枠組みとかっていうのは、あなたの主観でしょう?」

と、あなたの言葉の裏に秘められた本心を感じ取ってしまうこともあるのです。それでも、オウンマインドタイプの人にとっては、その事実を素直に受け入れることは、なかなか難しいものです。私は一〇〇パーセント客観的な視点から意見していると言いたくなるかもしれません。さらに、相手のことを親身に思えば思うほど、いろんな角度から伝えたいことを論じてしまいがちになるかもしれません。しかし、たとえ話しかたが冷静であっても「自分が、この人のためになると思っていることを、なんとかして納得してもらえるように伝えなければ……」という姿勢があまりにも強すぎてしまうと、

「心のなかで相手をねじふせようとしている」

「はいはい、わかりました。自分が優れていることをアピールしたいんでしょ」

というように、ネガティブに受け取られて、誤解をされてしまうのです。

相手のタイプ別の傾向

では、同じオウンマインドタイプの人同士だとどうなるのでしょう。意見が一致しているときはとてもいい関係になります。でも、食いちがったときは大変です。お互いに譲りませんから、延々と論を戦わせることになります。

相手になる人が、ドリームタイプの場合は、同調することには賛同しますが、ちがうと思ったら「ちがうんだね」で済ませたり、適当に調子をあわせることができるので、それほどのストレスにはなりません。

パワフルタイプは、どうでもいいことは聞き流していますが、問題があったときに正論で詰められると、「うるさいな!」とキレてしまうかも知れません。

ステータスタイプは、比較的にオウンマインドタイプの考えかたに賛同しやすい傾向があります。オウンマインドタイプを理解しやすいのです。ただし、自分の問題点を指摘されてしまうと、ひとつひとつ詰められて圧迫感を感じてしまいます。

レベルアップタイプ、セーフティタイプもまた、オウンマインドタイプの意見に同調しやすいのですが、何かお互いの間で問題がおこったときに、「正論ばかりで感情はどうなの？」と感じてしまい、「ちっともこちらの気持ちをわかってくれない」と、寂しい思いをすることになります。

このように誤解されてしまうことは、相手の意思を尊重する姿勢を人一倍もつオウンマインドタイプにとって非常にもったいないことです。相手の意思を尊重すればこそ、正しいと思っていることでも、相手の状態によっては言わない方がよいこともあるのではないでしょうか。

相手の意思を尊重してあげられる自分になるためにも、まずは自分自身を客観的に見ることができる、広い視野を養うことをおすすめします。正論を言っているときの自分自身は客観的にどう見えるでしょうか。考えてみましょう。

オウンマインドタイプの人は、若いうちはなにかと、

「自分は正しいことを言っているのになかなか理解されない」

「なぜみんな、自分の親切心がわからないのだろう」

といった悩みを抱えることも少なくないでしょう。ただし、それも全て自分の器を広げ、自分自身を成長させる糧となっていくので不安を感じる必要はありません。オウンマインドタイプの人は、年齢を重ねるに連れて、いろんな価値観が受け入れられるようになり、それにともなって若々しく愛嬌が出てくる傾向があります。年齢とともにどんどん器を広げ、素晴らしい人生にしていくためにも、まずは、自分自身のことを客観的に見る訓練をしてみてはいかがでしょうか。

パワフルタイプ

あなたはこう思われてしまう

✦すぐムッとする

パワフルタイプは直情径行で感情表現がストレートなので、カッとくるとすぐに表情に出てしまいがちです。本当にわかりやすく機嫌が悪くなるので、まわりにピリピリと神経をつかわせてしまうこともあるでしょう。

お酒の席では気が大きくなる面もあるので、売り言葉に買い言葉で、その場の勢いでケンカになってしまうこともあるかもしれません。しかし、翌日にはケロッとして何事もなかったかのようにふるまったりすることもあります。

そうかと思えば、ものすごく根にもつこともあります。特に仕事の場面で自分のことを指摘されると、自分を正当化するだけでは事足りず、つい別のことで切り返して相手を攻撃してしまい、人間関係をスパッと切ってしまうこともあります。その後はものすごく根にもつので、まわりの人に必要以上に気をつかわせて、振りまわしてしまう傾向もあります。

なぜそう思われてしまうのか

パワフルタイプの人は、まさに竹を割ったような性格といった感じで、明るくサッパリしているところが、まわりに好かれます。

白黒ハッキリさせる性分に加えて、頭の回転がものすごくハイスピードなため、プラスに働くとブルドーザーのような勢いでバリバリものごとを処理していくのですが、マイナスに働くと、すぐムッとするように見えますし、こらえ性がないと思われてしまうこともあるのです。そして、人間関係をスパッと終わらせてしまうように見えるのも、やはり白黒ハッキリしていることと頭の回転の速さゆえです。まさに、長所と短所は表裏一体といったところでしょう。

なにか自分のことを指摘されると、怒らないようにしようと一所懸命こらえるのですが、なんといっても頭の回転が速いため、怒りのボルテージが一気に上がってしまい、つい反射的に言い返しそうになります。

一度、相手に対する攻撃が口をついて出てしまうと、言いながらどんどん自分でエスカレートして興奮していくので、程度がわからなくなってしまいます。そのため、つい必要以上に言い過ぎてしまうのです。言うだけ言って、「このくらいにしておこうか」と思っても、もう遅すぎる、ということになってしまっていることが多いかもしれません。

相手のタイプ別の傾向

同じパワフルタイプであれば、衝突するようなことは少ないようです。衝突したとしても、解決も早いのです。

ステータスタイプ、ドリームタイプは、比較的パワフルタイプの傾向に理解を示してくれます。

レベルアップタイプ、セーフティタイプは、パワフルタイプのふるまいに傷つきやすい傾向があります。

オウンマインドタイプは、パワフルタイプの直情径行が理解できません。

ほかのタイプの人たちは、パワフルタイプほどには、割り切り上手ではありません。「水にながす」ということを、パワフルタイプほど容易にはできないのです。ですから、パワフルタイプが、ボルテージが上がったときに不用意に放った言葉によって、深く傷ついている人や根にもっている人がいるかもしれません。

「そんなこと気にしていたら、生きていけないよ！」

というのはパワフルタイプの発想です。でも、世の中には、

「生きていくなら、そういうこともちょっとは気にしないといけないんだよ」

という考えかたもあるのです。

パワフルタイプの人は、頭に血がのぼると、興奮してつい程度がわからなくなり、言い過ぎてしまいがちな傾向がある、ということを自覚しておきましょう。

ステータスタイプ

あなたはこう思われてしまう

✦威張っている

ステータスタイプの人は、一目置かれたいエネルギーがとにかく強いので、出た結果に対しては、自分で言わなくてもまわりから過分に評価をして欲しいと思う傾向があります。

それも、結果が出ているうちはいいのですが、結果が出なくなっても一目置かれたいという気持ちに変わりはないので、まわりに対して、「自分に一目置きなさい」という態度や雰囲気が無意識に出てしまうことがあります。それが第三者には、威張っているように見えてしまうのです。

なぜそう思われてしまうのか

一目置かれたいというエネルギー自体はすばらしいものでしょう。上昇志向の表れです。しかし、だれに対して一目置くかどうかというのは、人それぞれだということを知らなくてはなりません。

また、人によっては、他人に対して一目置くといったこと自体を好きではない人もいますし、たしかにスゴそうな人だと感じたとしても、それを態度や言葉に出してしまうことで無用に相手を調子にのせては逆に失礼だ、という考えかたをする人もいるのです。

また、残酷なことを言うようですが、あまりにも一目置かれたくて、もの欲しそうにしているあなたを見て、もしかしたら、リップサービスで、「あなたに一目置いています」ということを言ってくれる人もいるかもしれません。しかし、ステータスタイプの人は、そういうリップサービスには気がつきません。とくに、なかなか一目置いてもらえなくて飢えているようなときには、

「やっと自分のすごさをわかる人が現れたか」

と思い、文字どおり調子にのってしまいます。リップサービスしてくれた相手にはよくしてあげたい気持ちでいっぱいになりますし、もっともっと一目置いてもらいたいため、どんどん心配りをしていくのですが、相手はもともとがリップサービスで言ったことなので、

「こんなに調子にのせちゃって、失敗した」

と思っているかもしれません。

相手のタイプ別の傾向

レベルアップタイプは、リップサービスをしがちです。女性のドリームタイプもリップサービスしてくれる傾向があります。男性のドリームタイプは、引いてしまうかもしれません。

パワフルタイプやセーフティタイプは、「一目置かれたいのね、はいはい」といった感じの対応をしてくれるでしょう。

オウンマインドタイプは、一目置いてくれるかもしれませんが、その一目の置きかたが、あなたにとっては心地よいものではないかもしれません。

一目置かれたいと思うこと自体を否定することはありません。それは、ステータスタイプの人にとってエネルギー源なのです。しかし、カラ威張りは感心できません。本当にすごい人は、だまっていてもまわりが放っておかないものです。

実際に、ステータスタイプで本当に一目置かれている成功者は、謙遜の達人です。ほんものの一目置かれる存在を目指しましょう。

第5章

6つの性格とのつきあいかた

レベルアップタイプとのつきあいかた

✦人柄の誠実さをアピール

あなたがレベルアップタイプの人と知り合ったなら、とにかく自分の人柄の誠実さをわかってもらうことを第一に心がけて接してください。そのためには、約束を軽々しく変更したり、すぐにビジネスの話をもちかけたり、あるいは自分の話ばかり聞かせたりしないことです。

レベルアップタイプの人は、親しくなるまでは聞き役にまわりがちです。けれども、それに甘んじて、自分の話ばかりしていてはいけません。レベルアップタイプの人は表面的にはおだやかで、ニコニコしながら聞いてくれますが、心のなかではシャッターを下ろしていることもあるのです。

また、初対面できわめてソフトな人だという印象を受けると思いますが、それで甘く見てしまうと、あとで大変なことになります。とくに仕事の場面において、自分の立場や分をわきまえない人を、レベルアップタイプの人は嫌います。調子にのってぞんざいな振る舞いをすると、ものすごい勢いで怒り出します。

✦よく語り、よく聞く

レベルアップタイプは聞き上手でもありますが、同時に自分が話したいタイプでもあります。

ですから、お互いに、お互いの話を聞き合うことが大切です。あなたが自分の話だけ聞かせて、いざ相手が話しはじめたとたんに興味のなさそうなそぶりを見せたり、視線をキョロキョロさせて明らかに聞いていない様子を見せたりすると、非常な不快感を与えることになります。

✦声をかける、誘ってあげる

レベルアップタイプは友人を大切にしたい性質なので、親しく接してもらったり、「一緒にいかない？」などと誘ってもらったりすると、とても喜びます。

レベルアップタイプの人を相手に営業したい場合は、まず友人のように親しくなることからはじめるといいでしょう。

仕事の場や何かの交流会などで知り合って、なんとなく気が合うように感じたら、

「○○さんですか？　ご近所まで用事があって行くので、もしよろしかったら、お目にかかりたいのですが」

などと連絡を入れてみましょう。レベルアップタイプの人はとても喜んで、よほど重要な仕事に取りかかっている場合以外は、時間を都合してくれるでしょう。

そのときは、世間話をする方がよいでしょう。決して何かを売り込むような営業はしないことです。あたりさわりのない世間話のなかに、目新しいニュースを話題にのぼらせると喜ばれます。

また、もし町を歩いているときに、レベルアップタイプの人が家族や友人とブラブラしているところを見かけたら、飛んでいってあいさつをするのがよいでしょう。そういう出会いを心から喜んでくれます。

仲良くする場合は、家族ぐるみのつきあいができればベストです。また、お互いの友人を紹介し合って、グループでつきあうことができるようになると、とてもよい関係を続けられます。

ただし、分をわきまえることは決して忘れてはいけません。自分よりも上の立場の人に友達感覚で寄っていったり、軽々しく「ともだち」などというのはタブーです。「親しくなりたいのです」という雰囲気をかもし出しながらも、あくまでも、控え目な態度は崩さないようにしましょう。

✦友人の悪口はタブー

決してやってはいけないことは、その人の友人の陰口を言うことです。友人の悪口を言われることを、レベルアップタイプの人は本当に嫌います。たとえ冗談でも言わないように気をつけましょう。

✦オープンハートのサインはグチとジョーク

親しくなると、レベルアップタイプはけっこうジョークを口にするようになります。困ったことに、これがわかりにくいジョークだったりするのですが、わからなくても気にしないでください。ただし、マニアックなジョークを理解して、笑ってあげるととても喜びます。

また、親しくなるとグチをこぼすこともあります。これは単なるクセですので、これも気にしないでかまいません。ただ、否定的な態度をとらずに、おだやかに微笑《ほほえ》みながら聞き流してあげることです。

覚えておいてください。レベルアップタイプが、くだらないジョークを言ったり、グチをこぼしたりするようになったら、それはあなたに対して心を開いたという「オープンハート」のサインなのです。このときがまさにハートのつかみどきなので、ジョークやグチには上手に共感してあげましょう。

✦協調を第一に

レベルアップタイプの人は、元来、人と争ったり競争したりすることを好みません。「勝った」「負けた」がイヤなのです。人をイヤな気分にさせるぐらいなら、自分がガマンする方がいいと思っています。自分の気持ちよりも、人間関係が円満にいくことの方が重要なのです。

もちろんガマンすることにストレスを覚えないわけではありません。それでも、「人間なのだから、お互いに譲り合うべき」「わがままはなるべく抑えるべき」「できるだけ協調すべき」だと思っているのです。決して、よい子ぶっているわけでも、きれいごとを言っているわけでもありません。生来、そういった価値観を根底にもっているのです。

ですから、たとえ仕事であっても、部下や取引先に対してミスを指摘するようなことは好みません。ガマンできるところはしようと思っています。

ただし、「これはもう、言わなければ仕方がない」というところまで問題が深刻化してくれば、重い腰をあげてミスを指摘します。そういうときに、もしもあなたが素直に聞かずに、別のことで切りかえすようなことをすれば、レベルアップタイプの人は一気に気持ちが冷めてしまい、関係を続ける気持ちになれません。ビジネスであれば、二度と取引が再開することはないでしょう。

また、強引な行動をとられることを嫌います。もしもあなたが、自分の都合を平気で押しつけるようなことをすれば、極端に不愉快になります。

お互いに協調し合って、気持ちよくものごとをすすめるために、まずは話し合うことを基本としています。レベルアップの人と何かを決めなければならないときは、よく話し合う心づもりをしてください。

こんなふうですから、レベルアップの人は、たとえ自分が客の立場であっても、営業マンの希望はどうなのかも聞いておきたいと考えます。

事例

ある保険のセールスレディが、友人の紹介をもらってレベルアップタイプの人に食い込みました。契約金額の話になると、レベルアップタイプの人は、ちゃんと希望金額を聞いてくれたのです。正直に答えたところ、

「きみの希望金額まではムリだけれども、まぁ、考えておこう」

と言われました。レベルアップタイプの人がそう言うときは、自分なりに腹づもりがついているのです。ところが、このセールスレディはそのことに気がつかずに、

「だいたいの金額まで教えてください」

と食い下がりました。こういうことをされると、レベルアップタイプの人は、しつこくて強引な態度だと思い、すっかり嫌気がさしてしまいます。そ

もそも知人の紹介だから会ってあげようと、いわば好意を示しているのに、強引な態度に出られたわけですから、不快感が爆発してしまいました。

「考えると言っているのに、そんなに強引なことを言うのなら、この話はなかったことにしてくれ。せっかく○○さんの紹介だからと思ったのに残念だ」

と、断られてしまいました。

✦「決めろ！」と迫らない

レベルアップタイプの人は、たいていの場では「自分はこうしたい」と主張することを控えています。

とはいえ、会社や地域社会で生活していれば、誰でも「たまには自分の意見を言え」と迫られる場面もあるはずです。レベルアップタイプでも、そんなときはムリに自分の意見をしぼり出します。

ところが、もしもその意見を却下されるようなことがあれば、非常に傷ついてしまうのです。抗議こそしませんが、「無理やり言わせたくせに……」と内心では思っています。

レベルアップタイプの人にとっては、話し合いをベースにみんなで決めていくのが、ものごとをすすめていくための基本路線です。ですから、「意見を言え！」「決めろ！」と強引に迫ることは控えましょう。

セーフティタイプとのつきあいかた

✦安心してもらうことが一番

まずは「裏表がない」「悪巧みをしない」「安心できる人間」であると、信用してもらうことが第一です。

セーフティタイプの人は、一見社交的に見えても、実は慣れない場所や人に対してはとても慎重で、臆病ともいえるほどです。そのため、慣れていない環境ではおとなしくしています。セーフティタイプにとって、自分から知らない人に近づいていくことは、とても勇気のいることなのです。自分から話しかけるときは、本当に緊張します。

また「場の雰囲気」を大切にするので、周囲の状況や人の出方を見て、自分の出方を決める「守り」の姿勢をとっています。できれば相手から歩み寄ってきて欲しいと思っているので、あなたから心を開いて近づいていくとよいでしょう。その際、とにかく「安心感」を与えることが大切です。もし共通の知人で、セーフティタイプの当人が信頼している人がいれば、その人からあなたのことを「信頼のおける人物だよ」「安心してつきあえるよ」と紹介してもらうとよいでしょう。

セーフティタイプの人にとって「安心できる」とは、「自分を出せる」ということです。セーフティタイプの人にとって、自分を出せるというのは大きなことなのです。

ふだんは、セーフティタイプの人がみんながいる前で自分を出すことはありません。それなりに親しい人の前では自分を出しているように見えるかもしれませんが、実際にはそれほど出していません。

しかし、自分を出さないでいるのは苦しいものです。セーフティタイプの人もまた、信頼して安心できる人の前では、思いっきり心を裸にして自分を出したいのです。そして、そんな自分を受け止めてほしいのです。

セーフティタイプの人にとって、あなたが安心できる存在なのかどうかは、「心を裸にして自分を出せるか」「ダラ〜ンとした自分を見せても大丈夫か」「グチを言ったりネガティブな話をしても受け入れてくれる人なのか」が判断材料です。それを見極めて、接してきます。

いざ安心して心を開くと、思っていることをなんでも口にするようになります。言葉づかいまでぞんざいになるほどです。

そして、いつもあなたに対して「大丈夫、間違いない」という安心感をもっていたいので、不安なことがあると、わざとカマをかけて試すようなことを言う場合があります。あるいは、甘ったれな面を見せて、わがままをきいてくれるかどうか試していることもあります。そうした自分まであなたが受け止めてあげると、「間違いない」と安心するのです。そうした積み重ねによって、信頼関係を深めていきます。

ただし、決して自分だけが甘えようと思っているわけではありません。相手のこともすべて受け入れる、懐の深さもあります。信頼している人の身におこることは、自分にも大いに関係のあることだと考えています。自分自身が「共感してほしい」と願うタイプであるだけに、自分にとって大切な人とは、一緒に喜んだり悲しがったりしてくれるのです。

ですから、セーフティタイプの人が「関係ない」という言葉をつかったときは、要注意です。

「それは私には関係ないから」

と言うとすれば、それはその対象をまったく信用していないときなのです。

✦あせらない、せかさない

セーフティタイプの人は、初対面ではまず相手のことを信用しません。仲良くなろうと思ったら、あせらずに時間をかける必要があります。徐々に、

「危害を加えない」「マイナス面がない」人物だと安心してもらえるように、ソフトに接していきましょう。

セーフティタイプは、相手の「言葉」よりも思いを伝える「行動」を重視します。明るく快活にふるまい、多少のことでは驚かないというどっしりとした態度、そして将来に希望をもたせるような話しっぷりで接すると、好印象を与えます。

ハッタリを言う人や、駆け引きをする人には警戒心が強くなります。正直に、隠しごとをしないで接することが大切です。

また、陰気な雰囲気だったり心配性だったりして、頼りがいがないと思われると印象は致命的です。

✦こちらから「いきさつ」を語る

セーフティタイプの人は、「いきさつ」を知りたがる傾向があります。セーフティタイプの人から信用してもらうためには、これまでの自分について、たとえば「なぜ今の仕事をするようになったのか」「今現在に至るまでにどんな道のりをたどってきたのか」といった「いきさつ」を話すのも大切です。

✦少しでも不安をいだかせない

セーフティタイプの人は、相手に少しでも不安をおぼえると、途端にイヤになってしまいます。とくに仕事の場面では、たとえそれまでずっとやってきた取引先であっても、少しでも不安な点があれば、もっと安心できるほかの会社と取引しようとします。

もし、顧客側の担当者が替わってセーフティタイプの人になったら、前任者から好意的な申し送りをしてもらい、かつ、その人の上司から懇切に紹介してもらうぐらいの慎重な対応が必要です。

仕事の上で本当に信頼されたいと思ったら、セーフティタイプの人が感心してくれる、熟練した技術をもつことがポイントです。セーフティタイプは、他人の技術的な才能を見抜く慧眼《けいがん》をもっているので、「きめ細かくて、仕事にこだわりをもっている。これはだれにもマネできない」などと認めると、とてもかわいがってくれます。

また、なかなか人を信用しませんが、その反面「あなたでなければ」とすがられると、意外にもろい面を出します。最初からはムリでしょうが、こういう方法でベッタリと密着し、夜討ち朝駆けの精神で食らいついていくと、仕事を超えたプライベートな場面でもかわいがってくれます。

事例

強引ではありますが、とてもやり手の営業マンがいます。彼が、セーフティタイプの顧客を担当することになりました。

しばらくすると、その営業マンの上司に、セーフティタイプの顧客から、「担当者を替えてほしい」

という要求がきました。上司が理由を尋ねると、

「仕事はキビキビとよくやってくれるので、その点においてはとても満足しています。しかし、どうも不安なのです。あれこれ気をまわして先にいろいろやってくれるのですが、独断で動かれるので、ちょっと困ってしまうのです。こちらとしては、いきさつを把握して、次にどうするかを話し合って決めてから、行動してもらいたいのです」

と言われてしまいました。

✦人見知りする赤ちゃんのイメージで

安心してもらうことが大切とはいっても、「こうしたら安心してもらえる」「ここまでやれば、大丈夫」などというパターンや基準はありません。セーフティタイプの人にとっては、自分なりに相手を見て、安心してつきあっていけるかどうかを自分自身で判断することが大切なのです。こちら側から好意をもってもらおうと作為的に戦略を練っても、なかなかうまくいくものではありません。あくまでも、セーフティタイプの人が主体で、無理強いすることなく、少しずつ安心してもらえるように、自然体で接しましょう。

イメージするならば、人見知りをする赤ちゃんです。人見知りをする赤ちゃんは、おもちゃをつかって気をひいたり、笑わせたりすることはできても、なついてもらえるかどうかは一筋縄ではいかないところがあります。赤ちゃん本人が少しずつ心をゆるして、なついてくれるのを待つしかないのです。

セーフティタイプの人も同じです。こちらから、すぐに仲良くなろう！と接しても、そう簡単には心を開いてくれません。時間をかけて、徐々にゆっくりとオープンハートしてくれるのを待ちましょう。

決してせかさないことが大切です。

ドリームタイプとのつきあいかた

✦夢やロマンを語る

ドリームタイプは、自分の人生にロマンを求めています。夢やロマンの実現に向かってまっすぐに進みたいという熱きハートの持ち主であり、そういう意味ではロマンチストともいえるのです。

そのため、自分の生きざまに酔いしれたり、自分の描いたロマンをポーズをとりながら演じたりするお茶目な一面をもっています。そうした姿を見せてくれるのは、こちらに対して好意的であるか、あるいはオープンハートしてくれている証拠なのです。ですから、一緒にノッて楽しむことが大切です。それがドリームタイプを喜ばせるのです。

決してしらけたまなざしで見たり、照れから「バカバカしい」などと言わないでください。自分の機嫌がいいときに、一緒にノッて楽しめる相手かどうかというのが、ドリームタイプには大きなポイントになるのです。

自分がロマンチストなので、「夢をもつ」ことを大切にする人とは意気投合しやすい傾向があります。お互いに夢を語り合いながらワクワク感を共有します。ときには、お互いの役に立つ面を提供しあい、協力関係になったり、切磋琢磨しあったり。夢をもつ人同士の関係は長続きします。

✦おもしろそうな人と思わせる

自分とはちがう価値観をもつ人には、「おもしろそう」と、興味をひかれます。マイペースだからといって、排他的ではないということがわかる一面です。つきあいのなかで、「なるほど、そういう考えもあるか」といったことを気づかせてくれる人と一緒に時間を過ごすことを楽しみます。

✦お互いに役に立つ

人間関係において、基本はお互いに役に立つことが理想だと考えます。ドリームタイプと親しくなりたいと思ったら、自分がどういったことができるか、どの点で役に立つことができるのかといったことを、知り合ってから早い段階で伝えておいた方がよいでしょう。相手が「何で役に立つのか」がつかみきれないうちは、興味や関心を持たれにくい傾向にあるのです。

✦恩着せがましいことを言わない

ドリームタイプは、自分が頼んでもいないのに第三者から口を出されることを大いにきらいます。でも、もしも協力を求められた場合には、その達成にひたすら協力することです。ドリームタイプの描いた目標が、さも「自分の目標でもある」とまでの同調を示して協力を惜しまないようにしましょう。そして、その目標が達成できたあかつきには、ともに喜ぶことに終始します。

決して恩着せがましいことを言ってはなりません。なぜなら、ドリームタイプの人は、恩着せがましいことを言われることを極端に嫌うからです。

事例

ドリームタイプの顧客をゴルフにさそって、取引を逃したケースがあります。

顧客は、ゴルフ当日は、天気がハッキリしない小雨の日でした。

役で出た社員はあまり調子がよくなく、スコアが伸びませんでした。一方、接待顧客は、ゴルフの腕前に自信がありました。そこで、雨の日のスイングについて、顧客に対して何回かアドバイスをしました。親切心で行なったつもりでしたが、これがドリームタイプの機嫌を損ねてしまうことになりました。

なぜなら、自分が頼んでもいない、望んでもいないのに、勝手に口出しされたからです。ドリームタイプはこの状況を極端に嫌います。それからというもの、何回声をかけても接待に応じてくれず、やがて取引もなくなってしまいました。

✦結果を出して恩返しする

ドリームタイプは相手の理想に共感すると、自らも協力を惜しみません。元来、仲間思いの、いわゆる「いいやつ」なのです。サービス精神を発揮して、あれこれ策を練りながら協力をしてくれるので、非常に心強い存在となります。そういうときのドリームタイプは見返りを求めることがありません。純粋な気持ちで応援してくれているので、感謝の気持ちをもち続けましょう。

一番の恩返しは、応援してもらった「結果」を見せることです。よい結果を出すことが恩返しになりますので、応援してくれることに甘んじることなくがんばりましょう。

なかなか結果が出ない人を応援し続けるのは得意ではないので、あまり時

間がかかりすぎると、

「この人はダメだ」

とあきらめられてしまいます。一度あきらめると、次の応援は期待できません。

✦感謝、謝罪はしっかりと形であらわす

何かをしてもらったら、かならず感謝の気持ちをあらわしましょう。どのようなあらわしかたをするのかはケースバイケースです。「ありがとう」と感謝の気持ちをこめて言葉にするのでもかまいません。態度や雰囲気で感謝をしていることを示すだけでなく、きちんと言葉にして、感謝の気持ちをあらわしましょう。

謝罪をするときも同じです。悪いと思ったら、きちんと謝罪の気持ちを言葉であらわすことが大切です。時間が解決するだろうとうやむやにしてしまうのは逆効果になりますので、注意しなくてはなりません。

ドリームタイプに対しては、「ありがとう」「ごめんなさい」というこの二つの言葉が、とても重要です。言い忘れないように気をつけておきましょう。

✦即断即決を心がける

ものごとや品物の価値を判断するのが早いので、即断即決する傾向があります。ドリームタイプに営業をする場合は、コストパフォーマンスとタイムパフォーマンスを重点的に説明し、さらに他社との比較データを見せながら説明すると意思決定しやすくなります。

また、納期までに時間がかかるのは好みませんので、

「今、決断していただければ、すぐに納品できます」

といった説明も効果的です。

だからといって、決してウソをついてはいけません。人の心の裏を読むことに長《た》けているので、ウソはすぐに見抜かれてしまい、一気に信用をなくし

てしまいます。

また、しっかりとした金銭感覚をもち、生きたお金の使いかたができるので、仕事で取引をする場合は、値引き交渉になることが多い傾向がありま す。その場合は、あらかじめ譲れる線と譲れない線をハッキリとさせた方が親切です。ドリームタイプの要求に応じてジリジリと下げていくやりかたは、駆け引きになり、時間もかかるのでドリームタイプにストレスを与えることになってしまいます。できれば最初のうちに、どこまでの線なら可能なのかを言った方が、より誠実だと思われます。

✦交渉には毅然とした態度で

ドリームタイプは、交渉上手な面があります。非常にシャープですから、仕事の取引の場面では、そのことを踏まえておくことが大切です。

ドリームタイプは静かに相手の話を聞いていても、突然、話の腰を折ってペースを乱しにかかります。そうやって相手がうろたえている間に、自分のペースにもちこむのが巧みなのです。

あるいは、なにかの説明をしているときに、うっかり失言をすると、シャープに切り込んできます。漫才で「ツッコミ」といわれるような指摘をしてくるのです。でも、そんなときは決してあわてずに、毅然とした態度で接するように心がけましょう。

オウンマインドタイプとのつきあいかた

◆干渉しない

ものごとは、じっくりと自分で考えて、マイペースで進めていきたいので、過度な干渉をされることを極端に嫌います。特に、自分なりに自信をもっているやりかたでやっていることに対して、

「もっとこうしなければダメでしょう」

「それはあまりいいやりかたではないよ」

などと頭ごなしに否定されると、とても不愉快になります。自分なりに考え抜いてこれがベストだと判断し、自信をもってやっている自分のやりかた

にケチをつけられるようなことには、たえられないのです。

✦即断即決を迫らない

何ごとも自分の頭でじっくりと考えて結論を出していくことを基本路線としていますので、即断即決はあまりしません。

オウンマインドタイプに営業をする場合は、じっくりと時間をかける必要があります。まずアポイントを取る前に、先方がじっくりとその提案に対して考える時間をつくってあげましょう。事前にパンフレットや企画書を送って、その上でその内容に興味があるかどうかをうかがうという姿勢で連絡をするのも手です。そして無理に面会時間を求めないようにしましょう。

「都合がつく時間にぜひ」

と投げかけながら、頃合を見計らって何度も連絡をして、アポイントを取りつけましょう。

セールスの手法としては、電話をかけて、その通話中にアポイントの予定を決めてしまう方法もありますが、そのやりかたはオウンマインドタイプには逆効果になります。こちらの都合で会ってもらうのに無理やり時間を決めることはタブーなのです。

アポイントが取れてからも、焦らずに時間をかける必要があります。

「ご納得いただけるまで、じっくりと説明します」

「よくお考えになられて、ご納得いただいてからお返事をください」

というふうに、考える時間を与えてあげることが大切なのです。一回の説明では納得できないことも多いので、二回三回と続けて訪問していく覚悟と根気強さが必要です。

また、あまり早口で説明はしないようにしましょう。オウンマインドタイプは、人の話を聞きながら、合間に自分なりに考えて整理したいと思っています。そのため、考えるための「間」が必要です。

早口だったり、途切れることなく説明をされてしまうと、考える間が取れないため、頭が混乱し、やがて何も考えられなくなってしまいます。まさに、パソコンでいえば、あまりにも処理する情報が多すぎてフリーズしてしまうようなものです。ですから、まず最初に結論を話し、なぜそういう結論にいたるのかを、段階的に整理して、間を取りながら、じっくりと説明することが大切です。

説明のポイントは、扱う商品やサービスの本来あるべき姿はどういうものなのか。そして、関連する業界の現況はどうなのか。どこに問題点があるのか。自分の扱う商品ならば、その問題点をどのように解決することができるのか、というように段階を追って説明すると、オウンマインドタイプの人にとっては理解がしやすいので、決めやすくなります。

事例

ある美容院に化粧品の販売部員が訪問営業をしました。この販売部員はオウンマインドタイプです。

販売部員は、おもむろに化粧品業界のありかたについて語り、化粧品とはどういうものなのか、女性にとってどうあるべきなのかを説きました。そして、自社の扱う製品が、それに応える長所をもつことを説明しました。同じくオウンマインドタイプの美容院の経営者は、深く共鳴して、その化粧品会社のチェーン店になりました。

✦ドタキャン、アポなしは厳禁

ものごとを段階的に考えるので、徐々にひとつひとつ、という考えかたをします。人とのつきあいでも、徐々に親しさを増していきたいのです。親しさが増す度合いに応じて、徐々に自分のことを話す度合いも増していきます。一方で、親しい間柄であっても、

「この人には、この話は関係ない」

と思ったら、いっさい話しません。まわりの人が、

「あんなに仲がよいのに、冷たい」

と思うほどです。

また、マイペースを乱されることが非常に苦手なので、突然予定を変更したり、段取りを無視されたり、アポイントなしで訪問されると、信用を失ってしまいます。

✦言行一致が鉄則

オウンマインドタイプは、相手の言葉を、そのまま言葉どおりにうけとめるので、はったりや泣き言、ウソにひっかかりやすい面があります。しかし、その後の行動が言葉どおりでないと、とても怒りを感じます。信じていただけに、

「なんだ、あれはウソだったのか……信じてたのに……だましてたのか！」

と、気がついたときのショックは相当大きいのです。

怒り出すまでは時間がかかるのですが、いったん怒るとどんどん感情が増大していきます。かわいさ余って憎さ百倍。根が一途なだけに、怒るときも

徹底して怒るのです。

また、言葉を言葉どおりにうけとめるため、はっきりと言葉で言ってくれないと人の気持ちに気がつかない面もあります。黙っているときはそれなりに満足していると思っていますから、察することを期待するよりも、自分の気持ちを率直に伝える方が大切です。すると、ハッと気がついて、真剣に考えてくれるようになります。

オウンマインドタイプは、自分でも言われなければ気がつかないことを自覚しているので、はっきりと言われた方がかえって安心するのです。

✦ひとりの時間の邪魔をしない

オウンマインドタイプはひとりで過ごす時間を大切にします。本来、気まぐれで自由にしていたい気持ちが強いのですが、そうした面は他人からは受け入れられないこともちゃんと知っています。ですから、他人が入り込まない自分ひとりの時間をとることを大切にしています。そんなときは邪魔をしないように、そっとしておいてあげましょう。

逆に自由にできすぎる環境になると、ワンマンになり、あれこれ手を出すもののどれも中途半端に投げ出してしまい、周囲を振り回してしまいます。まさに独りよがりになって他人の意見に耳を傾けなくなるのです。こうなったときのオウンマインドタイプに接するときは、イエスマンに徹する以外に方法がありません。

✦見守ってくれる理解者が欲しい

他人から干渉されずに自分のやりたいことをやっていきたいので、もし自分のことを大切に思ってくれるのならば、見守っていて欲しいと願うのです。

「あなたには、今のまま、やりたいことをやり続けて欲しい。私はあなたを支えて、見守ってあげられる存在になりたいのです」

といった言葉をかけてあげると、とても安心して、自分のやりたいことに全精力を傾けることができるようになります。それがオウンマインドタイプのよい面を引き出すことにつながるのです。

✦叱ってくれるうちが華

オウンマインドタイプの人は、のめりこむ割にはあきっぽいという一面があります。仕事の場面では、手がけた仕事が軌道に乗るまではテコでも動かないような粘り強さで没頭しますが、ある程度の目処《めど》がつくと急に興味を失ってしまうこともあります。

部下や取引先に対しても、最初のうちは相手の強みにほれこんで、それを最大限に活かそうとしますが、やがて相手の強みの限界がわかり、自分が目指していることを達成するには不十分だと知ると、ガックリしてしまいます。

そうなると、急にプイと見向きもしてくれなくなったりします。あるいは、相手の弱点がクローズアップされてきて、

「問題点はそこだ！」

と、厳しい指摘をしはじめます。

こうした事態をさけるためには、オウンマインドタイプの人が自分に何を期待しているのかを、ピンポイントで把握しておくことが大切になります。

オウンマインドタイプの人は、自分の考えをかくさないので、折にふれて聞いてみるとよいでしょう。

また、「叱られているうちが華」というのもこのタイプの特徴です。愛情をかけているうちは、口やかましく叱ります。叱られているうちは、目をかけてもらっていると安心して大丈夫です。

しかし、そのうちに、プッツリと何も言わなくなったら、もはや注意することがなくなったか、あるいは、

「この人はものにならない。何をしてもムダだ」

と、匙《さじ》を投げられたかのどちらかです。ですから、オウンマインドタイプの人にだまられたら、自分は合格したのか、不合格なのかを確かめなければ

なりません。

✦誠意を見せる

オウンマインドタイプの人は、自分が義理堅いので、相手にも誠意を求めているところがあります。世話をしてあげたことを忘れてあいさつをしにこないなど、義理や恩義を忘れている人には、激しい怒りがこみあげてしまうのです。

ですから、一度でもお世話になったら、最低限、年賀状などのあいさつは怠らないようにしましょう。

パワフルタイプとのつきあいかた

✦カラッと明るく

カラッとサッパリしていて、ノリがよい人。呼ばれたら大きな声で「はいっ」と元気よく返事ができるような、明るい人には好感度が高いはずです。かといって無礼なふるまいをしてはいけません。紳士淑女であることは鉄則です。

逆に何かで失敗したからといってウジウジしている人は、「暗い！　なさけない！」と見捨てたくなってしまいます。もしも、失敗をしても、「すぐやり直します！」「今度こそは成功させてみせます！　うまくやってみせます！」と明るく言うくらいの方が、頼もしいと期待してもらえます。

切です。

✦アポなしOK

パワフルタイプに営業をする場合は、徹底して相手の味方になることが大切です。

パワフルタイプの人が頭が上がらない人の紹介があればすぐに決まりますが、そうではない場合は、まず一回目は検討すらしてもらえないまま断られることが多いでしょう。その場合は、すぐに潔く引き下がることが大切です。しかし、それに懲りずに、気軽に何度でも訪問をしましょう。アポイントなしでOKです。

「近くに来ましたので、ちょっと寄らせていただきました」

と何度も顔を出し、断られるたびに潔く引き下がることを繰り返すと、「誠意がある」とか「粘り強くて好感がもてる」と思われて、取引に結びつく可能性が高くなります。

この場合の大切なポイントは、断られたらすぐに引き下がることです。断っているのに、「そこをなんとか……」としつこく粘り抜くのは逆効果です。潔く引き下がりつつも、懲りずに何度も訪問をすることが大切です。

事例

銀行の担当者が、訪問営業をしていたときのことです。訪問した先の女性は、パワフルタイプの人でした。

「こんにちは。○○銀行のものですが……」

と挨拶をしたとたん、

「うちは別の銀行にお願いしてますから」

と、ピシャッと断られました。その担当者は潔く引き下がりました。しかし、翌月になってまた訪問したのです。そのときもまた、前回と同じように断られました。しかし、そうやって一〇カ月にわたって、一〇回訪問したのです。その間に、パワフルタイプの女性はその誠意に打たれていました。一一回目に訪問したときには、預金するお金を用意していてくれました。以後、その銀行とだけ取引をするようになりました。

✦有言実行、よく動くこと

自分がよいと思ったことは何でもまず実行してみて、そのうち何かよくないことを発見すると工夫をこらして解決していこうとする行動派なので、論ばかりで行動が伴わないことを嫌います。手をつけようともしないくせに、机上でいいか悪いかを論じているような人のことを、時間の浪費をしているとさえ思うのです。

ですから、自分が指示を受ける場合は、手取り足取り教えてくれることはうれしいと思いつつも、気分的には面倒くさく感じてしまいます。それよりも、まずは自分でやってみて、わからないことを順次聞いていくといったやりかたが適しています。

自分がそうであるからこそ、人に何かを教える際も、まず、

「とりあえずやってみて。わからなかったら質問してね」

という指示が出ます。

「とりあえず、と言われてもわからない。ちゃんと指示してください」

と頼んでみたところで、

「まずやれよ！　じゃないと何がわからないか、わからないだろう！　今、全部説明しても、理解できるのか！」

といった指導法になりがちです。

まずはやってみて、わからないことをそのつど聞くのがいいでしょう。ただし同じことを何度も聞くのはタブーです。

✦お節介をやかない

お節介されることは大キライです。パワフルタイプの人は、自分でできることにちょこまか手を出されるのを嫌うので、宴席で一緒盛りのご馳走を細々《こまごま》と取り分けてもらったり、タバコを出せば火が出てきたり、お酌されたりといった至れり尽くせりの世話をやかれることは好みません。なんでも自分でやった方が気がラクと思っているからです。

そのため、宴席でも、自分で好きなものを好きなように取ってくればいいバイキングのような席ですと気がラクなので好まれます。

しかし、接待となると別で、どういった店に招いてくれるのかで相手が自分に対してどの程度重きをおいているのかを測りますから、大切な相手であれば、それなりの高級店を用意した方がいいでしょう。

また、どちらかというと、自分が相手にビックリして喜んでもらうことをする方が好きで、逆に自分のために何かをしてもらうことには、ちょっと苦手な感覚をもつところもあります。

自分がまわりの人のために誕生日パーティを催すなど、あれこれ計画してビックリさせることは大好きなのですが、自分がそうしたことをしてもらうのは、恐縮してしまうのです。そういうときは純情さを丸出しにして照れてばかりになってしまいます。そのため、なかなか上手に「ありがとう」が言えなかったりするのです。

贈りものをもらうこともちろん好きですが、自分が相手にプレゼントを贈ることの方がもっと好きなのです。

ですからこのタイプには、自分や共通の友人の記念日や欲しいものを、さりげなく伝えるのも手です。

✦ブームのものがスキ

意外とミーハーな一面があって、世間で評判になっているものを好む傾向があります。とくに、「元気になる」と評判になっているものには、とても弱いのです。そうした情報を折をみて提供してあげると喜んでくれます。

✦気をつかわせない

パワフルタイプの人が受身にまわってせめられると、普段の姿を知っている人にとっては不思議に感じるほど弱くなってしまいます。

また、目上の人や、重要な相手には、ただハイハイと答えて、ひたすら相手の意向に従ってしまいます。人が、どうされたいと思っているのかを察するのがあまり上手ではないので、気をつかわなければならない相手の前では、どうしていいのかわからなくなり、ただハイハイと言って、おだてるばかりになってしまうのです。

パワフルタイプの人が、自分に対してやわらかくニコヤカに出てきたら、柔和なまなざしをして落ち着いた態度で接してあげましょう。逆に、威圧的な態度で出てきたときはハキハキと応対するのがポイントです。

ステータスタイプとのつきあいかた

✦礼儀をわきまえる

ステータスタイプの人は、上下関係という意識が強いので、礼儀をわきまえています。自分がそうなので、礼儀をわきまえない人は、「そういうヤツか」と下に見てしまうか、切り捨ててしまいます。

まず、「おはようございます」「こんにちは」といった基本的な挨拶がしっかりできない人は好きではありません。挨拶も、「ちーす」といった軽薄な挨拶をする人は問題外。それだけで中身がないと判断します。

また、言葉づかいが悪かったり、なれなれしかったり、分をわきまえない人、だらしない人も見下されてしまい、相手にされなくなりがちなので、敬意を払った言葉づかいをするよう注意が必要です。

ステータスタイプのもつ上下関係意識というものは、社会的権威を背景にするものです。例えば、先輩・後輩であったり、会社の上司・部下、といったものもそうですが、そのほかに、どこに人脈をもっているか、どんな影響力をもっているか、といったことも含まれます。

ですから、当然、上下関係が逆転することもあるのです。かつてお世話になった人や、たとえ先輩後輩の仲であっても、今現在では自分の方が社会的権威が上だと思えば、立場が逆転して当然だと、態度や口には出さなくても判断しています。

それは決して恩義を忘れるということではなく、変化に対応することをあたり前だと定義しているからなのです。世の中は常に変化していくものなので、人間関係、上下関係といったものも、当然変化するものと思っています。むしろ、変わらないことの方が成長がないという考えなのです。

事例

ステータスタイプの社長が経営する会社で、取締役候補とうわさされていた部長がいましたが、残念ながらなかなか取締役になれずにいました。すでに取締役になった社員のなかには、彼より後に入社したA氏がいます。実力でいえば、部長の方が上だというのがまわりのおおかたの見解です。にもかかわらずなかなか昇進できないので、業を煮やして社長に近しい取締役から情報をとりました。

それによると、取締役に選任されたA氏の方は、仕事ではやや劣っても、社長や役員に接する態度が礼儀正しいので、その部分を社長が評価したのだということでした。部長の方は、確かに仕事はできるけれども、ともすると態度がでかくてなれなれしいため、取締役にはしないということでした。

そこで、さっそく部長は態度をあらため、キチンと礼儀をもって社長に接するようにしました。その結果、社長は評価を変えました。

「彼は役員にしなかったにもかかわらず、態度が前よりもよくなった。これだけ変わったのなら、見込みがある。次の機会に取締役に抜てきして間違いはない」

✦きちんと筋をとおす

ステータスタイプは、筋の通らないことはキライです。会社であれば、社長に話を伝えるなら、しかるべき手順をふんで、上役から上役へ、というようにきちんと段階をふんで担当を通すべきだと考えます。

ステータスタイプの人に営業をするのならば、まず客との身分差をわきまえ、しかるべき手順をふんで面会を求めなければなりません。そして、面談中も礼儀正しくキチンとした姿勢を崩さないことです。たとえステータスタイプの人から「ラクにしていい」と言われたとしても、崩さない方が無難です。腕を組んだり、足を組んだりはしないようにしましょう。

また、紹介者や仲介者がいる場合は、後日にきちんと報告を入れてお礼を言う、というように、すべてにおいて無礼がないように気を配る必要があります。

✦ポイントを手短に伝える

ステータスタイプの人は、自分が話すと長くなるのですが、人の長話に時間を割く気になれません。できるだけ、要点を整理して手短に説明をして欲しいのです。

また、いつも多忙にしている傾向が強いので、ものごとを自分で調べたり、整理する暇がありません。ほかの人が、自分の必要とする知識を提供してくれたり、情報のポイントを整理してくれるのを期待しています。そして、できるだけ手短にそれを伝えて欲しいと思っています。

その際の説明には、ムダな言葉は避けましょう。ステータスタイプの人は、言葉をイメージに変換しながら話を聞いています。一言一句を大切にするつもりで、事前にポイントをまとめておくといいでしょう。

説明が足りなくて、ステータスタイプの人から「今のはどういうこと?」と聞いてくるぐらいでちょうどいいのです。話が長くなると聞いていられなくなってしまうのですから。

✦自信満々で話しているときがハートのつかみどき

ステータスタイプは、何かにつけて「絶対に」「絶対だ」という表現をつかいます。また、話のなかに格言や、警句、あるいは著名人の言葉を引用することも多いのです。そういったときは、自信たっぷりで話をしているときです。そしてそのときこそが、ハートのつかみどきでもあります。「さすがですね」「やはり、おっしゃることがちがいますね」といった感嘆の表現をつかっておだてあげながら、気持ちよくしゃべらせてあげることが有効です。テレながらも気分は最高になっています。「この人は、なかなか(自分のすごさを)わかっている」と思うのです。

✦くさい物にはフタを

威厳たっぷりで一目置かれる存在でいたいため、人に頭を下げさせられることを人一倍嫌います。自分で、「ここは立場的に謝っておいた方がいいな」と判断すれば、スパッと潔く謝ることができるのですが、「自分が悪いのはわかっているけれども、謝っちゃったら威厳が保てない」とか「今後の展開にマイナス」というときは、なんとしてでも謝りたくないので、うやむやにしたくなるのです。

また、自分の思い込みやイメージで行動してしまいがちなので、ときには判断や方向性を間違ってしまうこともあります。そんなときは、フェードアウトしたくなります。そういったことをわざわざ言わなくてもわかってくれる余裕がある人を好みます。本当に気がつかない人には拍子抜けするのですが、わかっていながらも、それを追及することなく、くさいものにはフタをしてくれる余裕のある人が好きなのです。

おわりに

いかがでしたか?

ここまで読んでくださったあなたなら、バースデイサイエンスはいわゆる占いのように運勢や未来を推測するものではないということが、おわかりいただけたと思います。

バースデイサイエンスは、自分らしさやコミュニケーションをテーマにしたものです。ぜひ、この理論をとおして、自分らしさを発見し、自分の強みに磨きをかけていってください。短所を克服することも大切ですが、それ以上に長所を伸ばすことの方が重要です。生まれもった天与の才を活かしましょう。

そして、自分発見と同時に、他人を理解することにも努めましょう。バースデイサイエンスは、決して独学で理解を深めることはできません。できるだけ多くの仲間とバースデイサイエンスを分かち合って検証していってください。そうやって日々の生活に取り入れることで、自分では「当たり前だ」「常識だ」と思い込んでいたことが、他の人からみれば、全くそうではなかったという事実がたくさん見つかります。

その過程では、きっと、

「ええっ！　あの人はそんなことを考えていたんだ。私はこうなのに……」

といった驚きの連続になるでしょう。こうした発見を数多くすることで、より自分理解や他人理解が深まります。ぜひこの過程を楽しみながら、自分と他人の価値観のちがいを認め、それを尊重する器を広げていってください。

そうしていくことにより、やがて、

「自分が思っていたよりも世の中の人、みんなけっこう能力高いし、性格いいんだね」

という心境にたどりつくでしょう。そのとき、対人ストレスが大幅に軽減していることに驚くはずです。

そして、さらに検証を積み重ねて、本当の意味で人それぞれの価値観を理解し、尊重できる究極的なレベルまで器が広がったなら、そのときはもうバースデイサイエンスのことは忘れてしまいましょう。

いつまでも誕生日にふりまわされて人を判断するなんてナンセンス。もちろんその域に達するのは並大抵のことではありませんが、ぜひ目指してみてください。

バースデイサイエンスは、いってみれば、神さまからの預かりものです。神聖なものとして、大切に扱ってください。決して、タイプによる決めつけをして相手を不愉快にさせたり、あるいは超能力のように人の心を読んでやろうとか、思いどおりに動かしてやろうといった自分本位の使いかたはしないでください。

バースデイサイエンスを対人面で使うときには、相手の幸せを支援するといった謙虚な姿勢と、歩み寄りの心がなによりも大切です。このことを、いつも心に置いてくださいね。

私はバースデイサイエンスを扱って二十年以上が経ちました。その間に本当にたくさんのご縁をいただきました。すべて、偉大なる先哲の増永篤彦先生、長谷川博一先生のおかげでございます。お二人のご功績に心から敬慕の念を抱いております。

本文中でも述べましたとおり、バースデイサイエンスは統計データを基に体系化されました。今後、データが増えるとともに、ますます発展・進化し、より詳細に人の性格や才能というものを分析できることでしょう。

世界中の人がコミュニケーションのヒントとして、また自他の才能を発見し、伸ばすツールとしてバースデイサイエンスが活用される……、そこにはお互いの相違点を認め、尊重しあえる人間関係が当たり前のようにあるのではないでしょうか。

バースデイサイエンスによって、そんな未来が来ることを信じ、努力するとともに、本書が読者のみなさまの才能発見、尊重しあえる人間関係の一助となることを願っています。

二〇一九年九月

佐奈由紀子

年　表

生まれた日でタイプをみてください
生まれた時間が23時〜24時の間ならば、
翌日の日付でタイプをみてください。

年表の表記	ベーシック3タイプ	6タイプ
人A	人柄重視	レベルアップ
人B		セーフティ
結A	結果重視	ドリーム
結B		オウンマインド
直A	直感重視	パワフル
直B		ステータス

1928　昭和３年

	1月	2月	3月	4月	5月	6月	7月	8月	9月	10月	11月	12月
1	直A	人B	直A	人B	人B	結A	結A	結A	人B	人B	直A	直A
2	人B	結A	人B	結A	結A	結A	結A	人B	直A	直A	結B	結B
3	結A	結A	結A	結A	結A	人B	人B	直A	結B	結B	人A	人A
4	結A	人B	結A	人B	人B	直A	直A	結B	人A	人A	結A	結A
5	人B	直A	人B	直A	直A	結B	結B	人A	結A	結A	結A	結A
6	直A	結B	直A	結B	結B	人A	人A	結A	結A	結A	人B	人B
7	結B	人A	結B	人A	人A	結A	結A	結A	人B	人B	直A	直A
8	人A	結A	人A	結A	結A	結A	結A	人B	直A	直A	結B	結B
9	結A	結A	結A	結A	結A	人B	人B	直A	結B	結B	人A	人A
10	結A	人B	結A	人B	人B	直A	直A	結B	人A	人A	直B	直B
11	人B	直A	人B	直A	直A	結B	結B	人A	直B	直B	直B	直B
12	直A	結B	直A	結B	結B	人A	人A	直B	直B	直B	人A	人A
13	結B	人A	結B	人A	人A	直B	直B	直B	人A	人A	結B	結B
14	人A	直B	人A	直B	直B	直B	直B	人A	結B	結B	結B	結B
15	直B	直B	直B	直B	直B	人A	人A	結B	結B	結B	人A	人A
16	直B	人A	直B	人A	人A	結B	結B	結B	人A	人A	直B	直B
17	人A	結B	人A	結B	結B	結B	結B	人A	直B	直B	直B	直B
18	結B	結B	結B	結B	結B	人A	人A	直B	直B	直B	人A	人A
19	結B	人A	結B	人A	人A	直B	直B	直B	人A	人A	結B	結B
20	人A	直B	人A	直B	直B	直B	直B	人A	結B	結B	直A	直A
21	直B	直B	直B	直B	直B	人A	人A	結B	直A	直A	人B	人B
22	直B	人A	直B	人A	人A	結B	結B	直A	人B	人B	結A	結A
23	人A	結B	人A	結B	結B	直A	直A	人B	結A	結A	結A	結A
24	結B	直A	結B	直A	直A	人B	人B	結A	結A	結A	人A	人A
25	直A	人B	直A	人B	人B	結A	結A	結A	人A	人A	結B	結B
26	人B	結A	人B	結A	結A	結A	結A	人A	結B	結B	直A	直A
27	結A	結A	結A	結A	結A	人A	人A	結B	直A	直A	人B	人B
28	結A	人A	結A	人A	人A	結B	結B	直A	人B	人B	結A	結A
29	人A	結B	人A	結B	結B	直A	直A	人B	結A	結A	結A	結A
30	結B		結B	直A	直A	人B	人B	結A	結A	結A	人B	人B
31	直A		直A		人B		結A	結A		人B		直A

1929　昭和４年

	1月	2月	3月	4月	5月	6月	7月	8月	9月	10月	11月	12月
1	結B	人A	直A	結B	結B	人A	人A	結A	結A	結A	人B	人B
2	人A	結A	結B	人A	人A	結A	結A	結A	人B	人B	直A	直A
3	結A	結A	人A	結A	結A	結A	結A	人B	直A	直A	結B	結B
4	結A	人B	結A	結A	結A	人B	人B	直A	結B	結B	人A	人A
5	人B	直A	結A	人B	人B	直A	直A	結B	人A	人A	直B	直B
6	直A	結B	人B	直A	直A	結B	結B	人A	直B	直B	直B	直B
7	結B	人A	直A	結B	結B	人A	人A	直B	直B	直B	人A	人A
8	人A	直B	結B	人A	人A	直B	直B	直B	人A	人A	結B	結B
9	直B	直B	人A	直B	直B	直B	直B	人A	結B	結B	結B	結B
10	直B	人A	直B	直B	直B	人A	人A	結B	結B	結B	人A	人A
11	人A	結B	直B	人A	人A	結B	結B	結B	人A	人A	直B	直B
12	結B	結B	人A	結B	結B	結B	結B	人A	直B	直B	直B	直B
13	結B	人A	結B	結B	結B	人A	人A	直B	直B	直B	人A	人A
14	人A	直B	結B	人A	人A	直B	直B	直B	人A	人A	結B	結B
15	直B	直B	人A	直B	直B	直B	直B	人A	結B	結B	直A	直A
16	直B	人A	直B	直B	直B	人A	人A	結B	直A	直A	人B	人B
17	人A	結B	直B	人A	人A	結B	結B	直A	人B	人B	結A	結A
18	結B	直A	人A	結B	結B	直A	直A	人B	結A	結A	結A	結A
19	直A	人B	結B	直A	直A	人B	人B	結A	結A	結A	人A	人A
20	人B	結A	直A	人B	人B	結A	結A	結A	人A	人A	結B	結B
21	結A	結A	人B	結A	結A	結A	結A	人A	結B	結B	直A	直A
22	結A	人A	結A	結A	結A	人A	人A	結B	直A	直A	人B	人B
23	人A	結B	結A	人A	人A	結B	結B	直A	人B	人B	結A	結A
24	結B	直A	人A	結B	結B	直A	直A	人B	結A	結A	結A	結A
25	直A	人B	結B	直A	直A	人B	人B	結A	結A	結A	人B	人B
26	人B	結A	直A	人B	人B	結A	結A	結A	人B	人B	直A	直A
27	結A	結A	人B	結A	結A	結A	結A	人B	直A	直A	結B	結B
28	結A	人B	結A	結A	結A	人B	人B	直A	結B	結B	人A	人A
29	人B		結A	人B	人B	直A	直A	結B	人A	人A	結A	結A
30	直A		人B	直A	直A	結B	結B	人A	結A	結A	結A	結A
31	結B		直A		結B		人A	結A		結A		人B

1930　昭和５年

	1月	2月	3月	4月	5月	6月	7月	8月	9月	10月	11月	12月
1	直A	結B	人B	直A	直A	結B	結B	人A	直B	直B	直B	直B
2	結B	人A	直A	結B	結B	人A	人A	直B	直B	直B	人A	人A
3	人A	直B	結B	人A	人A	直B	直B	直B	人A	人A	結B	結B
4	直B	直B	人A	直B	直B	直B	直B	人A	結B	結B	結B	結B
5	直B	人A	直B	直B	直B	人A	人A	結B	結B	結B	人A	人A
6	人A	結B	直B	人A	人A	結B	結B	結B	人A	人A	直B	直B
7	結B	結B	人A	結B	結B	結B	結B	人A	直B	直B	直B	直B
8	結B	人A	結B	結B	結B	人A	人A	直B	直B	直B	人A	人A
9	人A	直B	結B	人A	人A	直B	直B	直B	人A	人A	結B	結B
10	直B	直B	人A	直B	直B	直B	直B	人A	結B	結B	直A	直A
11	直B	人A	直B	直B	直B	人A	人A	結B	直A	直A	人B	人B
12	人A	結B	直B	人A	人A	結B	結B	直A	人B	人B	結A	結A
13	結B	直A	人A	結B	結B	直A	直A	人B	結A	結A	結A	結A
14	直A	人B	結B	直A	直A	人B	人B	結A	結A	結A	人A	人A
15	人B	結A	直A	人B	人B	結A	結A	結A	人A	人A	結B	結B
16	結A	結A	人B	結A	結A	結A	結A	人A	結B	結B	直A	直A
17	結A	人A	結A	結A	結A	人A	人A	結B	直A	直A	人B	人B
18	人A	結B	結A	人A	人A	結B	結B	直A	人B	人B	結A	結A
19	結B	直A	人A	結B	結B	直A	直A	人B	結A	結A	結A	結A
20	直A	人B	結B	直A	直A	人B	人B	結A	結A	結A	人B	人B
21	人B	結A	直A	人B	人B	結A	結A	結A	人B	人B	直A	直A
22	結A	結A	人B	結A	結A	結A	結A	人B	直A	直A	結B	結B
23	結A	人B	結A	結A	結A	人B	人B	直A	結B	結B	人A	人A
24	人B	直A	結A	人B	人B	直A	直A	結B	人A	人A	結A	結A
25	直A	結B	人B	直A	直A	結B	結B	人A	結A	結A	結A	結A
26	結B	人A	直A	結B	結B	人A	人A	結A	結A	結A	人B	人B
27	人A	結A	結B	人A	人A	結A	結A	結A	人B	人B	直A	直A
28	結A	結A	人A	結A	結A	結A	結A	人B	直A	直A	結B	結B
29	結A		結A	結A	結A	人B	人B	直A	結B	結B	人A	人A
30	人B		結A	人B	人B	直A	直A	結B	人A	人A	直B	直B
31	直A		人B		直A		結B	人A		直B		直B

1931　昭和６年

	1月	2月	3月	4月	5月	6月	7月	8月	9月	10月	11月	12月
1	人A	結B	直B	人A	人A	結B	結B	結B	人A	人A	直B	直B
2	結B	結B	人A	結B	結B	結B	結B	人A	直B	直B	直B	直B
3	結B	人A	結B	結B	結B	人A	人A	直B	直B	直B	人A	人A
4	人A	直B	結B	人A	人A	直B	直B	直B	人A	人A	結B	結B
5	直B	直B	人A	直B	直B	直B	直B	人A	結B	結B	直A	直A
6	直B	人A	直B	直B	直B	人A	人A	結B	直A	直A	人B	人B
7	人A	結B	直B	人A	人A	結B	結B	直A	人B	人B	結A	結A
8	結B	直A	人A	結B	結B	直A	直A	人B	結A	結A	結A	結A
9	直A	人B	結B	直A	直A	人B	人B	結A	結A	結A	人A	人A
10	人B	結A	直A	人B	人B	結A	結A	結A	人A	人A	結B	結B
11	結A	結A	人B	結A	結A	結A	結A	人A	結B	結B	直A	直A
12	結A	人A	結A	結A	結A	人A	人A	結B	直A	直A	人B	人B
13	人A	結B	結A	人A	人A	結B	結B	直A	人B	人B	結A	結A
14	結B	直A	人A	結B	結B	直A	直A	人B	結A	結A	結A	結A
15	直A	人B	結B	直A	直A	人B	人B	結A	結A	結A	人B	人B
16	人B	結A	直A	人B	人B	結A	結A	結A	人B	人B	直A	直A
17	結A	結A	人B	結A	結A	結A	結A	人B	直A	直A	結B	結B
18	結A	人B	結A	結A	結A	人B	人B	直A	結B	結B	人A	人A
19	人B	直A	結A	人B	人B	直A	直A	結B	人A	人A	結A	結A
20	直A	結B	人B	直A	直A	結B	結B	人A	結A	結A	結A	結A
21	結B	人A	直A	結B	結B	人A	人A	結A	結A	結A	人B	人B
22	人A	結A	結B	人A	人A	結A	結A	結A	人B	人B	直A	直A
23	結A	結A	人A	結A	結A	結A	結A	人B	直A	直A	結B	結B
24	結A	人B	結A	結A	結A	人B	人B	直A	結B	結B	人A	人A
25	人B	直A	結A	人B	人B	直A	直A	結B	人A	人A	直B	直B
26	直A	結B	人B	直A	直A	結B	結B	人A	直B	直B	直B	直B
27	結B	人A	直A	結B	結B	人A	人A	直B	直B	直B	人A	人A
28	人A	直B	結B	人A	人A	直B	直B	直B	人A	人A	結B	結B
29	直B		人A	直B	直B	直B	直B	人A	結B	結B	結B	結B
30	直B		直B	直B	直B	人A	人A	結B	結B	結B	人A	人A
31	人A		直B		人A		結B	結B		人A		直B

1932　昭和７年

	1月	2月	3月	4月	5月	6月	7月	8月	9月	10月	11月	12月
1	直B	人A	直B	人A	人A	結B	結B	直A	人B	人B	結A	結A
2	人A	結B	人A	結B	結B	直A	直A	人B	結A	結A	結A	結A
3	結B	直A	結B	直A	直A	人B	人B	結A	結A	結A	人A	人A
4	直A	人B	直A	人B	人B	結A	結A	結A	人A	人A	結B	結B
5	人B	結A	人B	結A	結A	結A	結A	人A	結B	結B	直A	直A
6	結A	結A	結A	結A	結A	人A	人A	結B	直A	直A	人B	人B
7	結A	人A	結A	人A	人A	結B	結B	直A	人B	人B	結A	結A
8	人A	結B	人A	結B	結B	直A	直A	人B	結A	結A	結A	結A
9	結B	直A	結B	直A	直A	人B	人B	結A	結A	結A	人B	人B
10	直A	人B	直A	人B	人B	結A	結A	結A	人B	人B	直A	直A
11	人B	結A	人B	結A	結A	結A	結A	人B	直A	直A	結B	結B
12	結A	結A	結A	結A	結A	人B	人B	直A	結B	結B	人A	人A
13	結A	人B	結A	人B	人B	直A	直A	結B	人A	人A	結A	結A
14	人B	直A	人B	直A	直A	結B	結B	人A	結A	結A	結A	結A
15	直A	結B	直A	結B	結B	人A	人A	結A	結A	結A	人B	人B
16	結B	人A	結B	人A	人A	結A	結A	結A	人B	人B	直A	直A
17	人A	結A	人A	結A	結A	結A	結A	人B	直A	直A	結B	結B
18	結A	結A	結A	結A	結A	人B	人B	直A	結B	結B	人A	人A
19	結A	人B	結A	人B	人B	直A	直A	結B	人A	人A	直B	直B
20	人B	直A	人B	直A	直A	結B	結B	人A	直B	直B	直B	直B
21	直A	結B	直A	結B	結B	人A	人A	直B	直B	直B	人A	人A
22	結B	人A	結B	人A	人A	直B	直B	直B	人A	人A	結B	結B
23	人A	直B	人A	直B	直B	直B	直B	人A	結B	結B	結B	結B
24	直B	直B	直B	直B	直B	人A	人A	結B	結B	結B	人A	人A
25	直B	人A	直B	人A	人A	結B	結B	結B	人A	人A	直B	直B
26	人A	結B	人A	結B	結B	結B	結B	人A	直B	直B	直B	直B
27	結B	結B	結B	結B	結B	人A	人A	直B	直B	直B	人A	人A
28	結B	人A	結B	人A	人A	直B	直B	直B	人A	人A	結B	結B
29	人A	直B	人A	直B	直B	直B	直B	人A	結B	結B	直A	直A
30	直B		直B	直B	直B	人A	人A	結B	直A	直A	人B	人B
31	直B		直B		人A		結B	直A		人B		結A

1933　昭和８年

	1月	2月	3月	4月	5月	6月	7月	8月	9月	10月	11月	12月
1	結A	人A	結A	結A	結A	人A	人A	結B	直A	直A	人B	人B
2	人A	結B	結A	人A	人A	結B	結B	直A	人B	人B	結A	結A
3	結B	直A	人A	結B	結B	直A	直A	人B	結A	結A	結A	結A
4	直A	人B	結B	直A	直A	人B	人B	結A	結A	結A	人B	人B
5	人B	結A	直A	人B	人B	結A	結A	結A	人B	人B	直A	直A
6	結A	結A	人B	結A	結A	結A	結A	人B	直A	直A	結B	結B
7	結A	人B	結A	結A	結A	人B	人B	直A	結B	結B	人A	人A
8	人B	直A	結A	人B	人B	直A	直A	結B	人A	人A	結A	結A
9	直A	結B	人B	直A	直A	結B	結B	人A	結A	結A	結A	結A
10	結B	人A	直A	結B	結B	人A	人A	結A	結A	結A	人B	人B
11	人A	結A	結B	人A	人A	結A	結A	結A	人B	人B	直A	直A
12	結A	結A	人A	結A	結A	結A	結A	人B	直A	直A	結B	結B
13	結A	人B	結A	結A	結A	人B	人B	直A	結B	結B	人A	人A
14	人B	直A	結A	人B	人B	直A	直A	結B	人A	人A	直B	直B
15	直A	結B	人B	直A	直A	結B	結B	人A	直B	直B	直B	直B
16	結B	人A	直A	結B	結B	人A	人A	直B	直B	直B	人A	人A
17	人A	直B	結B	人A	人A	直B	直B	直B	人A	人A	結B	結B
18	直B	直B	人A	直B	直B	直B	直B	人A	結B	結B	結B	結B
19	直B	人A	直B	直B	直B	人A	人A	結B	結B	結B	人A	人A
20	人A	結B	直B	人A	人A	結B	結B	結B	人A	人A	直B	直B
21	結B	結B	人A	結B	結B	結B	結B	人A	直B	直B	直B	直B
22	結B	人A	結B	結B	結B	人A	人A	直B	直B	直B	人A	人A
23	人A	直B	結B	人A	人A	直B	直B	直B	人A	人A	結B	結B
24	直B	直B	人A	直B	直B	直B	直B	人A	結B	結B	直A	直A
25	直B	人A	直B	直B	直B	人A	人A	結B	直A	直A	人B	人B
26	人A	結B	直B	人A	人A	結B	結B	直A	人B	人B	結A	結A
27	結B	直A	人A	結B	結B	直A	直A	人B	結A	結A	結A	結A
28	直A	人B	結B	直A	直A	人B	人B	結A	結A	結A	人A	人A
29	人B		直A	人B	人B	結A	結A	結A	人A	人A	結B	結B
30	結A		人B	結A	結A	結A	結A	人A	結B	結B	直A	直A
31	結A		結A		結A		人A	結B		直A		人B

1934　昭和９年

	1月	2月	3月	4月	5月	6月	7月	8月	9月	10月	11月	12月
1	結A	結A	人B	結A	結A	結A	結A	人B	直A	直A	結B	結B
2	結A	人B	結A	結A	結A	人B	人B	直A	結B	結B	人A	人A
3	人B	直A	結A	人B	人B	直A	直A	結B	人A	人A	結A	結A
4	直A	結B	人B	直A	直A	結B	結B	人A	結A	結A	結A	結A
5	結B	人A	直A	結B	結B	人A	人A	結A	結A	結A	人B	人B
6	人A	結A	結B	人A	人A	結A	結A	結A	人B	人B	直A	直A
7	結A	結A	人A	結A	結A	結A	結A	人B	直A	直A	結B	結B
8	結A	人B	結A	結A	結A	人B	人B	直A	結B	結B	人A	人A
9	人B	直A	結A	人B	人B	直A	直A	結B	人A	人A	直B	直B
10	直A	結B	人B	直A	直A	結B	結B	人A	直B	直B	直B	直B
11	結B	人A	直A	結B	結B	人A	人A	直B	直B	直B	人A	人A
12	人A	直B	結B	人A	人A	直B	直B	直B	人A	人A	結B	結B
13	直B	直B	人A	直B	直B	直B	直B	人A	結B	結B	結B	結B
14	直B	人A	直B	直B	直B	人A	人A	結B	結B	結B	人A	人A
15	人A	結B	直B	人A	人A	結B	結B	結B	人A	人A	直B	直B
16	結B	結B	人A	結B	結B	結B	結B	人A	直B	直B	直B	直B
17	結B	人A	結B	結B	結B	人A	人A	直B	直B	直B	人A	人A
18	人A	直B	結B	人A	人A	直B	直B	直B	人A	人A	結B	結B
19	直B	直B	人A	直B	直B	直B	直B	人A	結B	結B	直A	直A
20	直B	人A	直B	直B	直B	人A	人A	結B	直A	直A	人B	人B
21	人A	結B	直B	人A	人A	結B	結B	直A	人B	人B	結A	結A
22	結B	直A	人A	結B	結B	直A	直A	人B	結A	結A	結A	結A
23	直A	人B	結B	直A	直A	人B	人B	結A	結A	結A	人A	人A
24	人B	結A	直A	人B	人B	結A	結A	結A	人A	人A	結B	結B
25	結A	結A	人B	結A	結A	結A	結A	人A	結B	結B	直A	直A
26	結A	人A	結A	結A	結A	人A	人A	結B	直A	直A	人B	人B
27	人A	結B	結A	人A	人A	結B	結B	直A	人B	人B	結A	結A
28	結B	直A	人A	結B	結B	直A	直A	人B	結A	結A	結A	結A
29	直A		結B	直A	直A	人B	人B	結A	結A	結A	人B	人B
30	人B		直A	人B	人B	結A	結A	結A	人B	人B	直A	直A
31	結A		人B		結A		結A	人B		直A		結B

1935　昭和10年

	1月	2月	3月	4月	5月	6月	7月	8月	9月	10月	11月	12月
1	人A	結A	結B	人A	人A	結A	結A	結A	人B	人B	直A	直A
2	結A	結A	人A	結A	結A	結A	結A	人B	直A	直A	結B	結B
3	結A	人B	結A	結A	結A	人B	人B	直A	結B	結B	人A	人A
4	人B	直A	結A	人B	人B	直A	直A	結B	人A	人A	直B	直B
5	直A	結B	人B	直A	直A	結B	結B	人A	直B	直B	直B	直B
6	結B	人A	直A	結B	結B	人A	人A	直B	直B	直B	人A	人A
7	人A	直B	結B	人A	人A	直B	直B	直B	人A	人A	結B	結B
8	直B	直B	人A	直B	直B	直B	直B	人A	結B	結B	結B	結B
9	直B	人A	直B	直B	直B	人A	人A	結B	結B	結B	人A	人A
10	人A	結B	直B	人A	人A	結B	結B	結B	人A	人A	直B	直B
11	結B	結B	人A	結B	結B	結B	結B	人A	直B	直B	直B	直B
12	結B	人A	結B	結B	結B	人A	人A	直B	直B	直B	人A	人A
13	人A	直B	結B	人A	人A	直B	直B	直B	人A	人A	結B	結B
14	直B	直B	人A	直B	直B	直B	直B	人A	結B	結B	直A	直A
15	直B	人A	直B	直B	直B	人A	人A	結B	直A	直A	人B	人B
16	人A	結B	直B	人A	人A	結B	結B	直A	人B	人B	結A	結A
17	結B	直A	人A	結B	結B	直A	直A	人B	結A	結A	結A	結A
18	直A	人B	結B	直A	直A	人B	人B	結A	結A	結A	人A	人A
19	人B	結A	直A	人B	人B	結A	結A	結A	人A	人A	結B	結B
20	結A	結A	人B	結A	結A	結A	結A	人A	結B	結B	直A	直A
21	結A	人A	結A	結A	結A	人A	人A	結B	直A	直A	人B	人B
22	人A	結B	結A	人A	人A	結B	結B	直A	人B	人B	結A	結A
23	結B	直A	人A	結B	結B	直A	直A	人B	結A	結A	結A	結A
24	直A	人B	結B	直A	直A	人B	人B	結A	結A	結A	人B	人B
25	人B	結A	直A	人B	人B	結A	結A	結A	人B	人B	直A	直A
26	結A	結A	人B	結A	結A	結A	結A	人B	直A	直A	結B	結B
27	結A	人B	結A	結A	結A	人B	人B	直A	結B	結B	人A	人A
28	人B	直A	結A	人B	人B	直A	直A	結B	人A	人A	結A	結A
29	直A		人B	直A	直A	結B	結B	人A	結A	結A	結A	結A
30	結B		直A	結B	結B	人A	人A	結A	結A	結A	人B	人B
31	人A		結B		人A		結A	結A		人B		直A

1936 昭和11年

	1月	2月	3月	4月	5月	6月	7月	8月	9月	10月	11月	12月
1	結B	人A	結B	人A	人A	直B	直B	直B	人A	人A	結B	結B
2	人A	直B	人A	直B	直B	直B	直B	人A	結B	結B	結B	結B
3	直B	直B	直B	直B	直B	人A	人A	結B	結B	結B	人A	人A
4	直B	人A	直B	人A	人A	結B	結B	結B	人A	人A	直B	直B
5	人A	結B	人A	結B	結B	結B	結B	人A	直B	直B	直B	直B
6	結B	結B	結B	結B	結B	人A	人A	直B	直B	直B	人A	人A
7	結B	人A	結B	人A	人A	直B	直B	直B	人A	人A	結B	結B
8	人A	直B	人A	直B	直B	直B	直B	人A	結B	結B	直A	直A
9	直B	直B	直B	直B	直B	人A	人A	結B	直A	直A	人B	人B
10	直B	人A	直B	人A	人A	結B	結B	直A	人B	人B	結A	結A
11	人A	結B	人A	結B	結B	直A	直A	人B	結A	結A	結A	結A
12	結B	直A	結B	直A	直A	人B	人B	結A	結A	結A	人A	人A
13	直A	人B	直A	人B	人B	結A	結A	結A	人A	人A	結B	結B
14	人B	結A	人B	結A	結A	結A	結A	人A	結B	結B	直A	直A
15	結A	結A	結A	結A	結A	人A	人A	結B	直A	直A	人B	人B
16	結A	人A	結A	人A	人A	結B	結B	直A	人B	人B	結A	結A
17	人A	結B	人A	結B	結B	直A	直A	人B	結A	結A	結A	結A
18	結B	直A	結B	直A	直A	人B	人B	結A	結A	結A	人B	人B
19	直A	人B	直A	人B	人B	結A	結A	結A	人B	人B	直A	直A
20	人B	結A	人B	結A	結A	結A	結A	人B	直A	直A	結B	結B
21	結A	結A	結A	結A	結A	人B	人B	直A	結B	結B	人A	人A
22	結A	人B	結A	人B	人B	直A	直A	結B	人A	人A	結A	結A
23	人B	直A	人B	直A	直A	結B	結B	人A	結A	結A	結A	結A
24	直A	結B	直A	結B	結B	人A	人A	結A	結A	結A	人B	人B
25	結B	人A	結B	人A	人A	結A	結A	結A	人B	人B	直A	直A
26	人A	結A	人A	結A	結A	結A	結A	人B	直A	直A	結B	結B
27	結A	結A	結A	結A	結A	人B	人B	直A	結B	結B	人A	人A
28	結A	人B	結A	人B	人B	直A	直A	結B	人A	人A	直B	直B
29	人B	直A	人B	直A	直A	結B	結B	人A	直B	直B	直B	直B
30	直A		直A	結B	結B	人A	人A	直B	直B	直B	人A	人A
31	結B		結B		人A		直B	直B		人A		結B

1937 昭和12年

	1月	2月	3月	4月	5月	6月	7月	8月	9月	10月	11月	12月
1	結B	人A	結B	結B	結B	人A	人A	直B	直B	直B	人A	人A
2	人A	直B	結B	人A	人A	直B	直B	直B	人A	人A	結B	結B
3	直B	直B	人A	直B	直B	直B	直B	人A	結B	結B	直A	直A
4	直B	人A	直B	直B	直B	人A	人A	結B	直A	直A	人B	人B
5	人A	結B	直B	人A	人A	結B	結B	直A	人B	人B	結A	結A
6	結B	直A	人A	結B	結B	直A	直A	人B	結A	結A	結A	結A
7	直A	人B	結B	直A	直A	人B	人B	結A	結A	結A	人A	人A
8	人B	結A	直A	人B	人B	結A	結A	結A	人A	人A	結B	結B
9	結A	結A	人B	結A	結A	結A	結A	人A	結B	結B	直A	直A
10	結A	人A	結A	結A	結A	人A	人A	結B	直A	直A	人B	人B
11	人A	結B	結A	人A	人A	結B	結B	直A	人B	人B	結A	結A
12	結B	直A	人A	結B	結B	直A	直A	人B	結A	結A	結A	結A
13	直A	人B	結B	直A	直A	人B	人B	結A	結A	結A	人B	人B
14	人B	結A	直A	人B	人B	結A	結A	結A	人B	人B	直A	直A
15	結A	結A	人B	結A	結A	結A	結A	人B	直A	直A	結B	結B
16	結A	人B	結A	結A	結A	人B	人B	直A	結B	結B	人A	人A
17	人B	直A	結A	人B	人B	直A	直A	結B	人A	人A	結A	結A
18	直A	結B	人B	直A	直A	結B	結B	人A	結A	結A	結A	結A
19	結B	人A	直A	結B	結B	人A	人A	結A	結A	結A	人B	人B
20	人A	結A	結B	人A	人A	結A	結A	結A	人B	人B	直A	直A
21	結A	結A	人A	結A	結A	結A	結A	人B	直A	直A	結B	結B
22	結A	人B	結A	結A	結A	人B	人B	直A	結B	結B	人A	人A
23	人B	直A	結A	人B	人B	直A	直A	結B	人A	人A	直B	直B
24	直A	結B	人B	直A	直A	結B	結B	人A	直B	直B	直B	直B
25	結B	人A	直A	結B	結B	人A	人A	直B	直B	直B	人A	人A
26	人A	直B	結B	人A	人A	直B	直B	直B	人A	人A	結B	結B
27	直B	直B	人A	直B	直B	直B	直B	人A	結B	結B	結B	結B
28	直B	人A	直B	直B	直B	人A	人A	結B	結B	結B	人A	人A
29	人A		直B	人A	人A	結B	結B	結B	人A	人A	直B	直B
30	結B		人A	結B	結B	結B	結B	人A	直B	直B	直B	直B
31	結B		結B		結B		人A	直B		直B		人A

1938　昭和13年

	1月	2月	3月	4月	5月	6月	7月	8月	9月	10月	11月	12月
1	結B	直A	人A	結B	結B	直A	直A	人B	結A	結A	結A	結A
2	直A	人B	結B	直A	直A	人B	人B	結A	結A	結A	人A	人A
3	人B	結A	直A	人B	人B	結A	結A	結A	人A	人A	結B	結B
4	結A	結A	人B	結A	結A	結A	結A	人A	結B	結B	直A	直A
5	結A	人A	結A	結A	結A	人A	人A	結B	直A	直A	人B	人B
6	人A	結B	結A	人A	人A	結B	結B	直A	人B	人B	結A	結A
7	結B	直A	人A	結B	結B	直A	直A	人B	結A	結A	結A	結A
8	直A	人B	結B	直A	直A	人B	人B	結A	結A	結A	人B	人B
9	人B	結A	直A	人B	人B	結A	結A	結A	人B	人B	直A	直A
10	結A	結A	人B	結A	結A	結A	結A	人B	直A	直A	結B	結B
11	結A	人B	結A	結A	結A	人B	人B	直A	結B	結B	人A	人A
12	人B	直A	結A	人B	人B	直A	直A	結B	人A	人A	結A	結A
13	直A	結B	人B	直A	直A	結B	結B	人A	結A	結A	結A	結A
14	結B	人A	直A	結B	結B	人A	人A	結A	結A	結A	人B	人B
15	人A	結A	結B	人A	人A	結A	結A	結A	人B	人B	直A	直A
16	結A	結A	人A	結A	結A	結A	結A	人B	直A	直A	結B	結B
17	結A	人B	結A	結A	結A	人B	人B	直A	結B	結B	人A	人A
18	人B	直A	結A	人B	人B	直A	直A	結B	人A	人A	直B	直B
19	直A	結B	人B	直A	直A	結B	結B	人A	直B	直B	直B	直B
20	結B	人A	直A	結B	結B	人A	人A	直B	直B	直B	人A	人A
21	人A	直B	結B	人A	人A	直B	直B	直B	人A	人A	結B	結B
22	直B	直B	人A	直B	直B	直B	直B	人A	結B	結B	結B	結B
23	直B	人A	直B	直B	直B	人A	人A	結B	結B	結B	人A	人A
24	人A	結B	直B	人A	人A	結B	結B	結B	人A	人A	直B	直B
25	結B	結B	人A	結B	結B	結B	結B	人A	直B	直B	直B	直B
26	結B	人A	結B	結B	結B	人A	人A	直B	直B	直B	人A	人A
27	人A	直B	結B	人A	人A	直B	直B	直B	人A	人A	結B	結B
28	直B	直B	人A	直B	直B	直B	直B	人A	結B	結B	直A	直A
29	直B		直B	直B	直B	人A	人A	結B	直A	直A	人B	人B
30	人A		直B	人A	人A	結B	結B	直A	人B	人B	結A	結A
31	結B		人A		結B		直A	人B		結A		結A

1939　昭和14年

	1月	2月	3月	4月	5月	6月	7月	8月	9月	10月	11月	12月
1	人A	結B	結A	人A	人A	結B	結B	直A	人B	人B	結A	結A
2	結B	直A	人A	結B	結B	直A	直A	人B	結A	結A	結A	結A
3	直A	人B	結B	直A	直A	人B	人B	結A	結A	結A	人B	人B
4	人B	結A	直A	人B	人B	結A	結A	結A	人B	人B	直A	直A
5	結A	結A	人B	結A	結A	結A	結A	人B	直A	直A	結B	結B
6	結A	人B	結A	結A	結A	人B	人B	直A	結B	結B	人A	人A
7	人B	直A	結A	人B	人B	直A	直A	結B	人A	人A	結A	結A
8	直A	結B	人B	直A	直A	結B	結B	人A	結A	結A	結A	結A
9	結B	人A	直A	結B	結B	人A	人A	結A	結A	結A	人B	人B
10	人A	結A	結B	人A	人A	結A	結A	結A	人B	人B	直A	直A
11	結A	結A	人A	結A	結A	結A	結A	人B	直A	直A	結B	結B
12	結A	人B	結A	結A	結A	人B	人B	直A	結B	結B	人A	人A
13	人B	直A	結A	人B	人B	直A	直A	結B	人A	人A	直B	直B
14	直A	結B	人B	直A	直A	結B	結B	人A	直B	直B	直B	直B
15	結B	人A	直A	結B	結B	人A	人A	直B	直B	直B	人A	人A
16	人A	直B	結B	人A	人A	直B	直B	直B	人A	人A	結B	結B
17	直B	直B	人A	直B	直B	直B	直B	人A	結B	結B	結B	結B
18	直B	人A	直B	直B	直B	人A	人A	結B	結B	結B	人A	人A
19	人A	結B	直B	人A	人A	結B	結B	結B	人A	人A	直B	直B
20	結B	結B	人A	結B	結B	結B	結B	人A	直B	直B	直B	直B
21	結B	人A	結B	結B	結B	人A	人A	直B	直B	直B	人A	人A
22	人A	直B	結B	人A	人A	直B	直B	直B	人A	人A	結B	結B
23	直B	直B	人A	直B	直B	直B	直B	人A	結B	結B	直A	直A
24	直B	人A	直B	直B	直B	人A	人A	結B	直A	直A	人B	人B
25	人A	結B	直B	人A	人A	結B	結B	直A	人B	人B	結A	結A
26	結B	直A	人A	結B	結B	直A	直A	人B	結A	結A	結A	結A
27	直A	人B	結B	直A	直A	人B	人B	結A	結A	結A	人A	人A
28	人B	結A	直A	人B	人B	結A	結A	結A	人A	人A	結B	結B
29	結A		人B	結A	結A	結A	結A	人A	結B	結B	直A	直A
30	結A		結A	結A	結A	人A	人A	結B	直A	直A	人B	人B
31	人A		結A		人A		結B	直A		人B		結A

1940　昭和15年

	1月	2月	3月	4月	5月	6月	7月	8月	9月	10月	11月	12月
1	結A	人B	結A	人B	人B	直A	直A	結B	人A	人A	結A	結A
2	人B	直A	人B	直A	直A	結B	結B	人A	結A	結A	結A	結A
3	直A	結B	直A	結B	結B	人A	人A	結A	結A	結A	人B	人B
4	結B	人A	結B	人A	人A	結A	結A	結A	人B	人B	直A	直A
5	人A	結A	人A	結A	結A	結A	結A	人B	直A	直A	結B	結B
6	結A	結A	結A	結A	結A	人B	人B	直A	結B	結B	人A	人A
7	結A	人B	結A	人B	人B	直A	直A	結B	人A	人A	直B	直B
8	人B	直A	人B	直A	直A	結B	結B	人A	直B	直B	直B	直B
9	直A	結B	直A	結B	結B	人A	人A	直B	直B	直B	人A	人A
10	結B	人A	結B	人A	人A	直B	直B	直B	人A	人A	結B	結B
11	人A	直B	人A	直B	直B	直B	直B	人A	結B	結B	結B	結B
12	直B	直B	直B	直B	直B	人A	人A	結B	結B	結B	人A	人A
13	直B	人A	直B	人A	人A	結B	結B	結B	人A	人A	直B	直B
14	人A	結B	人A	結B	結B	結B	結B	人A	直B	直B	直B	直B
15	結B	結B	結B	結B	結B	人A	人A	直B	直B	直B	人A	人A
16	結B	人A	結B	人A	人A	直B	直B	直B	人A	人A	結B	結B
17	人A	直B	人A	直B	直B	直B	直B	人A	結B	結B	直A	直A
18	直B	直B	直B	直B	直B	人A	人A	結B	直A	直A	人B	人B
19	直B	人A	直B	人A	人A	結B	結B	直A	人B	人B	結A	結A
20	人A	結B	人A	結B	結B	直A	直A	人B	結A	結A	結A	結A
21	結B	直A	結B	直A	直A	人B	人B	結A	結A	結A	人A	人A
22	直A	人B	直A	人B	人B	結A	結A	結A	人A	人A	結B	結B
23	人B	結A	人B	結A	結A	結A	結A	人A	結B	結B	直A	直A
24	結A	結A	結A	結A	結A	人A	人A	結B	直A	直A	人B	人B
25	結A	人A	結A	人A	人A	結B	結B	直A	人B	人B	結A	結A
26	人A	結B	人A	結B	結B	直A	直A	人B	結A	結A	結A	結A
27	結B	直A	結B	直A	直A	人B	人B	結A	結A	結A	人B	人B
28	直A	人B	直A	人B	人B	結A	結A	結A	人B	人B	直A	直A
29	人B	結A	人B	結A	結A	結A	結A	人B	直A	直A	結B	結B
30	結A		結A	結A	結A	人B	人B	直A	結B	結B	人A	人A
31	結A		結A		人B		直A	結B		人A		結A

1941　昭和16年

	1月	2月	3月	4月	5月	6月	7月	8月	9月	10月	11月	12月
1	結A	人B	結A	結A	結A	人B	人B	直A	結B	結B	人A	人A
2	人B	直A	結A	人B	人B	直A	直A	結B	人A	人A	直B	直B
3	直A	結B	人B	直A	直A	結B	結B	人A	直B	直B	直B	直B
4	結B	人A	直A	結B	結B	人A	人A	直B	直B	直B	人A	人A
5	人A	直B	結B	人A	人A	直B	直B	直B	人A	人A	結B	結B
6	直B	直B	人A	直B	直B	直B	直B	人A	結B	結B	結B	結B
7	直B	人A	直B	直B	直B	人A	人A	結B	結B	結B	人A	人A
8	人A	結B	直B	人A	人A	結B	結B	結B	人A	人A	直B	直B
9	結B	結B	人A	結B	結B	結B	結B	人A	直B	直B	直B	直B
10	結B	人A	結B	結B	結B	人A	人A	直B	直B	直B	人A	人A
11	人A	直B	結B	人A	人A	直B	直B	直B	人A	人A	結B	結B
12	直B	直B	人A	直B	直B	直B	直B	人A	結B	結B	直A	直A
13	直B	人A	直B	直B	直B	人A	人A	結B	直A	直A	人B	人B
14	人A	結B	直B	人A	人A	結B	結B	直A	人B	人B	結A	結A
15	結B	直A	人A	結B	結B	直A	直A	人B	結A	結A	結A	結A
16	直A	人B	結B	直A	直A	人B	人B	結A	結A	結A	人A	人A
17	人B	結A	直A	人B	人B	結A	結A	結A	人A	人A	結B	結B
18	結A	結A	人B	結A	結A	結A	結A	人A	結B	結B	直A	直A
19	結A	人A	結A	結A	結A	人A	人A	結B	直A	直A	人B	人B
20	人A	結B	結A	人A	人A	結B	結B	直A	人B	人B	結A	結A
21	結B	直A	人A	結B	結B	直A	直A	人B	結A	結A	結A	結A
22	直A	人B	結B	直A	直A	人B	人B	結A	結A	結A	人B	人B
23	人B	結A	直A	人B	人B	結A	結A	結A	人B	人B	直A	直A
24	結A	結A	人B	結A	結A	結A	結A	人B	直A	直A	結B	結B
25	結A	人B	結A	結A	結A	人B	人B	直A	結B	結B	人A	人A
26	人B	直A	結A	人B	人B	直A	直A	結B	人A	人A	結A	結A
27	直A	結B	人B	直A	直A	結B	結B	人A	結A	結A	結A	結A
28	結B	人A	直A	結B	結B	人A	人A	結A	結A	結A	人B	人B
29	人A		結B	人A	人A	結A	結A	結A	人B	人B	直A	直A
30	結A		人A	結A	結A	結A	結A	人B	直A	直A	結B	結B
31	結A		結A		結A		人B	直A		結B		人A

1942　昭和17年

	1月	2月	3月	4月	5月	6月	7月	8月	9月	10月	11月	12月
1	直B	直B	人A	直B	直B	直B	直B	人A	結B	結B	結B	結B
2	直B	人A	直B	直B	直B	人A	人A	結B	結B	結B	人A	人A
3	人A	結B	直B	人A	人A	結B	結B	結B	人A	人A	直B	直B
4	結B	結B	人A	結B	結B	結B	結B	人A	直B	直B	直B	直B
5	結B	人A	結B	結B	結B	人A	人A	直B	直B	直B	人A	人A
6	人A	直B	結B	人A	人A	直B	直B	直B	人A	人A	結B	結B
7	直B	直B	人A	直B	直B	直B	直B	人A	結B	結B	直A	直A
8	直B	人A	直B	直B	直B	人A	人A	結B	直A	直A	人B	人B
9	人A	結B	直B	人A	人A	結B	結B	直A	人B	人B	結A	結A
10	結B	直A	人A	結B	結B	直A	直A	人B	結A	結A	結A	結A
11	直A	人B	結B	直A	直A	人B	人B	結A	結A	結A	人A	人A
12	人B	結A	直A	人B	人B	結A	結A	結A	人A	人A	結B	結B
13	結A	結A	人B	結A	結A	結A	結A	人A	結B	結B	直A	直A
14	結A	人A	結A	結A	結A	人A	人A	結B	直A	直A	人B	人B
15	人A	結B	結A	人A	人A	結B	結B	直A	人B	人B	結A	結A
16	結B	直A	人A	結B	結B	直A	直A	人B	結A	結A	結A	結A
17	直A	人B	結B	直A	直A	人B	人B	結A	結A	結A	人B	人B
18	人B	結A	直A	人B	人B	結A	結A	結A	人B	人B	直A	直A
19	結A	結A	人B	結A	結A	結A	結A	人B	直A	直A	結B	結B
20	結A	人B	結A	結A	結A	人B	人B	直A	結B	結B	人A	人A
21	人B	直A	結A	人B	人B	直A	直A	結B	人A	人A	結A	結A
22	直A	結B	人B	直A	直A	結B	結B	人A	結A	結A	結A	結A
23	結B	人A	直A	結B	結B	人A	人A	結A	結A	結A	人B	人B
24	人A	結A	結B	人A	人A	結A	結A	結A	人B	人B	直A	直A
25	結A	結A	人A	結A	結A	結A	結A	人B	直A	直A	結B	結B
26	結A	人B	結A	結A	結A	人B	人B	直A	結B	結B	人A	人A
27	人B	直A	結A	人B	人B	直A	直A	結B	人A	人A	直B	直B
28	直A	結B	人B	直A	直A	結B	結B	人A	直B	直B	直B	直B
29	結B		直A	結B	結B	人A	人A	直B	直B	直B	人A	人A
30	人A		結B	人A	人A	直B	直B	直B	人A	人A	結B	結B
31	直B		人A		直B		直B	人A		結B		結B

1943　昭和18年

	1月	2月	3月	4月	5月	6月	7月	8月	9月	10月	11月	12月
1	人A	直B	結B	人A	人A	直B	直B	直B	人A	人A	結B	結B
2	直B	直B	人A	直B	直B	直B	直B	人A	結B	結B	直A	直A
3	直B	人A	直B	直B	直B	人A	人A	結B	直A	直A	人B	人B
4	人A	結B	直B	人A	人A	結B	結B	直A	人B	人B	結A	結A
5	結B	直A	人A	結B	結B	直A	直A	人B	結A	結A	結A	結A
6	直A	人B	結B	直A	直A	人B	人B	結A	結A	結A	人A	人A
7	人B	結A	直A	人B	人B	結A	結A	結A	人A	人A	結B	結B
8	結A	結A	人B	結A	結A	結A	結A	人A	結B	結B	直A	直A
9	結A	人A	結A	結A	結A	人A	人A	結B	直A	直A	人B	人B
10	人A	結B	結A	人A	人A	結B	結B	直A	人B	人B	結A	結A
11	結B	直A	人A	結B	結B	直A	直A	人B	結A	結A	結A	結A
12	直A	人B	結B	直A	直A	人B	人B	結A	結A	結A	人B	人B
13	人B	結A	直A	人B	人B	結A	結A	結A	人B	人B	直A	直A
14	結A	結A	人B	結A	結A	結A	結A	人B	直A	直A	結B	結B
15	結A	人B	結A	結A	結A	人B	人B	直A	結B	結B	人A	人A
16	人B	直A	結A	人B	人B	直A	直A	結B	人A	人A	結A	結A
17	直A	結B	人B	直A	直A	結B	結B	人A	結A	結A	結A	結A
18	結B	人A	直A	結B	結B	人A	人A	結A	結A	結A	人B	人B
19	人A	結A	結B	人A	人A	結A	結A	結A	人B	人B	直A	直A
20	結A	結A	人A	結A	結A	結A	結A	人B	直A	直A	結B	結B
21	結A	人B	結A	結A	結A	人B	人B	直A	結B	結B	人A	人A
22	人B	直A	結A	人B	人B	直A	直A	結B	人A	人A	直B	直B
23	直A	結B	人B	直A	直A	結B	結B	人A	直B	直B	直B	直B
24	結B	人A	直A	結B	結B	人A	人A	直B	直B	直B	人A	人A
25	人A	直B	結B	人A	人A	直B	直B	直B	人A	人A	結B	結B
26	直B	直B	人A	直B	直B	直B	直B	人A	結B	結B	結B	結B
27	直B	人A	直B	直B	直B	人A	人A	結B	結B	結B	人A	人A
28	人A	結B	直B	人A	人A	結B	結B	結B	人A	人A	直B	直B
29	結B		人A	結B	結B	結B	結B	人A	直B	直B	直B	直B
30	結B		結B	結B	結B	人A	人A	直B	直B	直B	人A	人A
31	人A		結B		人A		直B	直B		人A		結B

1944　昭和19年

	1月	2月	3月	4月	5月	6月	7月	8月	9月	10月	11月	12月
1	直A	人B	直A	人B	人B	結A	結A	結A	人A	人A	結B	結B
2	人B	結A	人B	結A	結A	結A	結A	人A	結B	結B	直A	直A
3	結A	結A	結A	結A	結A	人A	人A	結B	直A	直A	人B	人B
4	結A	人A	結A	人A	人A	結B	結B	直A	人B	人B	結A	結A
5	人A	結B	人A	結B	結B	直A	直A	人B	結A	結A	結A	結A
6	結B	直A	結B	直A	直A	人B	人B	結A	結A	結A	人B	人B
7	直A	人B	直A	人B	人B	結A	結A	結A	人B	人B	直A	直A
8	人B	結A	人B	結A	結A	結A	結A	人B	直A	直A	結B	結B
9	結A	結A	結A	結A	結A	人B	人B	直A	結B	結B	人A	人A
10	結A	人B	結A	人B	人B	直A	直A	結B	人A	人A	結A	結A
11	人B	直A	人B	直A	直A	結B	結B	人A	結A	結A	結A	結A
12	直A	結B	直A	結B	結B	人A	人A	結A	結A	結A	人B	人B
13	結B	人A	結B	人A	人A	結A	結A	結A	人B	人B	直A	直A
14	人A	結A	人A	結A	結A	結A	結A	人B	直A	直A	結B	結B
15	結A	結A	結A	結A	結A	人B	人B	直A	結B	結B	人A	人A
16	結A	人B	結A	人B	人B	直A	直A	結B	人A	人A	直B	直B
17	人B	直A	人B	直A	直A	結B	結B	人A	直B	直B	直B	直B
18	直A	結B	直A	結B	結B	人A	人A	直B	直B	直B	人A	人A
19	結B	人A	結B	人A	人A	直B	直B	直B	人A	人A	結B	結B
20	人A	直B	人A	直B	直B	直B	直B	人A	結B	結B	結B	結B
21	直B	直B	直B	直B	直B	人A	人A	結B	結B	結B	人A	人A
22	直B	人A	直B	人A	人A	結B	結B	結B	人A	人A	直B	直B
23	人A	結B	人A	結B	結B	結B	結B	人A	直B	直B	直B	直B
24	結B	結B	結B	結B	結B	人A	人A	直B	直B	直B	人A	人A
25	結B	人A	結B	人A	人A	直B	直B	直B	人A	人A	結B	結B
26	人A	直B	人A	直B	直B	直B	直B	人A	結B	結B	直A	直A
27	直B	直B	直B	直B	直B	人A	人A	結B	直A	直A	人B	人B
28	直B	人A	直B	人A	人A	結B	結B	直A	人B	人B	結A	結A
29	人A	結B	人A	結B	結B	直A	直A	人B	結A	結A	結A	結A
30	結B		結B	直A	直A	人B	人B	結A	結A	結A	人A	人A
31	直A		直A		人B		結A	結A		人A		結B

1945　昭和20年

	1月	2月	3月	4月	5月	6月	7月	8月	9月	10月	11月	12月
1	直A	人B	結B	直A	直A	人B	人B	結A	結A	結A	人B	人B
2	人B	結A	直A	人B	人B	結A	結A	結A	人B	人B	直A	直A
3	結A	結A	人B	結A	結A	結A	結A	人B	直A	直A	結B	結B
4	結A	人B	結A	結A	結A	人B	人B	直A	結B	結B	人A	人A
5	人B	直A	結A	人B	人B	直A	直A	結B	人A	人A	結A	結A
6	直A	結B	人B	直A	直A	結B	結B	人A	結A	結A	結A	結A
7	結B	人A	直A	結B	結B	人A	人A	結A	結A	結A	人B	人B
8	人A	結A	結B	人A	人A	結A	結A	結A	人B	人B	直A	直A
9	結A	結A	人A	結A	結A	結A	結A	人B	直A	直A	結B	結B
10	結A	人B	結A	結A	結A	人B	人B	直A	結B	結B	人A	人A
11	人B	直A	結A	人B	人B	直A	直A	結B	人A	人A	直B	直B
12	直A	結B	人B	直A	直A	結B	結B	人A	直B	直B	直B	直B
13	結B	人A	直A	結B	結B	人A	人A	直B	直B	直B	人A	人A
14	人A	直B	結B	人A	人A	直B	直B	直B	人A	人A	結B	結B
15	直B	直B	人A	直B	直B	直B	直B	人A	結B	結B	結B	結B
16	直B	人A	直B	直B	直B	人A	人A	結B	結B	結B	人A	人A
17	人A	結B	直B	人A	人A	結B	結B	結B	人A	人A	直B	直B
18	結B	結B	人A	結B	結B	結B	結B	人A	直B	直B	直B	直B
19	結B	人A	結B	結B	結B	人A	人A	直B	直B	直B	人A	人A
20	人A	直B	結B	人A	人A	直B	直B	直B	人A	人A	結B	結B
21	直B	直B	人A	直B	直B	直B	直B	人A	結B	結B	直A	直A
22	直B	人A	直B	直B	直B	人A	人A	結B	直A	直A	人B	人B
23	人A	結B	直B	人A	人A	結B	結B	直A	人B	人B	結A	結A
24	結B	直A	人A	結B	結B	直A	直A	人B	結A	結A	結A	結A
25	直A	人B	結B	直A	直A	人B	人B	結A	結A	結A	人A	人A
26	人B	結A	直A	人B	人B	結A	結A	結A	人A	人A	結B	結B
27	結A	結A	人B	結A	結A	結A	結A	人A	結B	結B	直A	直A
28	結A	人A	結A	結A	結A	人A	人A	結B	直A	直A	人B	人B
29	人A		結A	人A	人A	結B	結B	直A	人B	人B	結A	結A
30	結B		人A	結B	結B	直A	直A	人B	結A	結A	結A	結A
31	直A		結B		直A		人B	結A		結A		人B

1946　昭和21年

	1月	2月	3月	4月	5月	6月	7月	8月	9月	10月	11月	12月
1	直A	結B	人B	直A	直A	結B	結B	人A	結A	結A	結A	結A
2	結B	人A	直A	結B	結B	人A	人A	結A	結A	結A	人B	人B
3	人A	結A	結B	人A	人A	結A	結A	結A	人B	人B	直A	直A
4	結A	結A	人A	結A	結A	結A	結A	人B	直A	直A	結B	結B
5	結A	人B	結A	結A	結A	人B	人B	直A	結B	結B	人A	人A
6	人B	直A	結A	人B	人B	直A	直A	結B	人A	人A	直B	直B
7	直A	結B	人B	直A	直A	結B	結B	人A	直B	直B	直B	直B
8	結B	人A	直A	結B	結B	人A	人A	直B	直B	直B	人A	人A
9	人A	直B	結B	人A	人A	直B	直B	直B	人A	人A	結B	結B
10	直B	直B	人A	直B	直B	直B	直B	人A	結B	結B	結B	結B
11	直B	人A	直B	直B	直B	人A	人A	結B	結B	結B	人A	人A
12	人A	結B	直B	人A	人A	結B	結B	結B	人A	人A	直B	直B
13	結B	結B	人A	結B	結B	結B	結B	人A	直B	直B	直B	直B
14	結B	人A	結B	結B	結B	人A	人A	直B	直B	直B	人A	人A
15	人A	直B	結B	人A	人A	直B	直B	直B	人A	人A	結B	結B
16	直B	直B	人A	直B	直B	直B	直B	人A	結B	結B	直A	直A
17	直B	人A	直B	直B	直B	人A	人A	結B	直A	直A	人B	人B
18	人A	結B	直B	人A	人A	結B	結B	直A	人B	人B	結A	結A
19	結B	直A	人A	結B	結B	直A	直A	人B	結A	結A	結A	結A
20	直A	人B	結B	直A	直A	人B	人B	結A	結A	結A	人A	人A
21	人B	結A	直A	人B	人B	結A	結A	結A	人A	人A	結B	結B
22	結A	結A	人B	結A	結A	結A	結A	人A	結B	結B	直A	直A
23	結A	人A	結A	結A	結A	人A	人A	結B	直A	直A	人B	人B
24	人A	結B	結A	人A	人A	結B	結B	直A	人B	人B	結A	結A
25	結B	直A	人A	結B	結B	直A	直A	人B	結A	結A	結A	結A
26	直A	人B	結B	直A	直A	人B	人B	結A	結A	結A	人B	人B
27	人B	結A	直A	人B	人B	結A	結A	結A	人B	人B	直A	直A
28	結A	結A	人B	結A	結A	結A	結A	人B	直A	直A	結B	結B
29	結A		結A	結A	結A	人B	人B	直A	結B	結B	人A	人A
30	人B		結A	人B	人B	直A	直A	結B	人A	人A	結A	結A
31	直A		人B		直A		結B	人A		結A		結A

1947　昭和22年

	1月	2月	3月	4月	5月	6月	7月	8月	9月	10月	11月	12月
1	人B	直A	結A	人B	人B	直A	直A	結B	人A	人A	直B	直B
2	直A	結B	人B	直A	直A	結B	結B	人A	直B	直B	直B	直B
3	結B	人A	直A	結B	結B	人A	人A	直B	直B	直B	人A	人A
4	人A	直B	結B	人A	人A	直B	直B	直B	人A	人A	結B	結B
5	直B	直B	人A	直B	直B	直B	直B	人A	結B	結B	結B	結B
6	直B	人A	直B	直B	直B	人A	人A	結B	結B	結B	人A	人A
7	人A	結B	直B	人A	人A	結B	結B	結B	人A	人A	直B	直B
8	結B	結B	人A	結B	結B	結B	結B	人A	直B	直B	直B	直B
9	結B	人A	結B	結B	結B	人A	人A	直B	直B	直B	人A	人A
10	人A	直B	結B	人A	人A	直B	直B	直B	人A	人A	結B	結B
11	直B	直B	人A	直B	直B	直B	直B	人A	結B	結B	直A	直A
12	直B	人A	直B	直B	直B	人A	人A	結B	直A	直A	人B	人B
13	人A	結B	直B	人A	人A	結B	結B	直A	人B	人B	結A	結A
14	結B	直A	人A	結B	結B	直A	直A	人B	結A	結A	結A	結A
15	直A	人B	結B	直A	直A	人B	人B	結A	結A	結A	人A	人A
16	人B	結A	直A	人B	人B	結A	結A	結A	人A	人A	結B	結B
17	結A	結A	人B	結A	結A	結A	結A	人A	結B	結B	直A	直A
18	結A	人A	結A	結A	結A	人A	人A	結B	直A	直A	人B	人B
19	人A	結B	結A	人A	人A	結B	結B	直A	人B	人B	結A	結A
20	結B	直A	人A	結B	結B	直A	直A	人B	結A	結A	結A	結A
21	直A	人B	結B	直A	直A	人B	人B	結A	結A	結A	人B	人B
22	人B	結A	直A	人B	人B	結A	結A	結A	人B	人B	直A	直A
23	結A	結A	人B	結A	結A	結A	結A	人B	直A	直A	結B	結B
24	結A	人B	結A	結A	結A	人B	人B	直A	結B	結B	人A	人A
25	人B	直A	結A	人B	人B	直A	直A	結B	人A	人A	結A	結A
26	直A	結B	人B	直A	直A	結B	結B	人A	結A	結A	結A	結A
27	結B	人A	直A	結B	結B	人A	人A	結A	結A	結A	人B	人B
28	人A	結A	結B	人A	人A	結A	結A	結A	人B	人B	直A	直A
29	結A		人A	結A	結A	結A	結A	人B	直A	直A	結B	結B
30	結A		結A	結A	結A	人B	人B	直A	結B	結B	人A	人A
31	人B		結A		人B		直A	結B		人A		直B

1948　昭和23年

	1月	2月	3月	4月	5月	6月	7月	8月	9月	10月	11月	12月
1	直B	人A	直B	人A	人A	結B	結B	結B	人A	人A	直B	直B
2	人A	結B	人A	結B	結B	結B	結B	人A	直B	直B	直B	直B
3	結B	結B	結B	結B	結B	人A	人A	直B	直B	直B	人A	人A
4	結B	人A	結B	人A	人A	直B	直B	直B	人A	人A	結B	結B
5	人A	直B	人A	直B	直B	直B	直B	人A	結B	結B	直A	直A
6	直B	直B	直B	直B	直B	人A	人A	結B	直A	直A	人B	人B
7	直B	人A	直B	人A	人A	結B	結B	直A	人B	人B	結A	結A
8	人A	結B	人A	結B	結B	直A	直A	人B	結A	結A	結A	結A
9	結B	直A	結B	直A	直A	人B	人B	結A	結A	結A	人A	人A
10	直A	人B	直A	人B	人B	結A	結A	結A	人A	人A	結B	結B
11	人B	結A	人B	結A	結A	結A	結A	人A	結B	結B	直A	直A
12	結A	結A	結A	結A	結A	人A	人A	結B	直A	直A	人B	人B
13	結A	人A	結A	人A	人A	結B	結B	直A	人B	人B	結A	結A
14	人A	結B	人A	結B	結B	直A	直A	人B	結A	結A	結A	結A
15	結B	直A	結B	直A	直A	人B	人B	結A	結A	結A	人B	人B
16	直A	人B	直A	人B	人B	結A	結A	結A	人B	人B	直A	直A
17	人B	結A	人B	結A	結A	結A	結A	人B	直A	直A	結B	結B
18	結A	結A	結A	結A	結A	人B	人B	直A	結B	結B	人A	人A
19	結A	人B	結A	人B	人B	直A	直A	結B	人A	人A	結A	結A
20	人B	直A	人B	直A	直A	結B	結B	人A	結A	結A	結A	結A
21	直A	結B	直A	結B	結B	人A	人A	結A	結A	結A	人B	人B
22	結B	人A	結B	人A	人A	結A	結A	結A	人B	人B	直A	直A
23	人A	結A	人A	結A	結A	結A	結A	人B	直A	直A	結B	結B
24	結A	結A	結A	結A	結A	人B	人B	直A	結B	結B	人A	人A
25	結A	人B	結A	人B	人B	直A	直A	結B	人A	人A	直B	直B
26	人B	直A	人B	直A	直A	結B	結B	人A	直B	直B	直B	直B
27	直A	結B	直A	結B	結B	人A	人A	直B	直B	直B	人A	人A
28	結B	人A	結B	人A	人A	直B	直B	直B	人A	人A	結B	結B
29	人A	直B	人A	直B	直B	直B	直B	人A	結B	結B	結B	結B
30	直B		直B	直B	直B	人A	人A	結B	結B	結B	人A	人A
31	直B		直B		人A		結B	結B		人A		直B

1949　昭和24年

	1月	2月	3月	4月	5月	6月	7月	8月	9月	10月	11月	12月
1	直B	人A	直B	直B	直B	人A	人A	結B	直A	直A	人B	人B
2	人A	結B	直B	人A	人A	結B	結B	直A	人B	人B	結A	結A
3	結B	直A	人A	結B	結B	直A	直A	人B	結A	結A	結A	結A
4	直A	人B	結B	直A	直A	人B	人B	結A	結A	結A	人A	人A
5	人B	結A	直A	人B	人B	結A	結A	結A	人A	人A	結B	結B
6	結A	結A	人B	結A	結A	結A	結A	人A	結B	結B	直A	直A
7	結A	人A	結A	結A	結A	人A	人A	結B	直A	直A	人B	人B
8	人A	結B	結A	人A	人A	結B	結B	直A	人B	人B	結A	結A
9	結B	直A	人A	結B	結B	直A	直A	人B	結A	結A	結A	結A
10	直A	人B	結B	直A	直A	人B	人B	結A	結A	結A	人B	人B
11	人B	結A	直A	人B	人B	結A	結A	結A	人B	人B	直A	直A
12	結A	結A	人B	結A	結A	結A	結A	人B	直A	直A	結B	結B
13	結A	人B	結A	結A	結A	人B	人B	直A	結B	結B	人A	人A
14	人B	直A	結A	人B	人B	直A	直A	結B	人A	人A	結A	結A
15	直A	結B	人B	直A	直A	結B	結B	人A	結A	結A	結A	結A
16	結B	人A	直A	結B	結B	人A	人A	結A	結A	結A	人B	人B
17	人A	結A	結B	人A	人A	結A	結A	結A	人B	人B	直A	直A
18	結A	結A	人A	結A	結A	結A	結A	人B	直A	直A	結B	結B
19	結A	人B	結A	結A	結A	人B	人B	直A	結B	結B	人A	人A
20	人B	直A	結A	人B	人B	直A	直A	結B	人A	人A	直B	直B
21	直A	結B	人B	直A	直A	結B	結B	人A	直B	直B	直B	直B
22	結B	人A	直A	結B	結B	人A	人A	直B	直B	直B	人A	人A
23	人A	直B	結B	人A	人A	直B	直B	直B	人A	人A	結B	結B
24	直B	直B	人A	直B	直B	直B	直B	人A	結B	結B	結B	結B
25	直B	人A	直B	直B	直B	人A	人A	結B	結B	結B	人A	人A
26	人A	結B	直B	人A	人A	結B	結B	結B	人A	人A	直B	直B
27	結B	結B	人A	結B	結B	結B	結B	人A	直B	直B	直B	直B
28	結B	人A	結B	結B	結B	人A	人A	直B	直B	直B	人A	人A
29	人A		結B	人A	人A	直B	直B	直B	人A	人A	結B	結B
30	直B		人A	直B	直B	直B	直B	人A	結B	結B	直A	直A
31	直B		直B		直B		人A	結B		直A		人B

1950　昭和25年

	1月	2月	3月	4月	5月	6月	7月	8月	9月	10月	11月	12月
1	結A	結A	人B	結A	結A	結A	結A	人A	結B	結B	直A	直A
2	結A	人A	結A	結A	結A	人A	人A	結B	直A	直A	人B	人B
3	人A	結B	結A	人A	人A	結B	結B	直A	人B	人B	結A	結A
4	結B	直A	人A	結B	結B	直A	直A	人B	結A	結A	結A	結A
5	直A	人B	結B	直A	直A	人B	人B	結A	結A	結A	人B	人B
6	人B	結A	直A	人B	人B	結A	結A	結A	人B	人B	直A	直A
7	結A	結A	人B	結A	結A	結A	結A	人B	直A	直A	結B	結B
8	結A	人B	結A	結A	結A	人B	人B	直A	結B	結B	人A	人A
9	人B	直A	結A	人B	人B	直A	直A	結B	人A	人A	結A	結A
10	直A	結B	人B	直A	直A	結B	結B	人A	結A	結A	結A	結A
11	結B	人A	直A	結B	結B	人A	人A	結A	結A	結A	人B	人B
12	人A	結A	結B	人A	人A	結A	結A	結A	人B	人B	直A	直A
13	結A	結A	人A	結A	結A	結A	結A	人B	直A	直A	結B	結B
14	結A	人B	結A	結A	結A	人B	人B	直A	結B	結B	人A	人A
15	人B	直A	結A	人B	人B	直A	直A	結B	人A	人A	直B	直B
16	直A	結B	人B	直A	直A	結B	結B	人A	直B	直B	直B	直B
17	結B	人A	直A	結B	結B	人A	人A	直B	直B	直B	人A	人A
18	人A	直B	結B	人A	人A	直B	直B	直B	人A	人A	結B	結B
19	直B	直B	人A	直B	直B	直B	直B	人A	結B	結B	結B	結B
20	直B	人A	直B	直B	直B	人A	人A	結B	結B	結B	人A	人A
21	人A	結B	直B	人A	人A	結B	結B	結B	人A	人A	直B	直B
22	結B	結B	人A	結B	結B	結B	結B	人A	直B	直B	直B	直B
23	結B	人A	結B	結B	結B	人A	人A	直B	直B	直B	人A	人A
24	人A	直B	結B	人A	人A	直B	直B	直B	人A	人A	結B	結B
25	直B	直B	人A	直B	直B	直B	直B	人A	結B	結B	直A	直A
26	直B	人A	直B	直B	直B	人A	人A	結B	直A	直A	人B	人B
27	人A	結B	直B	人A	人A	結B	結B	直A	人B	人B	結A	結A
28	結B	直A	人A	結B	結B	直A	直A	人B	結A	結A	結A	結A
29	直A		結B	直A	直A	人B	人B	結A	結A	結A	人A	人A
30	人B		直A	人B	人B	結A	結A	結A	人A	人A	結B	結B
31	結A		人B		結A		結A	人A		結B		直A

1951　昭和26年

	1月	2月	3月	4月	5月	6月	7月	8月	9月	10月	11月	12月
1	人B	結A	直A	人B	人B	結A	結A	結A	人B	人B	直A	直A
2	結A	結A	人B	結A	結A	結A	結A	人B	直A	直A	結B	結B
3	結A	人B	結A	結A	結A	人B	人B	直A	結B	結B	人A	人A
4	人B	直A	結A	人B	人B	直A	直A	結B	人A	人A	結A	結A
5	直A	結B	人B	直A	直A	結B	結B	人A	結A	結A	結A	結A
6	結B	人A	直A	結B	結B	人A	人A	結A	結A	結A	人B	人B
7	人A	結A	結B	人A	人A	結A	結A	結A	人B	人B	直A	直A
8	結A	結A	人A	結A	結A	結A	結A	人B	直A	直A	結B	結B
9	結A	人B	結A	結A	結A	人B	人B	直A	結B	結B	人A	人A
10	人B	直A	結A	人B	人B	直A	直A	結B	人A	人A	直B	直B
11	直A	結B	人B	直A	直A	結B	結B	人A	直B	直B	直B	直B
12	結B	人A	直A	結B	結B	人A	人A	直B	直B	直B	人A	人A
13	人A	直B	結B	人A	人A	直B	直B	直B	人A	人A	結B	結B
14	直B	直B	人A	直B	直B	直B	直B	人A	結B	結B	結B	結B
15	直B	人A	直B	直B	直B	人A	人A	結B	結B	結B	人A	人A
16	人A	結B	直B	人A	人A	結B	結B	結B	人A	人A	直B	直B
17	結B	結B	人A	結B	結B	結B	結B	人A	直B	直B	直B	直B
18	結B	人A	結B	結B	結B	人A	人A	直B	直B	直B	人A	人A
19	人A	直B	結B	人A	人A	直B	直B	直B	人A	人A	結B	結B
20	直B	直B	人A	直B	直B	直B	直B	人A	結B	結B	直A	直A
21	直B	人A	直B	直B	直B	人A	人A	結B	直A	直A	人B	人B
22	人A	結B	直B	人A	人A	結B	結B	直A	人B	人B	結A	結A
23	結B	直A	人A	結B	結B	直A	直A	人B	結A	結A	結A	結A
24	直A	人B	結B	直A	直A	人B	人B	結A	結A	結A	人A	人A
25	人B	結A	直A	人B	人B	結A	結A	結A	人A	人A	結B	結B
26	結A	結A	人B	結A	結A	結A	結A	人A	結B	結B	直A	直A
27	結A	人A	結A	結A	結A	人A	人A	結B	直A	直A	人B	人B
28	人A	結B	結A	人A	人A	結B	結B	直A	人B	人B	結A	結A
29	結B		人A	結B	結B	直A	直A	人B	結A	結A	結A	結A
30	直A		結B	直A	直A	人B	人B	結A	結A	結A	人B	人B
31	人B		直A		人B		結A	結A		人B		直A

1952　昭和27年

	1月	2月	3月	4月	5月	6月	7月	8月	9月	10月	11月	12月
1	結B	人A	結B	人A	人A	結A	結A	結A	人B	人B	直A	直A
2	人A	結A	人A	結A	結A	結A	結A	人B	直A	直A	結B	結B
3	結A	結A	結A	結A	結A	人B	人B	直A	結B	結B	人A	人A
4	結A	人B	結A	人B	人B	直A	直A	結B	人A	人A	直B	直B
5	人B	直A	人B	直A	直A	結B	結B	人A	直B	直B	直B	直B
6	直A	結B	直A	結B	結B	人A	人A	直B	直B	直B	人A	人A
7	結B	人A	結B	人A	人A	直B	直B	直B	人A	人A	結B	結B
8	人A	直B	人A	直B	直B	直B	直B	人A	結B	結B	結B	結B
9	直B	直B	直B	直B	直B	人A	人A	結B	結B	結B	人A	人A
10	直B	人A	直B	人A	人A	結B	結B	結B	人A	人A	直B	直B
11	人A	結B	人A	結B	結B	結B	結B	人A	直B	直B	直B	直B
12	結B	結B	結B	結B	結B	人A	人A	直B	直B	直B	人A	人A
13	結B	人A	結B	人A	人A	直B	直B	直B	人A	人A	結B	結B
14	人A	直B	人A	直B	直B	直B	直B	人A	結B	結B	直A	直A
15	直B	直B	直B	直B	直B	人A	人A	結B	直A	直A	人B	人B
16	直B	人A	直B	人A	人A	結B	結B	直A	人B	人B	結A	結A
17	人A	結B	人A	結B	結B	直A	直A	人B	結A	結A	結A	結A
18	結B	直A	結B	直A	直A	人B	人B	結A	結A	結A	人A	人A
19	直A	人B	直A	人B	人B	結A	結A	結A	人A	人A	結B	結B
20	人B	結A	人B	結A	結A	結A	結A	人A	結B	結B	直A	直A
21	結A	結A	結A	結A	結A	人A	人A	結B	直A	直A	人B	人B
22	結A	人A	結A	人A	人A	結B	結B	直A	人B	人B	結A	結A
23	人A	結B	人A	結B	結B	直A	直A	人B	結A	結A	結A	結A
24	結B	直A	結B	直A	直A	人B	人B	結A	結A	結A	人B	人B
25	直A	人B	直A	人B	人B	結A	結A	結A	人B	人B	直A	直A
26	人B	結A	人B	結A	結A	結A	結A	人B	直A	直A	結B	結B
27	結A	結A	結A	結A	結A	人B	人B	直A	結B	結B	人A	人A
28	結A	人B	結A	人B	人B	直A	直A	結B	人A	人A	結A	結A
29	人B	直A	人B	直A	直A	結B	結B	人A	結A	結A	結A	結A
30	直A		直A	結B	結B	人A	人A	結A	結A	結A	人B	人B
31	結B		結B		人A		結A	結A		人B		直A

1953　昭和28年

	1月	2月	3月	4月	5月	6月	7月	8月	9月	10月	11月	12月
1	結B	人A	直A	結B	結B	人A	人A	直B	直B	直B	人A	人A
2	人A	直B	結B	人A	人A	直B	直B	直B	人A	人A	結B	結B
3	直B	直B	人A	直B	直B	直B	直B	人A	結B	結B	結B	結B
4	直B	人A	直B	直B	直B	人A	人A	結B	結B	結B	人A	人A
5	人A	結B	直B	人A	人A	結B	結B	結B	人A	人A	直B	直B
6	結B	結B	人A	結B	結B	結B	結B	人A	直B	直B	直B	直B
7	結B	人A	結B	結B	結B	人A	人A	直B	直B	直B	人A	人A
8	人A	直B	結B	人A	人A	直B	直B	直B	人A	人A	結B	結B
9	直B	直B	人A	直B	直B	直B	直B	人A	結B	結B	直A	直A
10	直B	人A	直B	直B	直B	人A	人A	結B	直A	直A	人B	人B
11	人A	結B	直B	人A	人A	結B	結B	直A	人B	人B	結A	結A
12	結B	直A	人A	結B	結B	直A	直A	人B	結A	結A	結A	結A
13	直A	人B	結B	直A	直A	人B	人B	結A	結A	結A	人A	人A
14	人B	結A	直A	人B	人B	結A	結A	結A	人A	人A	結B	結B
15	結A	結A	人B	結A	結A	結A	結A	人A	結B	結B	直A	直A
16	結A	人A	結A	結A	結A	人A	人A	結B	直A	直A	人B	人B
17	人A	結B	結A	人A	人A	結B	結B	直A	人B	人B	結A	結A
18	結B	直A	人A	結B	結B	直A	直A	人B	結A	結A	結A	結A
19	直A	人B	結B	直A	直A	人B	人B	結A	結A	結A	人B	人B
20	人B	結A	直A	人B	人B	結A	結A	結A	人B	人B	直A	直A
21	結A	結A	人B	結A	結A	結A	結A	人B	直A	直A	結B	結B
22	結A	人B	結A	結A	結A	人B	人B	直A	結B	結B	人A	人A
23	人B	直A	結A	人B	人B	直A	直A	結B	人A	人A	結A	結A
24	直A	結B	人B	直A	直A	結B	結B	人A	結A	結A	結A	結A
25	結B	人A	直A	結B	結B	人A	人A	結A	結A	結A	人B	人B
26	人A	結A	結B	人A	人A	結A	結A	結A	人B	人B	直A	直A
27	結A	結A	人A	結A	結A	結A	結A	人B	直A	直A	結B	結B
28	結A	人B	結A	結A	結A	人B	人B	直A	結B	結B	人A	人A
29	人B		結A	人B	人B	直A	直A	結B	人A	人A	直B	直B
30	直A		人B	直A	直A	結B	結B	人A	直B	直B	直B	直B
31	結B		直A		結B		人A	直B		直B		人A

1954　昭和29年

	1月	2月	3月	4月	5月	6月	7月	8月	9月	10月	11月	12月
1	結B	結B	人A	結B	結B	結B	結B	人A	直B	直B	直B	直B
2	結B	人A	結B	結B	結B	人A	人A	直B	直B	直B	人A	人A
3	人A	直B	結B	人A	人A	直B	直B	直B	人A	人A	結B	結B
4	直B	直B	人A	直B	直B	直B	直B	人A	結B	結B	直A	直A
5	直B	人A	直B	直B	直B	人A	人A	結B	直A	直A	人B	人B
6	人A	結B	直B	人A	人A	結B	結B	直A	人B	人B	結A	結A
7	結B	直A	人A	結B	結B	直A	直A	人B	結A	結A	結A	結A
8	直A	人B	結B	直A	直A	人B	人B	結A	結A	結A	人A	人A
9	人B	結A	直A	人B	人B	結A	結A	結A	人A	人A	結B	結B
10	結A	結A	人B	結A	結A	結A	結A	人A	結B	結B	直A	直A
11	結A	人A	結A	結A	結A	人A	人A	結B	直A	直A	人B	人B
12	人A	結B	結A	人A	人A	結B	結B	直A	人B	人B	結A	結A
13	結B	直A	人A	結B	結B	直A	直A	人B	結A	結A	結A	結A
14	直A	人B	結B	直A	直A	人B	人B	結A	結A	結A	人B	人B
15	人B	結A	直A	人B	人B	結A	結A	結A	人B	人B	直A	直A
16	結A	結A	人B	結A	結A	結A	結A	人B	直A	直A	結B	結B
17	結A	人B	結A	結A	結A	人B	人B	直A	結B	結B	人A	人A
18	人B	直A	結A	人B	人B	直A	直A	結B	人A	人A	結A	結A
19	直A	結B	人B	直A	直A	結B	結B	人A	結A	結A	結A	結A
20	結B	人A	直A	結B	結B	人A	人A	結A	結A	結A	人B	人B
21	人A	結A	結B	人A	人A	結A	結A	結A	人B	人B	直A	直A
22	結A	結A	人A	結A	結A	結A	結A	人B	直A	直A	結B	結B
23	結A	人B	結A	結A	結A	人B	人B	直A	結B	結B	人A	人A
24	人B	直A	結A	人B	人B	直A	直A	結B	人A	人A	直B	直B
25	直A	結B	人B	直A	直A	結B	結B	人A	直B	直B	直B	直B
26	結B	人A	直A	結B	結B	人A	人A	直B	直B	直B	人A	人A
27	人A	直B	結B	人A	人A	直B	直B	直B	人A	人A	結B	結B
28	直B	直B	人A	直B	直B	直B	直B	人A	結B	結B	結B	結B
29	直B		直B	直B	直B	人A	人A	結B	結B	結B	人A	人A
30	人A		直B	人A	人A	結B	結B	結B	人A	人A	直B	直B
31	結B		人A		結B		結B	人A		直B		直B

1955　昭和30年

	1月	2月	3月	4月	5月	6月	7月	8月	9月	10月	11月	12月
1	人A	結B	直B	人A	人A	結B	結B	直A	人B	人B	結A	結A
2	結B	直A	人A	結B	結B	直A	直A	人B	結A	結A	結A	結A
3	直A	人B	結B	直A	直A	人B	人B	結A	結A	結A	人A	人A
4	人B	結A	直A	人B	人B	結A	結A	結A	人A	人A	結B	結B
5	結A	結A	人B	結A	結A	結A	結A	人A	結B	結B	直A	直A
6	結A	人A	結A	結A	結A	人A	人A	結B	直A	直A	人B	人B
7	人A	結B	結A	人A	人A	結B	結B	直A	人B	人B	結A	結A
8	結B	直A	人A	結B	結B	直A	直A	人B	結A	結A	結A	結A
9	直A	人B	結B	直A	直A	人B	人B	結A	結A	結A	人B	人B
10	人B	結A	直A	人B	人B	結A	結A	結A	人B	人B	直A	直A
11	結A	結A	人B	結A	結A	結A	結A	人B	直A	直A	結B	結B
12	結A	人B	結A	結A	結A	人B	人B	直A	結B	結B	人A	人A
13	人B	直A	結A	人B	人B	直A	直A	結B	人A	人A	結A	結A
14	直A	結B	人B	直A	直A	結B	結B	人A	結A	結A	結A	結A
15	結B	人A	直A	結B	結B	人A	人A	結A	結A	結A	人B	人B
16	人A	結A	結B	人A	人A	結A	結A	結A	人B	人B	直A	直A
17	結A	結A	人A	結A	結A	結A	結A	人B	直A	直A	結B	結B
18	結A	人B	結A	結A	結A	人B	人B	直A	結B	結B	人A	人A
19	人B	直A	結A	人B	人B	直A	直A	結B	人A	人A	直B	直B
20	直A	結B	人B	直A	直A	結B	結B	人A	直B	直B	直B	直B
21	結B	人A	直A	結B	結B	人A	人A	直B	直B	直B	人A	人A
22	人A	直B	結B	人A	人A	直B	直B	直B	人A	人A	結B	結B
23	直B	直B	人A	直B	直B	直B	直B	人A	結B	結B	結B	結B
24	直B	人A	直B	直B	直B	人A	人A	結B	結B	結B	人A	人A
25	人A	結B	直B	人A	人A	結B	結B	結B	人A	人A	直B	直B
26	結B	結B	人A	結B	結B	結B	結B	人A	直B	直B	直B	直B
27	結B	人A	結B	結B	結B	人A	人A	直B	直B	直B	人A	人A
28	人A	直B	結B	人A	人A	直B	直B	直B	人A	人A	結B	結B
29	直B		人A	直B	直B	直B	直B	人A	結B	結B	直A	直A
30	直B		直B	直B	直B	人A	人A	結B	直A	直A	人B	人B
31	人A		直B		人A		結B	直A		人B		結A

1956　昭和31年

	1月	2月	3月	4月	5月	6月	7月	8月	9月	10月	11月	12月
1	結A	人A	結A	人A	人A	結B	結B	直A	人B	人B	結A	結A
2	人A	結B	人A	結B	結B	直A	直A	人B	結A	結A	結A	結A
3	結B	直A	結B	直A	直A	人B	人B	結A	結A	結A	人B	人B
4	直A	人B	直A	人B	人B	結A	結A	結A	人B	人B	直A	直A
5	人B	結A	人B	結A	結A	結A	結A	人B	直A	直A	結B	結B
6	結A	結A	結A	結A	結A	人B	人B	直A	結B	結B	人A	人A
7	結A	人B	結A	人B	人B	直A	直A	結B	人A	人A	結A	結A
8	人B	直A	人B	直A	直A	結B	結B	人A	結A	結A	結A	結A
9	直A	結B	直A	結B	結B	人A	人A	結A	結A	結A	人B	人B
10	結B	人A	結B	人A	人A	結A	結A	結A	人B	人B	直A	直A
11	人A	結A	人A	結A	結A	結A	結A	人B	直A	直A	結B	結B
12	結A	結A	結A	結A	結A	人B	人B	直A	結B	結B	人A	人A
13	結A	人B	結A	人B	人B	直A	直A	結B	人A	人A	直B	直B
14	人B	直A	人B	直A	直A	結B	結B	人A	直B	直B	直B	直B
15	直A	結B	直A	結B	結B	人A	人A	直B	直B	直B	人A	人A
16	結B	人A	結B	人A	人A	直B	直B	直B	人A	人A	結B	結B
17	人A	直B	人A	直B	直B	直B	直B	人A	結B	結B	結B	結B
18	直B	直B	直B	直B	直B	人A	人A	結B	結B	結B	人A	人A
19	直B	人A	直B	人A	人A	結B	結B	結B	人A	人A	直B	直B
20	人A	結B	人A	結B	結B	結B	結B	人A	直B	直B	直B	直B
21	結B	結B	結B	結B	結B	人A	人A	直B	直B	直B	人A	人A
22	結B	人A	結B	人A	人A	直B	直B	直B	人A	人A	結B	結B
23	人A	直B	人A	直B	直B	直B	直B	人A	結B	結B	直A	直A
24	直B	直B	直B	直B	直B	人A	人A	結B	直A	直A	人B	人B
25	直B	人A	直B	人A	人A	結B	結B	直A	人B	人B	結A	結A
26	人A	結B	人A	結B	結B	直A	直A	人B	結A	結A	結A	結A
27	結B	直A	結B	直A	直A	人B	人B	結A	結A	結A	人A	人A
28	直A	人B	直A	人B	人B	結A	結A	結A	人A	人A	結B	結B
29	人B	結A	人B	結A	結A	結A	結A	人A	結B	結B	直A	直A
30	結A		結A	結A	結A	人A	人A	結B	直A	直A	人B	人B
31	結A		結A		人A		結B	直A		人B		結A

1957　昭和32年

	1月	2月	3月	4月	5月	6月	7月	8月	9月	10月	11月	12月
1	結A	人B	結A	結A	結A	人B	人B	直A	結B	結B	人A	人A
2	人B	直A	結A	人B	人B	直A	直A	結B	人A	人A	結A	結A
3	直A	結B	人B	直A	直A	結B	結B	人A	結A	結A	結A	結A
4	結B	人A	直A	結B	結B	人A	人A	結A	結A	結A	人B	人B
5	人A	結A	結B	人A	人A	結A	結A	結A	人B	人B	直A	直A
6	結A	結A	人A	結A	結A	結A	結A	人B	直A	直A	結B	結B
7	結A	人B	結A	結A	結A	人B	人B	直A	結B	結B	人A	人A
8	人B	直A	結A	人B	人B	直A	直A	結B	人A	人A	直B	直B
9	直A	結B	人B	直A	直A	結B	結B	人A	直B	直B	直B	直B
10	結B	人A	直A	結B	結B	人A	人A	直B	直B	直B	人A	人A
11	人A	直B	結B	人A	人A	直B	直B	直B	人A	人A	結B	結B
12	直B	直B	人A	直B	直B	直B	直B	人A	結B	結B	結B	結B
13	直B	人A	直B	直B	直B	人A	人A	結B	結B	結B	人A	人A
14	人A	結B	直B	人A	人A	結B	結B	結B	人A	人A	直B	直B
15	結B	結B	人A	結B	結B	結B	結B	人A	直B	直B	直B	直B
16	結B	人A	結B	結B	結B	人A	人A	直B	直B	直B	人A	人A
17	人A	直B	結B	人A	人A	直B	直B	直B	人A	人A	結B	結B
18	直B	直B	人A	直B	直B	直B	直B	人A	結B	結B	直A	直A
19	直B	人A	直B	直B	直B	人A	人A	結B	直A	直A	人B	人B
20	人A	結B	直B	人A	人A	結B	結B	直A	人B	人B	結A	結A
21	結B	直A	人A	結B	結B	直A	直A	人B	結A	結A	結A	結A
22	直A	人B	結B	直A	直A	人B	人B	結A	結A	結A	人A	人A
23	人B	結A	直A	人B	人B	結A	結A	結A	人A	人A	結B	結B
24	結A	結A	人B	結A	結A	結A	結A	人A	結B	結B	直A	直A
25	結A	人A	結A	結A	結A	人A	人A	結B	直A	直A	人B	人B
26	人A	結B	結A	人A	人A	結B	結B	直A	人B	人B	結A	結A
27	結B	直A	人A	結B	結B	直A	直A	人B	結A	結A	結A	結A
28	直A	人B	結B	直A	直A	人B	人B	結A	結A	結A	人B	人B
29	人B		直A	人B	人B	結A	結A	結A	人B	人B	直A	直A
30	結A		人B	結A	結A	結A	結A	人B	直A	直A	結B	結B
31	結A		結A		結A		人B	直A		結B		人A

1958　昭和33年

	1月	2月	3月	4月	5月	6月	7月	8月	9月	10月	11月	12月
1	結A	結A	人A	結A	結A	結A	結A	人B	直A	直A	結B	結B
2	結A	人B	結A	結A	結A	人B	人B	直A	結B	結B	人A	人A
3	人B	直A	結A	人B	人B	直A	直A	結B	人A	人A	直B	直B
4	直A	結B	人B	直A	直A	結B	結B	人A	直B	直B	直B	直B
5	結B	人A	直A	結B	結B	人A	人A	直B	直B	直B	人A	人A
6	人A	直B	結B	人A	人A	直B	直B	直B	人A	人A	結B	結B
7	直B	直B	人A	直B	直B	直B	直B	人A	結B	結B	結B	結B
8	直B	人A	直B	直B	直B	人A	人A	結B	結B	結B	人A	人A
9	人A	結B	直B	人A	人A	結B	結B	結B	人A	人A	直B	直B
10	結B	結B	人A	結B	結B	結B	結B	人A	直B	直B	直B	直B
11	結B	人A	結B	結B	結B	人A	人A	直B	直B	直B	人A	人A
12	人A	直B	結B	人A	人A	直B	直B	直B	人A	人A	結B	結B
13	直B	直B	人A	直B	直B	直B	直B	人A	結B	結B	直A	直A
14	直B	人A	直B	直B	直B	人A	人A	結B	直A	直A	人B	人B
15	人A	結B	直B	人A	人A	結B	結B	直A	人B	人B	結A	結A
16	結B	直A	人A	結B	結B	直A	直A	人B	結A	結A	結A	結A
17	直A	人B	結B	直A	直A	人B	人B	結A	結A	結A	人A	人A
18	人B	結A	直A	人B	人B	結A	結A	結A	人A	人A	結B	結B
19	結A	結A	人B	結A	結A	結A	結A	人A	結B	結B	直A	直A
20	結A	人A	結A	結A	結A	人A	人A	結B	直A	直A	人B	人B
21	人A	結B	結A	人A	人A	結B	結B	直A	人B	人B	結A	結A
22	結B	直A	人A	結B	結B	直A	直A	人B	結A	結A	結A	結A
23	直A	人B	結B	直A	直A	人B	人B	結A	結A	結A	人B	人B
24	人B	結A	直A	人B	人B	結A	結A	結A	人B	人B	直A	直A
25	結A	結A	人B	結A	結A	結A	結A	人B	直A	直A	結B	結B
26	結A	人B	結A	結A	結A	人B	人B	直A	結B	結B	人A	人A
27	人B	直A	結A	人B	人B	直A	直A	結B	人A	人A	結A	結A
28	直A	結B	人B	直A	直A	結B	結B	人A	結A	結A	結A	結A
29	結B		直A	結B	結B	人A	人A	結A	結A	結A	人B	人B
30	人A		結B	人A	人A	結A	結A	結A	人B	人B	直A	直A
31	結A		人A		結A		結A	人B		直A		結B

1959　昭和34年

	1月	2月	3月	4月	5月	6月	7月	8月	9月	10月	11月	12月
1	人A	直B	結B	人A	人A	直B	直B	直B	人A	人A	結B	結B
2	直B	直B	人A	直B	直B	直B	直B	人A	結B	結B	結B	結B
3	直B	人A	直B	直B	直B	人A	人A	結B	結B	結B	人A	人A
4	人A	結B	直B	人A	人A	結B	結B	結B	人A	人A	直B	直B
5	結B	結B	人A	結B	結B	結B	結B	人A	直B	直B	直B	直B
6	結B	人A	結B	結B	結B	人A	人A	直B	直B	直B	人A	人A
7	人A	直B	結B	人A	人A	直B	直B	直B	人A	人A	結B	結B
8	直B	直B	人A	直B	直B	直B	直B	人A	結B	結B	直A	直A
9	直B	人A	直B	直B	直B	人A	人A	結B	直A	直A	人B	人B
10	人A	結B	直B	人A	人A	結B	結B	直A	人B	人B	結A	結A
11	結B	直A	人A	結B	結B	直A	直A	人B	結A	結A	結A	結A
12	直A	人B	結B	直A	直A	人B	人B	結A	結A	結A	人A	人A
13	人B	結A	直A	人B	人B	結A	結A	結A	人A	人A	結B	結B
14	結A	結A	人B	結A	結A	結A	結A	人A	結B	結B	直A	直A
15	結A	人A	結A	結A	結A	人A	人A	結B	直A	直A	人B	人B
16	人A	結B	結A	人A	人A	結B	結B	直A	人B	人B	結A	結A
17	結B	直A	人A	結B	結B	直A	直A	人B	結A	結A	結A	結A
18	直A	人B	結B	直A	直A	人B	人B	結A	結A	結A	人B	人B
19	人B	結A	直A	人B	人B	結A	結A	結A	人B	人B	直A	直A
20	結A	結A	人B	結A	結A	結A	結A	人B	直A	直A	結B	結B
21	結A	人B	結A	結A	結A	人B	人B	直A	結B	結B	人A	人A
22	人B	直A	結A	人B	人B	直A	直A	結B	人A	人A	結A	結A
23	直A	結B	人B	直A	直A	結B	結B	人A	結A	結A	結A	結A
24	結B	人A	直A	結B	結B	人A	人A	結A	結A	結A	人B	人B
25	人A	結A	結B	人A	人A	結A	結A	結A	人B	人B	直A	直A
26	結A	結A	人A	結A	結A	結A	結A	人B	直A	直A	結B	結B
27	結A	人B	結A	結A	結A	人B	人B	直A	結B	結B	人A	人A
28	人B	直A	結A	人B	人B	直A	直A	結B	人A	人A	直B	直B
29	直A		人B	直A	直A	結B	結B	人A	直B	直B	直B	直B
30	結B		直A	結B	結B	人A	人A	直B	直B	直B	人A	人A
31	人A		結B		人A		直B	直B		人A		結B

1960　昭和35年

	1月	2月	3月	4月	5月	6月	7月	8月	9月	10月	11月	12月
1	結B	人A	結B	人A	人A	直B	直B	直B	人A	人A	結B	結B
2	人A	直B	人A	直B	直B	直B	直B	人A	結B	結B	直A	直A
3	直B	直B	直B	直B	直B	人A	人A	結B	直A	直A	人B	人B
4	直B	人A	直B	人A	人A	結B	結B	直A	人B	人B	結A	結A
5	人A	結B	人A	結B	結B	直A	直A	人B	結A	結A	結A	結A
6	結B	直A	結B	直A	直A	人B	人B	結A	結A	結A	人A	人A
7	直A	人B	直A	人B	人B	結A	結A	結A	人A	人A	結B	結B
8	人B	結A	人B	結A	結A	結A	結A	人A	結B	結B	直A	直A
9	結A	結A	結A	結A	結A	人A	人A	結B	直A	直A	人B	人B
10	結A	人A	結A	人A	人A	結B	結B	直A	人B	人B	結A	結A
11	人A	結B	人A	結B	結B	直A	直A	人B	結A	結A	結A	結A
12	結B	直A	結B	直A	直A	人B	人B	結A	結A	結A	人B	人B
13	直A	人B	直A	人B	人B	結A	結A	結A	人B	人B	直A	直A
14	人B	結A	人B	結A	結A	結A	結A	人B	直A	直A	結B	結B
15	結A	結A	結A	結A	結A	人B	人B	直A	結B	結B	人A	人A
16	結A	人B	結A	人B	人B	直A	直A	結B	人A	人A	結A	結A
17	人B	直A	人B	直A	直A	結B	結B	人A	結A	結A	結A	結A
18	直A	結B	直A	結B	結B	人A	人A	結A	結A	結A	人B	人B
19	結B	人A	結B	人A	人A	結A	結A	結A	人B	人B	直A	直A
20	人A	結A	人A	結A	結A	結A	結A	人B	直A	直A	結B	結B
21	結A	結A	結A	結A	結A	人B	人B	直A	結B	結B	人A	人A
22	結A	人B	結A	人B	人B	直A	直A	結B	人A	人A	直B	直B
23	人B	直A	人B	直A	直A	結B	結B	人A	直B	直B	直B	直B
24	直A	結B	直A	結B	結B	人A	人A	直B	直B	直B	人A	人A
25	結B	人A	結B	人A	人A	直B	直B	直B	人A	人A	結B	結B
26	人A	直B	人A	直B	直B	直B	直B	人A	結B	結B	結B	結B
27	直B	直B	直B	直B	直B	人A	人A	結B	結B	結B	人A	人A
28	直B	人A	直B	人A	人A	結B	結B	結B	人A	人A	直B	直B
29	人A	結B	人A	結B	結B	結B	結B	人A	直B	直B	直B	直B
30	結B		結B	結B	結B	人A	人A	直B	直B	直B	人A	人A
31	結B		結B		人A		直B	直B		人A		結B

1961　昭和36年

	1月	2月	3月	4月	5月	6月	7月	8月	9月	10月	11月	12月
1	直A	人B	結B	直A	直A	人B	人B	結A	結A	結A	人A	人A
2	人B	結A	直A	人B	人B	結A	結A	結A	人A	人A	結B	結B
3	結A	結A	人B	結A	結A	結A	結A	人A	結B	結B	直A	直A
4	結A	人A	結A	結A	結A	人A	人A	結B	直A	直A	人B	人B
5	人A	結B	結A	人A	人A	結B	結B	直A	人B	人B	結A	結A
6	結B	直A	人A	結B	結B	直A	直A	人B	結A	結A	結A	結A
7	直A	人B	結B	直A	直A	人B	人B	結A	結A	結A	人B	人B
8	人B	結A	直A	人B	人B	結A	結A	結A	人B	人B	直A	直A
9	結A	結A	人B	結A	結A	結A	結A	人B	直A	直A	結B	結B
10	結A	人B	結A	結A	結A	人B	人B	直A	結B	結B	人A	人A
11	人B	直A	結A	人B	人B	直A	直A	結B	人A	人A	結A	結A
12	直A	結B	人B	直A	直A	結B	結B	人A	結A	結A	結A	結A
13	結B	人A	直A	結B	結B	人A	人A	結A	結A	結A	人B	人B
14	人A	結A	結B	人A	人A	結A	結A	結A	人B	人B	直A	直A
15	結A	結A	人A	結A	結A	結A	結A	人B	直A	直A	結B	結B
16	結A	人B	結A	結A	結A	人B	人B	直A	結B	結B	人A	人A
17	人B	直A	結A	人B	人B	直A	直A	結B	人A	人A	直B	直B
18	直A	結B	人B	直A	直A	結B	結B	人A	直B	直B	直B	直B
19	結B	人A	直A	結B	結B	人A	人A	直B	直B	直B	人A	人A
20	人A	直B	結B	人A	人A	直B	直B	直B	人A	人A	結B	結B
21	直B	直B	人A	直B	直B	直B	直B	人A	結B	結B	結B	結B
22	直B	人A	直B	直B	直B	人A	人A	結B	結B	結B	人A	人A
23	人A	結B	直B	人A	人A	結B	結B	結B	人A	人A	直B	直B
24	結B	結B	人A	結B	結B	結B	結B	人A	直B	直B	直B	直B
25	結B	人A	結B	結B	結B	人A	人A	直B	直B	直B	人A	人A
26	人A	直B	結B	人A	人A	直B	直B	直B	人A	人A	結B	結B
27	直B	直B	人A	直B	直B	直B	直B	人A	結B	結B	直A	直A
28	直B	人A	直B	直B	直B	人A	人A	結B	直A	直A	人B	人B
29	人A		直B	人A	人A	結B	結B	直A	人B	人B	結A	結A
30	結B		人A	結B	結B	直A	直A	人B	結A	結A	結A	結A
31	直A		結B		直A		人B	結A		結A		人A

1962　昭和37年

	1月	2月	3月	4月	5月	6月	7月	8月	9月	10月	11月	12月
1	結B	直A	人A	結B	結B	直A	直A	人B	結A	結A	結A	結A
2	直A	人B	結B	直A	直A	人B	人B	結A	結A	結A	人B	人B
3	人B	結A	直A	人B	人B	結A	結A	結A	人B	人B	直A	直A
4	結A	結A	人B	結A	結A	結A	結A	人B	直A	直A	結B	結B
5	結A	人B	結A	結A	結A	人B	人B	直A	結B	結B	人A	人A
6	人B	直A	結A	人B	人B	直A	直A	結B	人A	人A	結A	結A
7	直A	結B	人B	直A	直A	結B	結B	人A	結A	結A	結A	結A
8	結B	人A	直A	結B	結B	人A	人A	結A	結A	結A	人B	人B
9	人A	結A	結B	人A	人A	結A	結A	結A	人B	人B	直A	直A
10	結A	結A	人A	結A	結A	結A	結A	人B	直A	直A	結B	結B
11	結A	人B	結A	結A	結A	人B	人B	直A	結B	結B	人A	人A
12	人B	直A	結A	人B	人B	直A	直A	結B	人A	人A	直B	直B
13	直A	結B	人B	直A	直A	結B	結B	人A	直B	直B	直B	直B
14	結B	人A	直A	結B	結B	人A	人A	直B	直B	直B	人A	人A
15	人A	直B	結B	人A	人A	直B	直B	直B	人A	人A	結B	結B
16	直B	直B	人A	直B	直B	直B	直B	人A	結B	結B	結B	結B
17	直B	人A	直B	直B	直B	人A	人A	結B	結B	結B	人A	人A
18	人A	結B	直B	人A	人A	結B	結B	結B	人A	人A	直B	直B
19	結B	結B	人A	結B	結B	結B	結B	人A	直B	直B	直B	直B
20	結B	人A	結B	結B	結B	人A	人A	直B	直B	直B	人A	人A
21	人A	直B	結B	人A	人A	直B	直B	直B	人A	人A	結B	結B
22	直B	直B	人A	直B	直B	直B	直B	人A	結B	結B	直A	直A
23	直B	人A	直B	直B	直B	人A	人A	結B	直A	直A	人B	人B
24	人A	結B	直B	人A	人A	結B	結B	直A	人B	人B	結A	結A
25	結B	直A	人A	結B	結B	直A	直A	人B	結A	結A	結A	結A
26	直A	人B	結B	直A	直A	人B	人B	結A	結A	結A	人A	人A
27	人B	結A	直A	人B	人B	結A	結A	結A	人A	人A	結B	結B
28	結A	結A	人B	結A	結A	結A	結A	人A	結B	結B	直A	直A
29	結A		結A	結A	結A	人A	人A	結B	直A	直A	人B	人B
30	人A		結A	人A	人A	結B	結B	直A	人B	人B	結A	結A
31	結B		人A		結B		直A	人B		結A		結A

1963　昭和38年

	1月	2月	3月	4月	5月	6月	7月	8月	9月	10月	11月	12月
1	人B	直A	結A	人B	人B	直A	直A	結B	人A	人A	結A	結A
2	直A	結B	人B	直A	直A	結B	結B	人A	結A	結A	結A	結A
3	結B	人A	直A	結B	結B	人A	人A	結A	結A	結A	人B	人B
4	人A	結A	結B	人A	人A	結A	結A	結A	人B	人B	直A	直A
5	結A	結A	人A	結A	結A	結A	結A	人B	直A	直A	結B	結B
6	結A	人B	結A	結A	結A	人B	人B	直A	結B	結B	人A	人A
7	人B	直A	結A	人B	人B	直A	直A	結B	人A	人A	直B	直B
8	直A	結B	人B	直A	直A	結B	結B	人A	直B	直B	直B	直B
9	結B	人A	直A	結B	結B	人A	人A	直B	直B	直B	人A	人A
10	人A	直B	結B	人A	人A	直B	直B	直B	人A	人A	結B	結B
11	直B	直B	人A	直B	直B	直B	直B	人A	結B	結B	結B	結B
12	直B	人A	直B	直B	直B	人A	人A	結B	結B	結B	人A	人A
13	人A	結B	直B	人A	人A	結B	結B	結B	人A	人A	直B	直B
14	結B	結B	人A	結B	結B	結B	結B	人A	直B	直B	直B	直B
15	結B	人A	結B	結B	結B	人A	人A	直B	直B	直B	人A	人A
16	人A	直B	結B	人A	人A	直B	直B	直B	人A	人A	結B	結B
17	直B	直B	人A	直B	直B	直B	直B	人A	結B	結B	直A	直A
18	直B	人A	直B	直B	直B	人A	人A	結B	直A	直A	人B	人B
19	人A	結B	直B	人A	人A	結B	結B	直A	人B	人B	結A	結A
20	結B	直A	人A	結B	結B	直A	直A	人B	結A	結A	結A	結A
21	直A	人B	結B	直A	直A	人B	人B	結A	結A	結A	人A	人A
22	人B	結A	直A	人B	人B	結A	結A	結A	人A	人A	結B	結B
23	結A	結A	人B	結A	結A	結A	結A	人A	結B	結B	直A	直A
24	結A	人A	結A	結A	結A	人A	人A	結B	直A	直A	人B	人B
25	人A	結B	結A	人A	人A	結B	結B	直A	人B	人B	結A	結A
26	結B	直A	人A	結B	結B	直A	直A	人B	結A	結A	結A	結A
27	直A	人B	結B	直A	直A	人B	人B	結A	結A	結A	人B	人B
28	人B	結A	直A	人B	人B	結A	結A	結A	人B	人B	直A	直A
29	結A		人B	結A	結A	結A	結A	人B	直A	直A	結B	結B
30	結A		結A	結A	結A	人B	人B	直A	結B	結B	人A	人A
31	人B		結A		人B		直A	結B		人A		結A

1964　昭和39年

	1月	2月	3月	4月	5月	6月	7月	8月	9月	10月	11月	12月
1	結A	人B	結A	人B	人B	直A	直A	結B	人A	人A	直B	直B
2	人B	直A	人B	直A	直A	結B	結B	人A	直B	直B	直B	直B
3	直A	結B	直A	結B	結B	人A	人A	直B	直B	直B	人A	人A
4	結B	人A	結B	人A	人A	直B	直B	直B	人A	人A	結B	結B
5	人A	直B	人A	直B	直B	直B	直B	人A	結B	結B	結B	結B
6	直B	直B	直B	直B	直B	人A	人A	結B	結B	結B	人A	人A
7	直B	人A	直B	人A	人A	結B	結B	結B	人A	人A	直B	直B
8	人A	結B	人A	結B	結B	結B	結B	人A	直B	直B	直B	直B
9	結B	結B	結B	結B	結B	人A	人A	直B	直B	直B	人A	人A
10	結B	人A	結B	人A	人A	直B	直B	直B	人A	人A	結B	結B
11	人A	直B	人A	直B	直B	直B	直B	人A	結B	結B	直A	直A
12	直B	直B	直B	直B	直B	人A	人A	結B	直A	直A	人B	人B
13	直B	人A	直B	人A	人A	結B	結B	直A	人B	人B	結A	結A
14	人A	結B	人A	結B	結B	直A	直A	人B	結A	結A	結A	結A
15	結B	直A	結B	直A	直A	人B	人B	結A	結A	結A	人A	人A
16	直A	人B	直A	人B	人B	結A	結A	結A	人A	人A	結B	結B
17	人B	結A	人B	結A	結A	結A	結A	人A	結B	結B	直A	直A
18	結A	結A	結A	結A	結A	人A	人A	結B	直A	直A	人B	人B
19	結A	人A	結A	人A	人A	結B	結B	直A	人B	人B	結A	結A
20	人A	結B	人A	結B	結B	直A	直A	人B	結A	結A	結A	結A
21	結B	直A	結B	直A	直A	人B	人B	結A	結A	結A	人B	人B
22	直A	人B	直A	人B	人B	結A	結A	結A	人B	人B	直A	直A
23	人B	結A	人B	結A	結A	結A	結A	人B	直A	直A	結B	結B
24	結A	結A	結A	結A	結A	人B	人B	直A	結B	結B	人A	人A
25	結A	人B	結A	人B	人B	直A	直A	結B	人A	人A	結A	結A
26	人B	直A	人B	直A	直A	結B	結B	人A	結A	結A	結A	結A
27	直A	結B	直A	結B	結B	人A	人A	結A	結A	結A	人B	人B
28	結B	人A	結B	人A	人A	結A	結A	結A	人B	人B	直A	直A
29	人A	結A	人A	結A	結A	結A	結A	人B	直A	直A	結B	結B
30	結A		結A	結A	結A	人B	人B	直A	結B	結B	人A	人A
31	結A		結A		人B		直A	結B		人A		直B

1965　昭和40年

	1月	2月	3月	4月	5月	6月	7月	8月	9月	10月	11月	12月
1	直B	人A	直B	直B	直B	人A	人A	結B	結B	結B	人A	人A
2	人A	結B	直B	人A	人A	結B	結B	結B	人A	人A	直B	直B
3	結B	結B	人A	結B	結B	結B	結B	人A	直B	直B	直B	直B
4	結B	人A	結B	結B	結B	人A	人A	直B	直B	直B	人A	人A
5	人A	直B	結B	人A	人A	直B	直B	直B	人A	人A	結B	結B
6	直B	直B	人A	直B	直B	直B	直B	人A	結B	結B	直A	直A
7	直B	人A	直B	直B	直B	人A	人A	結B	直A	直A	人B	人B
8	人A	結B	直B	人A	人A	結B	結B	直A	人B	人B	結A	結A
9	結B	直A	人A	結B	結B	直A	直A	人B	結A	結A	結A	結A
10	直A	人B	結B	直A	直A	人B	人B	結A	結A	結A	人A	人A
11	人B	結A	直A	人B	人B	結A	結A	結A	人A	人A	結B	結B
12	結A	結A	人B	結A	結A	結A	結A	人A	結B	結B	直A	直A
13	結A	人A	結A	結A	結A	人A	人A	結B	直A	直A	人B	人B
14	人A	結B	結A	人A	人A	結B	結B	直A	人B	人B	結A	結A
15	結B	直A	人A	結B	結B	直A	直A	人B	結A	結A	結A	結A
16	直A	人B	結B	直A	直A	人B	人B	結A	結A	結A	人B	人B
17	人B	結A	直A	人B	人B	結A	結A	結A	人B	人B	直A	直A
18	結A	結A	人B	結A	結A	結A	結A	人B	直A	直A	結B	結B
19	結A	人B	結A	結A	結A	人B	人B	直A	結B	結B	人A	人A
20	人B	直A	結A	人B	人B	直A	直A	結B	人A	人A	結A	結A
21	直A	結B	人B	直A	直A	結B	結B	人A	結A	結A	結A	結A
22	結B	人A	直A	結B	結B	人A	人A	結A	結A	結A	人B	人B
23	人A	結A	結B	人A	人A	結A	結A	結A	人B	人B	直A	直A
24	結A	結A	人A	結A	結A	結A	結A	人B	直A	直A	結B	結B
25	結A	人B	結A	結A	結A	人B	人B	直A	結B	結B	人A	人A
26	人B	直A	結A	人B	人B	直A	直A	結B	人A	人A	直B	直B
27	直A	結B	人B	直A	直A	結B	結B	人A	直B	直B	直B	直B
28	結B	人A	直A	結B	結B	人A	人A	直B	直B	直B	人A	人A
29	人A		結B	人A	人A	直B	直B	直B	人A	人A	結B	結B
30	直B		人A	直B	直B	直B	直B	人A	結B	結B	結B	結B
31	直B		直B		直B		人A	結B		結B		人A

1966　昭和41年

	1月	2月	3月	4月	5月	6月	7月	8月	9月	10月	11月	12月
1	直B	直B	人A	直B	直B	直B	直B	人A	結B	結B	直A	直A
2	直B	人A	直B	直B	直B	人A	人A	結B	直A	直A	人B	人B
3	人A	結B	直B	人A	人A	結B	結B	直A	人B	人B	結A	結A
4	結B	直A	人A	結B	結B	直A	直A	人B	結A	結A	結A	結A
5	直A	人B	結B	直A	直A	人B	人B	結A	結A	結A	人A	人A
6	人B	結A	直A	人B	人B	結A	結A	結A	人A	人A	結B	結B
7	結A	結A	人B	結A	結A	結A	結A	人A	結B	結B	直A	直A
8	結A	人A	結A	結A	結A	人A	人A	結B	直A	直A	人B	人B
9	人A	結B	結A	人A	人A	結B	結B	直A	人B	人B	結A	結A
10	結B	直A	人A	結B	結B	直A	直A	人B	結A	結A	結A	結A
11	直A	人B	結B	直A	直A	人B	人B	結A	結A	結A	人B	人B
12	人B	結A	直A	人B	人B	結A	結A	結A	人B	人B	直A	直A
13	結A	結A	人B	結A	結A	結A	結A	人B	直A	直A	結B	結B
14	結A	人B	結A	結A	結A	人B	人B	直A	結B	結B	人A	人A
15	人B	直A	結A	人B	人B	直A	直A	結B	人A	人A	結A	結A
16	直A	結B	人B	直A	直A	結B	結B	人A	結A	結A	結A	結A
17	結B	人A	直A	結B	結B	人A	人A	結A	結A	結A	人B	人B
18	人A	結A	結B	人A	人A	結A	結A	結A	人B	人B	直A	直A
19	結A	結A	人A	結A	結A	結A	結A	人B	直A	直A	結B	結B
20	結A	人B	結A	結A	結A	人B	人B	直A	結B	結B	人A	人A
21	人B	直A	結A	人B	人B	直A	直A	結B	人A	人A	直B	直B
22	直A	結B	人B	直A	直A	結B	結B	人A	直B	直B	直B	直B
23	結B	人A	直A	結B	結B	人A	人A	直B	直B	直B	人A	人A
24	人A	直B	結B	人A	人A	直B	直B	直B	人A	人A	結B	結B
25	直B	直B	人A	直B	直B	直B	直B	人A	結B	結B	結B	結B
26	直B	人A	直B	直B	直B	人A	人A	結B	結B	結B	人A	人A
27	人A	結B	直B	人A	人A	結B	結B	結B	人A	人A	直B	直B
28	結B	結B	人A	結B	結B	結B	結B	人A	直B	直B	直B	直B
29	結B		結B	結B	結B	人A	人A	直B	直B	直B	人A	人A
30	人A		結B	人A	人A	直B	直B	直B	人A	人A	結B	結B
31	直B		人A		直B		直B	人A		結B		直A

1967　昭和42年

	1月	2月	3月	4月	5月	6月	7月	8月	9月	10月	11月	12月
1	人B	結A	直A	人B	人B	結A	結A	結A	人A	人A	結B	結B
2	結A	結A	人B	結A	結A	結A	結A	人A	結B	結B	直A	直A
3	結A	人A	結A	結A	結A	人A	人A	結B	直A	直A	人B	人B
4	人A	結B	結A	人A	人A	結B	結B	直A	人B	人B	結A	結A
5	結B	直A	人A	結B	結B	直A	直A	人B	結A	結A	結A	結A
6	直A	人B	結B	直A	直A	人B	人B	結A	結A	結A	人B	人B
7	人B	結A	直A	人B	人B	結A	結A	結A	人B	人B	直A	直A
8	結A	結A	人B	結A	結A	結A	結A	人B	直A	直A	結B	結B
9	結A	人B	結A	結A	結A	人B	人B	直A	結B	結B	人A	人A
10	人B	直A	結A	人B	人B	直A	直A	結B	人A	人A	結A	結A
11	直A	結B	人B	直A	直A	結B	結B	人A	結A	結A	結A	結A
12	結B	人A	直A	結B	結B	人A	人A	結A	結A	結A	人B	人B
13	人A	結A	結B	人A	人A	結A	結A	結A	人B	人B	直A	直A
14	結A	結A	人A	結A	結A	結A	結A	人B	直A	直A	結B	結B
15	結A	人B	結A	結A	結A	人B	人B	直A	結B	結B	人A	人A
16	人B	直A	結A	人B	人B	直A	直A	結B	人A	人A	直B	直B
17	直A	結B	人B	直A	直A	結B	結B	人A	直B	直B	直B	直B
18	結B	人A	直A	結B	結B	人A	人A	直B	直B	直B	人A	人A
19	人A	直B	結B	人A	人A	直B	直B	直B	人A	人A	結B	結B
20	直B	直B	人A	直B	直B	直B	直B	人A	結B	結B	結B	結B
21	直B	人A	直B	直B	直B	人A	人A	結B	結B	結B	人A	人A
22	人A	結B	直B	人A	人A	結B	結B	結B	人A	人A	直B	直B
23	結B	結B	人A	結B	結B	結B	結B	人A	直B	直B	直B	直B
24	結B	人A	結B	結B	結B	人A	人A	直B	直B	直B	人A	人A
25	人A	直B	結B	人A	人A	直B	直B	直B	人A	人A	結B	結B
26	直B	直B	人A	直B	直B	直B	直B	人A	結B	結B	直A	直A
27	直B	人A	直B	直B	直B	人A	人A	結B	直A	直A	人B	人B
28	人A	結B	直B	人A	人A	結B	結B	直A	人B	人B	結A	結A
29	結B		人A	結B	結B	直A	直A	人B	結A	結A	結A	結A
30	直A		結B	直A	直A	人B	人B	結A	結A	結A	人A	人A
31	人B		直A		人B		結A	結A		人A		結B

1968　昭和43年

	1月	2月	3月	4月	5月	6月	7月	8月	9月	10月	11月	12月
1	直A	人B	直A	人B	人B	結A	結A	結A	人B	人B	直A	直A
2	人B	結A	人B	結A	結A	結A	結A	人B	直A	直A	結B	結B
3	結A	結A	結A	結A	結A	人B	人B	直A	結B	結B	人A	人A
4	結A	人B	結A	人B	人B	直A	直A	結B	人A	人A	結A	結A
5	人B	直A	人B	直A	直A	結B	結B	人A	結A	結A	結A	結A
6	直A	結B	直A	結B	結B	人A	人A	結A	結A	結A	人B	人B
7	結B	人A	結B	人A	人A	結A	結A	結A	人B	人B	直A	直A
8	人A	結A	人A	結A	結A	結A	結A	人B	直A	直A	結B	結B
9	結A	結A	結A	結A	結A	人B	人B	直A	結B	結B	人A	人A
10	結A	人B	結A	人B	人B	直A	直A	結B	人A	人A	直B	直B
11	人B	直A	人B	直A	直A	結B	結B	人A	直B	直B	直B	直B
12	直A	結B	直A	結B	結B	人A	人A	直B	直B	直B	人A	人A
13	結B	人A	結B	人A	人A	直B	直B	直B	人A	人A	結B	結B
14	人A	直B	人A	直B	直B	直B	直B	人A	結B	結B	結B	結B
15	直B	直B	直B	直B	直B	人A	人A	結B	結B	結B	人A	人A
16	直B	人A	直B	人A	人A	結B	結B	結B	人A	人A	直B	直B
17	人A	結B	人A	結B	結B	結B	結B	人A	直B	直B	直B	直B
18	結B	結B	結B	結B	結B	人A	人A	直B	直B	直B	人A	人A
19	結B	人A	結B	人A	人A	直B	直B	直B	人A	人A	結B	結B
20	人A	直B	人A	直B	直B	直B	直B	人A	結B	結B	直A	直A
21	直B	直B	直B	直B	直B	人A	人A	結B	直A	直A	人B	人B
22	直B	人A	直B	人A	人A	結B	結B	直A	人B	人B	結A	結A
23	人A	結B	人A	結B	結B	直A	直A	人B	結A	結A	結A	結A
24	結B	直A	結B	直A	直A	人B	人B	結A	結A	結A	人A	人A
25	直A	人B	直A	人B	人B	結A	結A	結A	人A	人A	結B	結B
26	人B	結A	人B	結A	結A	結A	結A	人A	結B	結B	直A	直A
27	結A	結A	結A	結A	結A	人A	人A	結B	直A	直A	人B	人B
28	結A	人A	結A	人A	人A	結B	結B	直A	人B	人B	結A	結A
29	人A	結B	人A	結B	結B	直A	直A	人B	結A	結A	結A	結A
30	結B		結B	直A	直A	人B	人B	結A	結A	結A	人B	人B
31	直A		直A		人B		結A	結A		人B		直A

1969　昭和44年

	1月	2月	3月	4月	5月	6月	7月	8月	9月	10月	11月	12月
1	結B	人A	直A	結B	結B	人A	人A	結A	結A	結A	人B	人B
2	人A	結A	結B	人A	人A	結A	結A	結A	人B	人B	直A	直A
3	結A	結A	人A	結A	結A	結A	結A	人B	直A	直A	結B	結B
4	結A	人B	結A	結A	結A	人B	人B	直A	結B	結B	人A	人A
5	人B	直A	結A	人B	人B	直A	直A	結B	人A	人A	直B	直B
6	直A	結B	人B	直A	直A	結B	結B	人A	直B	直B	直B	直B
7	結B	人A	直A	結B	結B	人A	人A	直B	直B	直B	人A	人A
8	人A	直B	結B	人A	人A	直B	直B	直B	人A	人A	結B	結B
9	直B	直B	人A	直B	直B	直B	直B	人A	結B	結B	結B	結B
10	直B	人A	直B	直B	直B	人A	人A	結B	結B	結B	人A	人A
11	人A	結B	直B	人A	人A	結B	結B	結B	人A	人A	直B	直B
12	結B	結B	人A	結B	結B	結B	結B	人A	直B	直B	直B	直B
13	結B	人A	結B	結B	結B	人A	人A	直B	直B	直B	人A	人A
14	人A	直B	結B	人A	人A	直B	直B	直B	人A	人A	結B	結B
15	直B	直B	人A	直B	直B	直B	直B	人A	結B	結B	直A	直A
16	直B	人A	直B	直B	直B	人A	人A	結B	直A	直A	人B	人B
17	人A	結B	直B	人A	人A	結B	結B	直A	人B	人B	結A	結A
18	結B	直A	人A	結B	結B	直A	直A	人B	結A	結A	結A	結A
19	直A	人B	結B	直A	直A	人B	人B	結A	結A	結A	人A	人A
20	人B	結A	直A	人B	人B	結A	結A	結A	人A	人A	結B	結B
21	結A	結A	人B	結A	結A	結A	結A	人A	結B	結B	直A	直A
22	結A	人A	結A	結A	結A	人A	人A	結B	直A	直A	人B	人B
23	人A	結B	結A	人A	人A	結B	結B	直A	人B	人B	結A	結A
24	結B	直A	人A	結B	結B	直A	直A	人B	結A	結A	結A	結A
25	直A	人B	結B	直A	直A	人B	人B	結A	結A	結A	人B	人B
26	人B	結A	直A	人B	人B	結A	結A	結A	人B	人B	直A	直A
27	結A	結A	人B	結A	結A	結A	結A	人B	直A	直A	結B	結B
28	結A	人B	結A	結A	結A	人B	人B	直A	結B	結B	人A	人A
29	人B		結A	人B	人B	直A	直A	結B	人A	人A	結A	結A
30	直A		人B	直A	直A	結B	結B	人A	結A	結A	結A	結A
31	結B		直A		結B		人A	結A		結A		人B

1970　昭和45年

	1月	2月	3月	4月	5月	6月	7月	8月	9月	10月	11月	12月
1	直A	結B	人B	直A	直A	結B	結B	人A	直B	直B	直B	直B
2	結B	人A	直A	結B	結B	人A	人A	直B	直B	直B	人A	人A
3	人A	直B	結B	人A	人A	直B	直B	直B	人A	人A	結B	結B
4	直B	直B	人A	直B	直B	直B	直B	人A	結B	結B	結B	結B
5	直B	人A	直B	直B	直B	人A	人A	結B	結B	結B	人A	人A
6	人A	結B	直B	人A	人A	結B	結B	結B	人A	人A	直B	直B
7	結B	結B	人A	結B	結B	結B	結B	人A	直B	直B	直B	直B
8	結B	人A	結B	結B	結B	人A	人A	直B	直B	直B	人A	人A
9	人A	直B	結B	人A	人A	直B	直B	直B	人A	人A	結B	結B
10	直B	直B	人A	直B	直B	直B	直B	人A	結B	結B	直A	直A
11	直B	人A	直B	直B	直B	人A	人A	結B	直A	直A	人B	人B
12	人A	結B	直B	人A	人A	結B	結B	直A	人B	人B	結A	結A
13	結B	直A	人A	結B	結B	直A	直A	人B	結A	結A	結A	結A
14	直A	人B	結B	直A	直A	人B	人B	結A	結A	結A	人A	人A
15	人B	結A	直A	人B	人B	結A	結A	結A	人A	人A	結B	結B
16	結A	結A	人B	結A	結A	結A	結A	人A	結B	結B	直A	直A
17	結A	人A	結A	結A	結A	人A	人A	結B	直A	直A	人B	人B
18	人A	結B	結A	人A	人A	結B	結B	直A	人B	人B	結A	結A
19	結B	直A	人A	結B	結B	直A	直A	人B	結A	結A	結A	結A
20	直A	人B	結B	直A	直A	人B	人B	結A	結A	結A	人B	人B
21	人B	結A	直A	人B	人B	結A	結A	結A	人B	人B	直A	直A
22	結A	結A	人B	結A	結A	結A	結A	人B	直A	直A	結B	結B
23	結A	人B	結A	結A	結A	人B	人B	直A	結B	結B	人A	人A
24	人B	直A	結A	人B	人B	直A	直A	結B	人A	人A	結A	結A
25	直A	結B	人B	直A	直A	結B	結B	人A	結A	結A	結A	結A
26	結B	人A	直A	結B	結B	人A	人A	結A	結A	結A	人B	人B
27	人A	結A	結B	人A	人A	結A	結A	結A	人B	人B	直A	直A
28	結A	結A	人A	結A	結A	結A	結A	人B	直A	直A	結B	結B
29	結A		結A	結A	結A	人B	人B	直A	結B	結B	人A	人A
30	人B		結A	人B	人B	直A	直A	結B	人A	人A	直B	直B
31	直A		人B		直A		結B	人A		直B		直B

1971　昭和46年

	1月	2月	3月	4月	5月	6月	7月	8月	9月	10月	11月	12月
1	人A	結B	直B	人A	人A	結B	結B	結B	人A	人A	直B	直B
2	結B	結B	人A	結B	結B	結B	結B	人A	直B	直B	直B	直B
3	結B	人A	結B	結B	結B	人A	人A	直B	直B	直B	人A	人A
4	人A	直B	結B	人A	人A	直B	直B	直B	人A	人A	結B	結B
5	直B	直B	人A	直B	直B	直B	直B	人A	結B	結B	直A	直A
6	直B	人A	直B	直B	直B	人A	人A	結B	直A	直A	人B	人B
7	人A	結B	直B	人A	人A	結B	結B	直A	人B	人B	結A	結A
8	結B	直A	人A	結B	結B	直A	直A	人B	結A	結A	結A	結A
9	直A	人B	結B	直A	直A	人B	人B	結A	結A	結A	人A	人A
10	人B	結A	直A	人B	人B	結A	結A	結A	人A	人A	結B	結B
11	結A	結A	人B	結A	結A	結A	結A	人A	結B	結B	直A	直A
12	結A	人A	結A	結A	結A	人A	人A	結B	直A	直A	人B	人B
13	人A	結B	結A	人A	人A	結B	結B	直A	人B	人B	結A	結A
14	結B	直A	人A	結B	結B	直A	直A	人B	結A	結A	結A	結A
15	直A	人B	結B	直A	直A	人B	人B	結A	結A	結A	人B	人B
16	人B	結A	直A	人B	人B	結A	結A	結A	人B	人B	直A	直A
17	結A	結A	人B	結A	結A	結A	結A	人B	直A	直A	結B	結B
18	結A	人B	結A	結A	結A	人B	人B	直A	結B	結B	人A	人A
19	人B	直A	結A	人B	人B	直A	直A	結B	人A	人A	結A	結A
20	直A	結B	人B	直A	直A	結B	結B	人A	結A	結A	結A	結A
21	結B	人A	直A	結B	結B	人A	人A	結A	結A	結A	人B	人B
22	人A	結A	結B	人A	人A	結A	結A	結A	人B	人B	直A	直A
23	結A	結A	人A	結A	結A	結A	結A	人B	直A	直A	結B	結B
24	結A	人B	結A	結A	結A	人B	人B	直A	結B	結B	人A	人A
25	人B	直A	結A	人B	人B	直A	直A	結B	人A	人A	直B	直B
26	直A	結B	人B	直A	直A	結B	結B	人A	直B	直B	直B	直B
27	結B	人A	直A	結B	結B	人A	人A	直B	直B	直B	人A	人A
28	人A	直B	結B	人A	人A	直B	直B	直B	人A	人A	結B	結B
29	直B		人A	直B	直B	直B	直B	人A	結B	結B	結B	結B
30	直B		直B	直B	直B	人A	人A	結B	結B	結B	人A	人A
31	人A		直B		人A		結B	結B		人A		直B

1972　昭和47年

	1月	2月	3月	4月	5月	6月	7月	8月	9月	10月	11月	12月
1	直B	人A	直B	人A	人A	結B	結B	直A	人B	人B	結A	結A
2	人A	結B	人A	結B	結B	直A	直A	人B	結A	結A	結A	結A
3	結B	直A	結B	直A	直A	人B	人B	結A	結A	結A	人A	人A
4	直A	人B	直A	人B	人B	結A	結A	結A	人A	人A	結B	結B
5	人B	結A	人B	結A	結A	結A	結A	人A	結B	結B	直A	直A
6	結A	結A	結A	結A	結A	人A	人A	結B	直A	直A	人B	人B
7	結A	人A	結A	人A	人A	結B	結B	直A	人B	人B	結A	結A
8	人A	結B	人A	結B	結B	直A	直A	人B	結A	結A	結A	結A
9	結B	直A	結B	直A	直A	人B	人B	結A	結A	結A	人B	人B
10	直A	人B	直A	人B	人B	結A	結A	結A	人B	人B	直A	直A
11	人B	結A	人B	結A	結A	結A	結A	人B	直A	直A	結B	結B
12	結A	結A	結A	結A	結A	人B	人B	直A	結B	結B	人A	人A
13	結A	人B	結A	人B	人B	直A	直A	結B	人A	人A	結A	結A
14	人B	直A	人B	直A	直A	結B	結B	人A	結A	結A	結A	結A
15	直A	結B	直A	結B	結B	人A	人A	結A	結A	結A	人B	人B
16	結B	人A	結B	人A	人A	結A	結A	結A	人B	人B	直A	直A
17	人A	結A	人A	結A	結A	結A	結A	人B	直A	直A	結B	結B
18	結A	結A	結A	結A	結A	人B	人B	直A	結B	結B	人A	人A
19	結A	人B	結A	人B	人B	直A	直A	結B	人A	人A	直B	直B
20	人B	直A	人B	直A	直A	結B	結B	人A	直B	直B	直B	直B
21	直A	結B	直A	結B	結B	人A	人A	直B	直B	直B	人A	人A
22	結B	人A	結B	人A	人A	直B	直B	直B	人A	人A	結B	結B
23	人A	直B	人A	直B	直B	直B	直B	人A	結B	結B	結B	結B
24	直B	直B	直B	直B	直B	人A	人A	結B	結B	結B	人A	人A
25	直B	人A	直B	人A	人A	結B	結B	結B	人A	人A	直B	直B
26	人A	結B	人A	結B	結B	結B	結B	人A	直B	直B	直B	直B
27	結B	結B	結B	結B	結B	人A	人A	直B	直B	直B	人A	人A
28	結B	人A	結B	人A	人A	直B	直B	直B	人A	人A	結B	結B
29	人A	直B	人A	直B	直B	直B	直B	人A	結B	結B	直A	直A
30	直B		直B	直B	直B	人A	人A	結B	直A	直A	人B	人B
31	直B		直B		人A		結B	直A		人B		結A

1973　昭和48年

	1月	2月	3月	4月	5月	6月	7月	8月	9月	10月	11月	12月
1	結A	人A	結A	結A	結A	人A	人A	結B	直A	直A	人B	人B
2	人A	結B	結A	人A	人A	結B	結B	直A	人B	人B	結A	結A
3	結B	直A	人A	結B	結B	直A	直A	人B	結A	結A	結A	結A
4	直A	人B	結B	直A	直A	人B	人B	結A	結A	結A	人B	人B
5	人B	結A	直A	人B	人B	結A	結A	結A	人B	人B	直A	直A
6	結A	結A	人B	結A	結A	結A	結A	人B	直A	直A	結B	結B
7	結A	人B	結A	結A	結A	人B	人B	直A	結B	結B	人A	人A
8	人B	直A	結A	人B	人B	直A	直A	結B	人A	人A	結A	結A
9	直A	結B	人B	直A	直A	結B	結B	人A	結A	結A	結A	結A
10	結B	人A	直A	結B	結B	人A	人A	結A	結A	結A	人B	人B
11	人A	結A	結B	人A	人A	結A	結A	結A	人B	人B	直A	直A
12	結A	結A	人A	結A	結A	結A	結A	人B	直A	直A	結B	結B
13	結A	人B	結A	結A	結A	人B	人B	直A	結B	結B	人A	人A
14	人B	直A	結A	人B	人B	直A	直A	結B	人A	人A	直B	直B
15	直A	結B	人B	直A	直A	結B	結B	人A	直B	直B	直B	直B
16	結B	人A	直A	結B	結B	人A	人A	直B	直B	直B	人A	人A
17	人A	直B	結B	人A	人A	直B	直B	直B	人A	人A	結B	結B
18	直B	直B	人A	直B	直B	直B	直B	人A	結B	結B	結B	結B
19	直B	人A	直B	直B	直B	人A	人A	結B	結B	結B	人A	人A
20	人A	結B	直B	人A	人A	結B	結B	結B	人A	人A	直B	直B
21	結B	結B	人A	結B	結B	結B	結B	人A	直B	直B	直B	直B
22	結B	人A	結B	結B	結B	人A	人A	直B	直B	直B	人A	人A
23	人A	直B	結B	人A	人A	直B	直B	直B	人A	人A	結B	結B
24	直B	直B	人A	直B	直B	直B	直B	人A	結B	結B	直A	直A
25	直B	人A	直B	直B	直B	人A	人A	結B	直A	直A	人B	人B
26	人A	結B	直B	人A	人A	結B	結B	直A	人B	人B	結A	結A
27	結B	直A	人A	結B	結B	直A	直A	人B	結A	結A	結A	結A
28	直A	人B	結B	直A	直A	人B	人B	結A	結A	結A	人A	人A
29	人B		直A	人B	人B	結A	結A	結A	人A	人A	結B	結B
30	結A		人B	結A	結A	結A	結A	人A	結B	結B	直A	直A
31	結A		結A		結A		人A	結B		直A		人B

1974　昭和49年

	1月	2月	3月	4月	5月	6月	7月	8月	9月	10月	11月	12月
1	結A	結A	人B	結A	結A	結A	結A	人B	直A	直A	結B	結B
2	結A	人B	結A	結A	結A	人B	人B	直A	結B	結B	人A	人A
3	人B	直A	結A	人B	人B	直A	直A	結B	人A	人A	結A	結A
4	直A	結B	人B	直A	直A	結B	結B	人A	結A	結A	結A	結A
5	結B	人A	直A	結B	結B	人A	人A	結A	結A	結A	人B	人B
6	人A	結A	結B	人A	人A	結A	結A	結A	人B	人B	直A	直A
7	結A	結A	人A	結A	結A	結A	結A	人B	直A	直A	結B	結B
8	結A	人B	結A	結A	結A	人B	人B	直A	結B	結B	人A	人A
9	人B	直A	結A	人B	人B	直A	直A	結B	人A	人A	直B	直B
10	直A	結B	人B	直A	直A	結B	結B	人A	直B	直B	直B	直B
11	結B	人A	直A	結B	結B	人A	人A	直B	直B	直B	人A	人A
12	人A	直B	結B	人A	人A	直B	直B	直B	人A	人A	結B	結B
13	直B	直B	人A	直B	直B	直B	直B	人A	結B	結B	結B	結B
14	直B	人A	直B	直B	直B	人A	人A	結B	結B	結B	人A	人A
15	人A	結B	直B	人A	人A	結B	結B	結B	人A	人A	直B	直B
16	結B	結B	人A	結B	結B	結B	結B	人A	直B	直B	直B	直B
17	結B	人A	結B	結B	結B	人A	人A	直B	直B	直B	人A	人A
18	人A	直B	結B	人A	人A	直B	直B	直B	人A	人A	結B	結B
19	直B	直B	人A	直B	直B	直B	直B	人A	結B	結B	直A	直A
20	直B	人A	直B	直B	直B	人A	人A	結B	直A	直A	人B	人B
21	人A	結B	直B	人A	人A	結B	結B	直A	人B	人B	結A	結A
22	結B	直A	人A	結B	結B	直A	直A	人B	結A	結A	結A	結A
23	直A	人B	結B	直A	直A	人B	人B	結A	結A	結A	人A	人A
24	人B	結A	直A	人B	人B	結A	結A	結A	人A	人A	結B	結B
25	結A	結A	人B	結A	結A	結A	結A	人A	結B	結B	直A	直A
26	結A	人A	結A	結A	結A	人A	人A	結B	直A	直A	人B	人B
27	人A	結B	結A	人A	人A	結B	結B	直A	人B	人B	結A	結A
28	結B	直A	人A	結B	結B	直A	直A	人B	結A	結A	結A	結A
29	直A		結B	直A	直A	人B	人B	結A	結A	結A	人B	人B
30	人B		直A	人B	人B	結A	結A	結A	人B	人B	直A	直A
31	結A		人B		結A		結A	人B		直A		結B

1975　昭和50年

	1月	2月	3月	4月	5月	6月	7月	8月	9月	10月	11月	12月
1	人A	結A	結B	人A	人A	結A	結A	結A	人B	人B	直A	直A
2	結A	結A	人A	結A	結A	結A	結A	人B	直A	直A	結B	結B
3	結A	人B	結A	結A	結A	人B	人B	直A	結B	結B	人A	人A
4	人B	直A	結A	人B	人B	直A	直A	結B	人A	人A	直B	直B
5	直A	結B	人B	直A	直A	結B	結B	人A	直B	直B	直B	直B
6	結B	人A	直A	結B	結B	人A	人A	直B	直B	直B	人A	人A
7	人A	直B	結B	人A	人A	直B	直B	直B	人A	人A	結B	結B
8	直B	直B	人A	直B	直B	直B	直B	人A	結B	結B	結B	結B
9	直B	人A	直B	直B	直B	人A	人A	結B	結B	結B	人A	人A
10	人A	結B	直B	人A	人A	結B	結B	結B	人A	人A	直B	直B
11	結B	結B	人A	結B	結B	結B	結B	人A	直B	直B	直B	直B
12	結B	人A	結B	結B	結B	人A	人A	直B	直B	直B	人A	人A
13	人A	直B	結B	人A	人A	直B	直B	直B	人A	人A	結B	結B
14	直B	直B	人A	直B	直B	直B	直B	人A	結B	結B	直A	直A
15	直B	人A	直B	直B	直B	人A	人A	結B	直A	直A	人B	人B
16	人A	結B	直B	人A	人A	結B	結B	直A	人B	人B	結A	結A
17	結B	直A	人A	結B	結B	直A	直A	人B	結A	結A	結A	結A
18	直A	人B	結B	直A	直A	人B	人B	結A	結A	結A	人A	人A
19	人B	結A	直A	人B	人B	結A	結A	結A	人A	人A	結B	結B
20	結A	結A	人B	結A	結A	結A	結A	人A	結B	結B	直A	直A
21	結A	人A	結A	結A	結A	人A	人A	結B	直A	直A	人B	人B
22	人A	結B	結A	人A	人A	結B	結B	直A	人B	人B	結A	結A
23	結B	直A	人A	結B	結B	直A	直A	人B	結A	結A	結A	結A
24	直A	人B	結B	直A	直A	人B	人B	結A	結A	結A	人B	人B
25	人B	結A	直A	人B	人B	結A	結A	結A	人B	人B	直A	直A
26	結A	結A	人B	結A	結A	結A	結A	人B	直A	直A	結B	結B
27	結A	人B	結A	結A	結A	人B	人B	直A	結B	結B	人A	人A
28	人B	直A	結A	人B	人B	直A	直A	結B	人A	人A	結A	結A
29	直A		人B	直A	直A	結B	結B	人A	結A	結A	結A	結A
30	結B		直A	結B	結B	人A	人A	結A	結A	結A	人B	人B
31	人A		結B		人A		結A	結A		人B		直A

1976　昭和51年

	1月	2月	3月	4月	5月	6月	7月	8月	9月	10月	11月	12月
1	結B	人A	結B	人A	人A	直B	直B	直B	人A	人A	結B	結B
2	人A	直B	人A	直B	直B	直B	直B	人A	結B	結B	結B	結B
3	直B	直B	直B	直B	直B	人A	人A	結B	結B	結B	人A	人A
4	直B	人A	直B	人A	人A	結B	結B	結B	人A	人A	直B	直B
5	人A	結B	人A	結B	結B	結B	結B	人A	直B	直B	直B	直B
6	結B	結B	結B	結B	結B	人A	人A	直B	直B	直B	人A	人A
7	結B	人A	結B	人A	人A	直B	直B	直B	人A	人A	結B	結B
8	人A	直B	人A	直B	直B	直B	直B	人A	結B	結B	直A	直A
9	直B	直B	直B	直B	直B	人A	人A	結B	直A	直A	人B	人B
10	直B	人A	直B	人A	人A	結B	結B	直A	人B	人B	結A	結A
11	人A	結B	人A	結B	結B	直A	直A	人B	結A	結A	結A	結A
12	結B	直A	結B	直A	直A	人B	人B	結A	結A	結A	人A	人A
13	直A	人B	直A	人B	人B	結A	結A	結A	人A	人A	結B	結B
14	人B	結A	人B	結A	結A	結A	結A	人A	結B	結B	直A	直A
15	結A	結A	結A	結A	結A	人A	人A	結B	直A	直A	人B	人B
16	結A	人A	結A	人A	人A	結B	結B	直A	人B	人B	結A	結A
17	人A	結B	人A	結B	結B	直A	直A	人B	結A	結A	結A	結A
18	結B	直A	結B	直A	直A	人B	人B	結A	結A	結A	人B	人B
19	直A	人B	直A	人B	人B	結A	結A	結A	人B	人B	直A	直A
20	人B	結A	人B	結A	結A	結A	結A	人B	直A	直A	結B	結B
21	結A	結A	結A	結A	結A	人B	人B	直A	結B	結B	人A	人A
22	結A	人B	結A	人B	人B	直A	直A	結B	人A	人A	結A	結A
23	人B	直A	人B	直A	直A	結B	結B	人A	結A	結A	結A	結A
24	直A	結B	直A	結B	結B	人A	人A	結A	結A	結A	人B	人B
25	結B	人A	結B	人A	人A	結A	結A	結A	人B	人B	直A	直A
26	人A	結A	人A	結A	結A	結A	結A	人B	直A	直A	結B	結B
27	結A	結A	結A	結A	結A	人B	人B	直A	結B	結B	人A	人A
28	結A	人B	結A	人B	人B	直A	直A	結B	人A	人A	直B	直B
29	人B	直A	人B	直A	直A	結B	結B	人A	直B	直B	直B	直B
30	直A		直A	結B	結B	人A	人A	直B	直B	直B	人A	人A
31	結B		結B		人A		直B	直B		人A		結B

1977　昭和52年

	1月	2月	3月	4月	5月	6月	7月	8月	9月	10月	11月	12月
1	結B	人A	結B	結B	結B	人A	人A	直B	直B	直B	人A	人A
2	人A	直B	結B	人A	人A	直B	直B	直B	人A	人A	結B	結B
3	直B	直B	人A	直B	直B	直B	直B	人A	結B	結B	直A	直A
4	直B	人A	直B	直B	直B	人A	人A	結B	直A	直A	人B	人B
5	人A	結B	直B	人A	人A	結B	結B	直A	人B	人B	結A	結A
6	結B	直A	人A	結B	結B	直A	直A	人B	結A	結A	結A	結A
7	直A	人B	結B	直A	直A	人B	人B	結A	結A	結A	人A	人A
8	人B	結A	直A	人B	人B	結A	結A	結A	人A	人A	結B	結B
9	結A	結A	人B	結A	結A	結A	結A	人A	結B	結B	直A	直A
10	結A	人A	結A	結A	結A	人A	人A	結B	直A	直A	人B	人B
11	人A	結B	結A	人A	人A	結B	結B	直A	人B	人B	結A	結A
12	結B	直A	人A	結B	結B	直A	直A	人B	結A	結A	結A	結A
13	直A	人B	結B	直A	直A	人B	人B	結A	結A	結A	人B	人B
14	人B	結A	直A	人B	人B	結A	結A	結A	人B	人B	直A	直A
15	結A	結A	人B	結A	結A	結A	結A	人B	直A	直A	結B	結B
16	結A	人B	結A	結A	結A	人B	人B	直A	結B	結B	人A	人A
17	人B	直A	結A	人B	人B	直A	直A	結B	人A	人A	結A	結A
18	直A	結B	人B	直A	直A	結B	結B	人A	結A	結A	結A	結A
19	結B	人A	直A	結B	結B	人A	人A	結A	結A	結A	人B	人B
20	人A	結A	結B	人A	人A	結A	結A	結A	人B	人B	直A	直A
21	結A	結A	人A	結A	結A	結A	結A	人B	直A	直A	結B	結B
22	結A	人B	結A	結A	結A	人B	人B	直A	結B	結B	人A	人A
23	人B	直A	結A	人B	人B	直A	直A	結B	人A	人A	直B	直B
24	直A	結B	人B	直A	直A	結B	結B	人A	直B	直B	直B	直B
25	結B	人A	直A	結B	結B	人A	人A	直B	直B	直B	人A	人A
26	人A	直B	結B	人A	人A	直B	直B	直B	人A	人A	結B	結B
27	直B	直B	人A	直B	直B	直B	直B	人A	結B	結B	結B	結B
28	直B	人A	直B	直B	直B	人A	人A	結B	結B	結B	人A	人A
29	人A		直B	人A	人A	結B	結B	結B	人A	人A	直B	直B
30	結B		人A	結B	結B	結B	結B	人A	直B	直B	直B	直B
31	結B		結B		結B		人A	直B		直B		人A

1978　昭和53年

	1月	2月	3月	4月	5月	6月	7月	8月	9月	10月	11月	12月
1	結B	直A	人A	結B	結B	直A	直A	人B	結A	結A	結A	結A
2	直A	人B	結B	直A	直A	人B	人B	結A	結A	結A	人A	人A
3	人B	結A	直A	人B	人B	結A	結A	結A	人A	人A	結B	結B
4	結A	結A	人B	結A	結A	結A	結A	人A	結B	結B	直A	直A
5	結A	人A	結A	結A	結A	人A	人A	結B	直A	直A	人B	人B
6	人A	結B	結A	人A	人A	結B	結B	直A	人B	人B	結A	結A
7	結B	直A	人A	結B	結B	直A	直A	人B	結A	結A	結A	結A
8	直A	人B	結B	直A	直A	人B	人B	結A	結A	結A	人B	人B
9	人B	結A	直A	人B	人B	結A	結A	結A	人B	人B	直A	直A
10	結A	結A	人B	結A	結A	結A	結A	人B	直A	直A	結B	結B
11	結A	人B	結A	結A	結A	人B	人B	直A	結B	結B	人A	人A
12	人B	直A	結A	人B	人B	直A	直A	結B	人A	人A	結A	結A
13	直A	結B	人B	直A	直A	結B	結B	人A	結A	結A	結A	結A
14	結B	人A	直A	結B	結B	人A	人A	結A	結A	結A	人B	人B
15	人A	結A	結B	人A	人A	結A	結A	結A	人B	人B	直A	直A
16	結A	結A	人A	結A	結A	結A	結A	人B	直A	直A	結B	結B
17	結A	人B	結A	結A	結A	人B	人B	直A	結B	結B	人A	人A
18	人B	直A	結A	人B	人B	直A	直A	結B	人A	人A	直B	直B
19	直A	結B	人B	直A	直A	結B	結B	人A	直B	直B	直B	直B
20	結B	人A	直A	結B	結B	人A	人A	直B	直B	直B	人A	人A
21	人A	直B	結B	人A	人A	直B	直B	直B	人A	人A	結B	結B
22	直B	直B	人A	直B	直B	直B	直B	人A	結B	結B	結B	結B
23	直B	人A	直B	直B	直B	人A	人A	結B	結B	結B	人A	人A
24	人A	結B	直B	人A	人A	結B	結B	結B	人A	人A	直B	直B
25	結B	結B	人A	結B	結B	結B	結B	人A	直B	直B	直B	直B
26	結B	人A	結B	結B	結B	人A	人A	直B	直B	直B	人A	人A
27	人A	直B	結B	人A	人A	直B	直B	直B	人A	人A	結B	結B
28	直B	直B	人A	直B	直B	直B	直B	人A	結B	結B	直A	直A
29	直B		直B	直B	直B	人A	人A	結B	直A	直A	人B	人B
30	人A		直B	人A	人A	結B	結B	直A	人B	人B	結A	結A
31	結B		人A		結B		直A	人B		結A		結A

1979　昭和54年

	1月	2月	3月	4月	5月	6月	7月	8月	9月	10月	11月	12月
1	人A	結B	結A	人A	人A	結B	結B	直A	人B	人B	結A	結A
2	結B	直A	人A	結B	結B	直A	直A	人B	結A	結A	結A	結A
3	直A	人B	結B	直A	直A	人B	人B	結A	結A	結A	人B	人B
4	人B	結A	直A	人B	人B	結A	結A	結A	人B	人B	直A	直A
5	結A	結A	人B	結A	結A	結A	結A	人B	直A	直A	結B	結B
6	結A	人B	結A	結A	結A	人B	人B	直A	結B	結B	人A	人A
7	人B	直A	結A	人B	人B	直A	直A	結B	人A	人A	結A	結A
8	直A	結B	人B	直A	直A	結B	結B	人A	結A	結A	結A	結A
9	結B	人A	直A	結B	結B	人A	人A	結A	結A	結A	人B	人B
10	人A	結A	結B	人A	人A	結A	結A	結A	人B	人B	直A	直A
11	結A	結A	人A	結A	結A	結A	結A	人B	直A	直A	結B	結B
12	結A	人B	結A	結A	結A	人B	人B	直A	結B	結B	人A	人A
13	人B	直A	結A	人B	人B	直A	直A	結B	人A	人A	直B	直B
14	直A	結B	人B	直A	直A	結B	結B	人A	直B	直B	直B	直B
15	結B	人A	直A	結B	結B	人A	人A	直B	直B	直B	人A	人A
16	人A	直B	結B	人A	人A	直B	直B	直B	人A	人A	結B	結B
17	直B	直B	人A	直B	直B	直B	直B	人A	結B	結B	結B	結B
18	直B	人A	直B	直B	直B	人A	人A	結B	結B	結B	人A	人A
19	人A	結B	直B	人A	人A	結B	結B	結B	人A	人A	直B	直B
20	結B	結B	人A	結B	結B	結B	結B	人A	直B	直B	直B	直B
21	結B	人A	結B	結B	結B	人A	人A	直B	直B	直B	人A	人A
22	人A	直B	結B	人A	人A	直B	直B	直B	人A	人A	結B	結B
23	直B	直B	人A	直B	直B	直B	直B	人A	結B	結B	直A	直A
24	直B	人A	直B	直B	直B	人A	人A	結B	直A	直A	人B	人B
25	人A	結B	直B	人A	人A	結B	結B	直A	人B	人B	結A	結A
26	結B	直A	人A	結B	結B	直A	直A	人B	結A	結A	結A	結A
27	直A	人B	結B	直A	直A	人B	人B	結A	結A	結A	人A	人A
28	人B	結A	直A	人B	人B	結A	結A	結A	人A	人A	結B	結B
29	結A		人B	結A	結A	結A	結A	人A	結B	結B	直A	直A
30	結A		結A	結A	結A	人A	人A	結B	直A	直A	人B	人B
31	人A		結A		人A		結B	直A		人B		結A

1980　昭和55年

	1月	2月	3月	4月	5月	6月	7月	8月	9月	10月	11月	12月
1	結A	人B	結A	人B	人B	直A	直A	結B	人A	人A	結A	結A
2	人B	直A	人B	直A	直A	結B	結B	人A	結A	結A	結A	結A
3	直A	結B	直A	結B	結B	人A	人A	結A	結A	結A	人B	人B
4	結B	人A	結B	人A	人A	結A	結A	結A	人B	人B	直A	直A
5	人A	結A	人A	結A	結A	結A	結A	人B	直A	直A	結B	結B
6	結A	結A	結A	結A	結A	人B	人B	直A	結B	結B	人A	人A
7	結A	人B	結A	人B	人B	直A	直A	結B	人A	人A	直B	直B
8	人B	直A	人B	直A	直A	結B	結B	人A	直B	直B	直B	直B
9	直A	結B	直A	結B	結B	人A	人A	直B	直B	直B	人A	人A
10	結B	人A	結B	人A	人A	直B	直B	直B	人A	人A	結B	結B
11	人A	直B	人A	直B	直B	直B	直B	人A	結B	結B	結B	結B
12	直B	直B	直B	直B	直B	人A	人A	結B	結B	結B	人A	人A
13	直B	人A	直B	人A	人A	結B	結B	結B	人A	人A	直B	直B
14	人A	結B	人A	結B	結B	結B	結B	人A	直B	直B	直B	直B
15	結B	結B	結B	結B	結B	人A	人A	直B	直B	直B	人A	人A
16	結B	人A	結B	人A	人A	直B	直B	直B	人A	人A	結B	結B
17	人A	直B	人A	直B	直B	直B	直B	人A	結B	結B	直A	直A
18	直B	直B	直B	直B	直B	人A	人A	結B	直A	直A	人B	人B
19	直B	人A	直B	人A	人A	結B	結B	直A	人B	人B	結A	結A
20	人A	結B	人A	結B	結B	直A	直A	人B	結A	結A	結A	結A
21	結B	直A	結B	直A	直A	人B	人B	結A	結A	結A	人A	人A
22	直A	人B	直A	人B	人B	結A	結A	結A	人A	人A	結B	結B
23	人B	結A	人B	結A	結A	結A	結A	人A	結B	結B	直A	直A
24	結A	結A	結A	結A	結A	人A	人A	結B	直A	直A	人B	人B
25	結A	人A	結A	人A	人A	結B	結B	直A	人B	人B	結A	結A
26	人A	結B	人A	結B	結B	直A	直A	人B	結A	結A	結A	結A
27	結B	直A	結B	直A	直A	人B	人B	結A	結A	結A	人B	人B
28	直A	人B	直A	人B	人B	結A	結A	結A	人B	人B	直A	直A
29	人B	結A	人B	結A	結A	結A	結A	人B	直A	直A	結B	結B
30	結A		結A	結A	結A	人B	人B	直A	結B	結B	人A	人A
31	結A		結A		人B		直A	結B		人A		結A

1981　昭和56年

	1月	2月	3月	4月	5月	6月	7月	8月	9月	10月	11月	12月
1	結A	人B	結A	結A	結A	人B	人B	直A	結B	結B	人A	人A
2	人B	直A	結A	人B	人B	直A	直A	結B	人A	人A	直B	直B
3	直A	結B	人B	直A	直A	結B	結B	人A	直B	直B	直B	直B
4	結B	人A	直A	結B	結B	人A	人A	直B	直B	直B	人A	人A
5	人A	直B	結B	人A	人A	直B	直B	直B	人A	人A	結B	結B
6	直B	直B	人A	直B	直B	直B	直B	人A	結B	結B	結B	結B
7	直B	人A	直B	直B	直B	人A	人A	結B	結B	結B	人A	人A
8	人A	結B	直B	人A	人A	結B	結B	結B	人A	人A	直B	直B
9	結B	結B	人A	結B	結B	結B	結B	人A	直B	直B	直B	直B
10	結B	人A	結B	結B	結B	人A	人A	直B	直B	直B	人A	人A
11	人A	直B	結B	人A	人A	直B	直B	直B	人A	人A	結B	結B
12	直B	直B	人A	直B	直B	直B	直B	人A	結B	結B	直A	直A
13	直B	人A	直B	直B	直B	人A	人A	結B	直A	直A	人B	人B
14	人A	結B	直B	人A	人A	結B	結B	直A	人B	人B	結A	結A
15	結B	直A	人A	結B	結B	直A	直A	人B	結A	結A	結A	結A
16	直A	人B	結B	直A	直A	人B	人B	結A	結A	結A	人A	人A
17	人B	結A	直A	人B	人B	結A	結A	結A	人A	人A	結B	結B
18	結A	結A	人B	結A	結A	結A	結A	人A	結B	結B	直A	直A
19	結A	人A	結A	結A	結A	人A	人A	結B	直A	直A	人B	人B
20	人A	結B	結A	人A	人A	結B	結B	直A	人B	人B	結A	結A
21	結B	直A	人A	結B	結B	直A	直A	人B	結A	結A	結A	結A
22	直A	人B	結B	直A	直A	人B	人B	結A	結A	結A	人B	人B
23	人B	結A	直A	人B	人B	結A	結A	結A	人B	人B	直A	直A
24	結A	結A	人B	結A	結A	結A	結A	人B	直A	直A	結B	結B
25	結A	人B	結A	結A	結A	人B	人B	直A	結B	結B	人A	人A
26	人B	直A	結A	人B	人B	直A	直A	結B	人A	人A	結A	結A
27	直A	結B	人B	直A	直A	結B	結B	人A	結A	結A	結A	結A
28	結B	人A	直A	結B	結B	人A	人A	結A	結A	結A	人B	人B
29	人A		結B	人A	人A	結A	結A	結A	人B	人B	直A	直A
30	結A		人A	結A	結A	結A	結A	人B	直A	直A	結B	結B
31	結A		結A		結A		人B	直A		結B		人A

1982　昭和57年

	1月	2月	3月	4月	5月	6月	7月	8月	9月	10月	11月	12月
1	直B	直B	人A	直B	直B	直B	直B	人A	結B	結B	結B	結B
2	直B	人A	直B	直B	直B	人A	人A	結B	結B	結B	人A	人A
3	人A	結B	直B	人A	人A	結B	結B	結B	人A	人A	直B	直B
4	結B	結B	人A	結B	結B	結B	結B	人A	直B	直B	直B	直B
5	結B	人A	結B	結B	結B	人A	人A	直B	直B	直B	人A	人A
6	人A	直B	結B	人A	人A	直B	直B	直B	人A	人A	結B	結B
7	直B	直B	人A	直B	直B	直B	直B	人A	結B	結B	直A	直A
8	直B	人A	直B	直B	直B	人A	人A	結B	直A	直A	人B	人B
9	人A	結B	直B	人A	人A	結B	結B	直A	人B	人B	結A	結A
10	結B	直A	人A	結B	結B	直A	直A	人B	結A	結A	結A	結A
11	直A	人B	結B	直A	直A	人B	人B	結A	結A	結A	人A	人A
12	人B	結A	直A	人B	人B	結A	結A	結A	人A	人A	結B	結B
13	結A	結A	人B	結A	結A	結A	結A	人A	結B	結B	直A	直A
14	結A	人A	結A	結A	結A	人A	人A	結B	直A	直A	人B	人B
15	人A	結B	結A	人A	人A	結B	結B	直A	人B	人B	結A	結A
16	結B	直A	人A	結B	結B	直A	直A	人B	結A	結A	結A	結A
17	直A	人B	結B	直A	直A	人B	人B	結A	結A	結A	人B	人B
18	人B	結A	直A	人B	人B	結A	結A	結A	人B	人B	直A	直A
19	結A	結A	人B	結A	結A	結A	結A	人B	直A	直A	結B	結B
20	結A	人B	結A	結A	結A	人B	人B	直A	結B	結B	人A	人A
21	人B	直A	結A	人B	人B	直A	直A	結B	人A	人A	結A	結A
22	直A	結B	人B	直A	直A	結B	結B	人A	結A	結A	結A	結A
23	結B	人A	直A	結B	結B	人A	人A	結A	結A	結A	人B	人B
24	人A	結A	結B	人A	人A	結A	結A	結A	人B	人B	直A	直A
25	結A	結A	人A	結A	結A	結A	結A	人B	直A	直A	結B	結B
26	結A	人B	結A	結A	結A	人B	人B	直A	結B	結B	人A	人A
27	人B	直A	結A	人B	人B	直A	直A	結B	人A	人A	直B	直B
28	直A	結B	人B	直A	直A	結B	結B	人A	直B	直B	直B	直B
29	結B		直A	結B	結B	人A	人A	直B	直B	直B	人A	人A
30	人A		結B	人A	人A	直B	直B	直B	人A	人A	結B	結B
31	直B		人A		直B		直B	人A		結B		結B

1983　昭和58年

	1月	2月	3月	4月	5月	6月	7月	8月	9月	10月	11月	12月
1	人A	直B	結B	人A	人A	直B	直B	直B	人A	人A	結B	結B
2	直B	直B	人A	直B	直B	直B	直B	人A	結B	結B	直A	直A
3	直B	人A	直B	直B	直B	人A	人A	結B	直A	直A	人B	人B
4	人A	結B	直B	人A	人A	結B	結B	直A	人B	人B	結A	結A
5	結B	直A	人A	結B	結B	直A	直A	人B	結A	結A	結A	結A
6	直A	人B	結B	直A	直A	人B	人B	結A	結A	結A	人A	人A
7	人B	結A	直A	人B	人B	結A	結A	結A	人A	人A	結B	結B
8	結A	結A	人B	結A	結A	結A	結A	人A	結B	結B	直A	直A
9	結A	人A	結A	結A	結A	人A	人A	結B	直A	直A	人B	人B
10	人A	結B	結A	人A	人A	結B	結B	直A	人B	人B	結A	結A
11	結B	直A	人A	結B	結B	直A	直A	人B	結A	結A	結A	結A
12	直A	人B	結B	直A	直A	人B	人B	結A	結A	結A	人B	人B
13	人B	結A	直A	人B	人B	結A	結A	結A	人B	人B	直A	直A
14	結A	結A	人B	結A	結A	結A	結A	人B	直A	直A	結B	結B
15	結A	人B	結A	結A	結A	人B	人B	直A	結B	結B	人A	人A
16	人B	直A	結A	人B	人B	直A	直A	結B	人A	人A	結A	結A
17	直A	結B	人B	直A	直A	結B	結B	人A	結A	結A	結A	結A
18	結B	人A	直A	結B	結B	人A	人A	結A	結A	結A	人B	人B
19	人A	結A	結B	人A	人A	結A	結A	結A	人B	人B	直A	直A
20	結A	結A	人A	結A	結A	結A	結A	人B	直A	直A	結B	結B
21	結A	人B	結A	結A	結A	人B	人B	直A	結B	結B	人A	人A
22	人B	直A	結A	人B	人B	直A	直A	結B	人A	人A	直B	直B
23	直A	結B	人B	直A	直A	結B	結B	人A	直B	直B	直B	直B
24	結B	人A	直A	結B	結B	人A	人A	直B	直B	直B	人A	人A
25	人A	直B	結B	人A	人A	直B	直B	直B	人A	人A	結B	結B
26	直B	直B	人A	直B	直B	直B	直B	人A	結B	結B	結B	結B
27	直B	人A	直B	直B	直B	人A	人A	結B	結B	結B	人A	人A
28	人A	結B	直B	人A	人A	結B	結B	結B	人A	人A	直B	直B
29	結B		人A	結B	結B	結B	結B	人A	直B	直B	直B	直B
30	結B		結B	結B	結B	人A	人A	直B	直B	直B	人A	人A
31	人A		結B		人A		直B	直B		人A		結B

1984　昭和59年

	1月	2月	3月	4月	5月	6月	7月	8月	9月	10月	11月	12月
1	直A	人B	直A	人B	人B	結A	結A	結A	人A	人A	結B	結B
2	人B	結A	人B	結A	結A	結A	結A	人A	結B	結B	直A	直A
3	結A	結A	結A	結A	結A	人A	人A	結B	直A	直A	人B	人B
4	結A	人A	結A	人A	人A	結B	結B	直A	人B	人B	結A	結A
5	人A	結B	人A	結B	結B	直A	直A	人B	結A	結A	結A	結A
6	結B	直A	結B	直A	直A	人B	人B	結A	結A	結A	人B	人B
7	直A	人B	直A	人B	人B	結A	結A	結A	人B	人B	直A	直A
8	人B	結A	人B	結A	結A	結A	結A	人B	直A	直A	結B	結B
9	結A	結A	結A	結A	結A	人B	人B	直A	結B	結B	人A	人A
10	結A	人B	結A	人B	人B	直A	直A	結B	人A	人A	結A	結A
11	人B	直A	人B	直A	直A	結B	結B	人A	結A	結A	結A	結A
12	直A	結B	直A	結B	結B	人A	人A	結A	結A	結A	人B	人B
13	結B	人A	結B	人A	人A	結A	結A	結A	人B	人B	直A	直A
14	人A	結A	人A	結A	結A	結A	結A	人B	直A	直A	結B	結B
15	結A	結A	結A	結A	結A	人B	人B	直A	結B	結B	人A	人A
16	結A	人B	結A	人B	人B	直A	直A	結B	人A	人A	直B	直B
17	人B	直A	人B	直A	直A	結B	結B	人A	直B	直B	直B	直B
18	直A	結B	直A	結B	結B	人A	人A	直B	直B	直B	人A	人A
19	結B	人A	結B	人A	人A	直B	直B	直B	人A	人A	結B	結B
20	人A	直B	人A	直B	直B	直B	直B	人A	結B	結B	結B	結B
21	直B	直B	直B	直B	直B	人A	人A	結B	結B	結B	人A	人A
22	直B	人A	直B	人A	人A	結B	結B	結B	人A	人A	直B	直B
23	人A	結B	人A	結B	結B	結B	結B	人A	直B	直B	直B	直B
24	結B	結B	結B	結B	結B	人A	人A	直B	直B	直B	人A	人A
25	結B	人A	結B	人A	人A	直B	直B	直B	人A	人A	結B	結B
26	人A	直B	人A	直B	直B	直B	直B	人A	結B	結B	直A	直A
27	直B	直B	直B	直B	直B	人A	人A	結B	直A	直A	人B	人B
28	直B	人A	直B	人A	人A	結B	結B	直A	人B	人B	結A	結A
29	人A	結B	人A	結B	結B	直A	直A	人B	結A	結A	結A	結A
30	結B		結B	直A	直A	人B	人B	結A	結A	結A	人A	人A
31	直A		直A		人B		結A	結A		人A		結B

1985　昭和60年

	1月	2月	3月	4月	5月	6月	7月	8月	9月	10月	11月	12月
1	直A	人B	結B	直A	直A	人B	人B	結A	結A	結A	人B	人B
2	人B	結A	直A	人B	人B	結A	結A	結A	人B	人B	直A	直A
3	結A	結A	人B	結A	結A	結A	結A	人B	直A	直A	結B	結B
4	結A	人B	結A	結A	結A	人B	人B	直A	結B	結B	人A	人A
5	人B	直A	結A	人B	人B	直A	直A	結B	人A	人A	結A	結A
6	直A	結B	人B	直A	直A	結B	結B	人A	結A	結A	結A	結A
7	結B	人A	直A	結B	結B	人A	人A	結A	結A	結A	人B	人B
8	人A	結A	結B	人A	人A	結A	結A	結A	人B	人B	直A	直A
9	結A	結A	人A	結A	結A	結A	結A	人B	直A	直A	結B	結B
10	結A	人B	結A	結A	結A	人B	人B	直A	結B	結B	人A	人A
11	人B	直A	結A	人B	人B	直A	直A	結B	人A	人A	直B	直B
12	直A	結B	人B	直A	直A	結B	結B	人A	直B	直B	直B	直B
13	結B	人A	直A	結B	結B	人A	人A	直B	直B	直B	人A	人A
14	人A	直B	結B	人A	人A	直B	直B	直B	人A	人A	結B	結B
15	直B	直B	人A	直B	直B	直B	直B	人A	結B	結B	結B	結B
16	直B	人A	直B	直B	直B	人A	人A	結B	結B	結B	人A	人A
17	人A	結B	直B	人A	人A	結B	結B	結B	人A	人A	直B	直B
18	結B	結B	人A	結B	結B	結B	結B	人A	直B	直B	直B	直B
19	結B	人A	結B	結B	結B	人A	人A	直B	直B	直B	人A	人A
20	人A	直B	結B	人A	人A	直B	直B	直B	人A	人A	結B	結B
21	直B	直B	人A	直B	直B	直B	直B	人A	結B	結B	直A	直A
22	直B	人A	直B	直B	直B	人A	人A	結B	直A	直A	人B	人B
23	人A	結B	直B	人A	人A	結B	結B	直A	人B	人B	結A	結A
24	結B	直A	人A	結B	結B	直A	直A	人B	結A	結A	結A	結A
25	直A	人B	結B	直A	直A	人B	人B	結A	結A	結A	人A	人A
26	人B	結A	直A	人B	人B	結A	結A	結A	人A	人A	結B	結B
27	結A	結A	人B	結A	結A	結A	結A	人A	結B	結B	直A	直A
28	結A	人A	結A	結A	結A	人A	人A	結B	直A	直A	人B	人B
29	人A		結A	人A	人A	結B	結B	直A	人B	人B	結A	結A
30	結B		人A	結B	結B	直A	直A	人B	結A	結A	結A	結A
31	直A		結B		直A		人B	結A		結A		人B

1986　昭和61年

	1月	2月	3月	4月	5月	6月	7月	8月	9月	10月	11月	12月
1	直A	結B	人B	直A	直A	結B	結B	人A	結A	結A	結A	結A
2	結B	人A	直A	結B	結B	人A	人A	結A	結A	結A	人B	人B
3	人A	結A	結B	人A	人A	結A	結A	結A	人B	人B	直A	直A
4	結A	結A	人A	結A	結A	結A	結A	人B	直A	直A	結B	結B
5	結A	人B	結A	結A	結A	人B	人B	直A	結B	結B	人A	人A
6	人B	直A	結A	人B	人B	直A	直A	結B	人A	人A	直B	直B
7	直A	結B	人B	直A	直A	結B	結B	人A	直B	直B	直B	直B
8	結B	人A	直A	結B	結B	人A	人A	直B	直B	直B	人A	人A
9	人A	直B	結B	人A	人A	直B	直B	直B	人A	人A	結B	結B
10	直B	直B	人A	直B	直B	直B	直B	人A	結B	結B	結B	結B
11	直B	人A	直B	直B	直B	人A	人A	結B	結B	結B	人A	人A
12	人A	結B	直B	人A	人A	結B	結B	結B	人A	人A	直B	直B
13	結B	結B	人A	結B	結B	結B	結B	人A	直B	直B	直B	直B
14	結B	人A	結B	結B	結B	人A	人A	直B	直B	直B	人A	人A
15	人A	直B	結B	人A	人A	直B	直B	直B	人A	人A	結B	結B
16	直B	直B	人A	直B	直B	直B	直B	人A	結B	結B	直A	直A
17	直B	人A	直B	直B	直B	人A	人A	結B	直A	直A	人B	人B
18	人A	結B	直B	人A	人A	結B	結B	直A	人B	人B	結A	結A
19	結B	直A	人A	結B	結B	直A	直A	人B	結A	結A	結A	結A
20	直A	人B	結B	直A	直A	人B	人B	結A	結A	結A	人A	人A
21	人B	結A	直A	人B	人B	結A	結A	結A	人A	人A	結B	結B
22	結A	結A	人B	結A	結A	結A	結A	人A	結B	結B	直A	直A
23	結A	人A	結A	結A	結A	人A	人A	結B	直A	直A	人B	人B
24	人A	結B	結A	人A	人A	結B	結B	直A	人B	人B	結A	結A
25	結B	直A	人A	結B	結B	直A	直A	人B	結A	結A	結A	結A
26	直A	人B	結B	直A	直A	人B	人B	結A	結A	結A	人B	人B
27	人B	結A	直A	人B	人B	結A	結A	結A	人B	人B	直A	直A
28	結A	結A	人B	結A	結A	結A	結A	人B	直A	直A	結B	結B
29	結A		結A	結A	結A	人B	人B	直A	結B	結B	人A	人A
30	人B		結A	人B	人B	直A	直A	結B	人A	人A	結A	結A
31	直A		人B		直A		結B	人A		結A		結A

1987　昭和62年

	1月	2月	3月	4月	5月	6月	7月	8月	9月	10月	11月	12月
1	人B	直A	結A	人B	人B	直A	直A	結B	人A	人A	直B	直B
2	直A	結B	人B	直A	直A	結B	結B	人A	直B	直B	直B	直B
3	結B	人A	直A	結B	結B	人A	人A	直B	直B	直B	人A	人A
4	人A	直B	結B	人A	人A	直B	直B	直B	人A	人A	結B	結B
5	直B	直B	人A	直B	直B	直B	直B	人A	結B	結B	結B	結B
6	直B	人A	直B	直B	直B	人A	人A	結B	結B	結B	人A	人A
7	人A	結B	直B	人A	人A	結B	結B	結B	人A	人A	直B	直B
8	結B	結B	人A	結B	結B	結B	結B	人A	直B	直B	直B	直B
9	結B	人A	結B	結B	結B	人A	人A	直B	直B	直B	人A	人A
10	人A	直B	結B	人A	人A	直B	直B	直B	人A	人A	結B	結B
11	直B	直B	人A	直B	直B	直B	直B	人A	結B	結B	直A	直A
12	直B	人A	直B	直B	直B	人A	人A	結B	直A	直A	人B	人B
13	人A	結B	直B	人A	人A	結B	結B	直A	人B	人B	結A	結A
14	結B	直A	人A	結B	結B	直A	直A	人B	結A	結A	結A	結A
15	直A	人B	結B	直A	直A	人B	人B	結A	結A	結A	人A	人A
16	人B	結A	直A	人B	人B	結A	結A	結A	人A	人A	結B	結B
17	結A	結A	人B	結A	結A	結A	結A	人A	結B	結B	直A	直A
18	結A	人A	結A	結A	結A	人A	人A	結B	直A	直A	人B	人B
19	人A	結B	結A	人A	人A	結B	結B	直A	人B	人B	結A	結A
20	結B	直A	人A	結B	結B	直A	直A	人B	結A	結A	結A	結A
21	直A	人B	結B	直A	直A	人B	人B	結A	結A	結A	人B	人B
22	人B	結A	直A	人B	人B	結A	結A	結A	人B	人B	直A	直A
23	結A	結A	人B	結A	結A	結A	結A	人B	直A	直A	結B	結B
24	結A	人B	結A	結A	結A	人B	人B	直A	結B	結B	人A	人A
25	人B	直A	結A	人B	人B	直A	直A	結B	人A	人A	結A	結A
26	直A	結B	人B	直A	直A	結B	結B	人A	結A	結A	結A	結A
27	結B	人A	直A	結B	結B	人A	人A	結A	結A	結A	人B	人B
28	人A	結A	結B	人A	人A	結A	結A	結A	人B	人B	直A	直A
29	結A		人A	結A	結A	結A	結A	人B	直A	直A	結B	結B
30	結A		結A	結A	結A	人B	人B	直A	結B	結B	人A	人A
31	人B		結A		人B		直A	結B		人A		直B

1988　昭和63年

	1月	2月	3月	4月	5月	6月	7月	8月	9月	10月	11月	12月
1	直B	人A	直B	人A	人A	結B	結B	結B	人A	人A	直B	直B
2	人A	結B	人A	結B	結B	結B	結B	人A	直B	直B	直B	直B
3	結B	結B	結B	結B	結B	人A	人A	直B	直B	直B	人A	人A
4	結B	人A	結B	人A	人A	直B	直B	直B	人A	人A	結B	結B
5	人A	直B	人A	直B	直B	直B	直B	人A	結B	結B	直A	直A
6	直B	直B	直B	直B	直B	人A	人A	結B	直A	直A	人B	人B
7	直B	人A	直B	人A	人A	結B	結B	直A	人B	人B	結A	結A
8	人A	結B	人A	結B	結B	直A	直A	人B	結A	結A	結A	結A
9	結B	直A	結B	直A	直A	人B	人B	結A	結A	結A	人A	人A
10	直A	人B	直A	人B	人B	結A	結A	結A	人A	人A	結B	結B
11	人B	結A	人B	結A	結A	結A	結A	人A	結B	結B	直A	直A
12	結A	結A	結A	結A	結A	人A	人A	結B	直A	直A	人B	人B
13	結A	人A	結A	人A	人A	結B	結B	直A	人B	人B	結A	結A
14	人A	結B	人A	結B	結B	直A	直A	人B	結A	結A	結A	結A
15	結B	直A	結B	直A	直A	人B	人B	結A	結A	結A	人B	人B
16	直A	人B	直A	人B	人B	結A	結A	結A	人B	人B	直A	直A
17	人B	結A	人B	結A	結A	結A	結A	人B	直A	直A	結B	結B
18	結A	結A	結A	結A	結A	人B	人B	直A	結B	結B	人A	人A
19	結A	人B	結A	人B	人B	直A	直A	結B	人A	人A	結A	結A
20	人B	直A	人B	直A	直A	結B	結B	人A	結A	結A	結A	結A
21	直A	結B	直A	結B	結B	人A	人A	結A	結A	結A	人B	人B
22	結B	人A	結B	人A	人A	結A	結A	結A	人B	人B	直A	直A
23	人A	結A	人A	結A	結A	結A	結A	人B	直A	直A	結B	結B
24	結A	結A	結A	結A	結A	人B	人B	直A	結B	結B	人A	人A
25	結A	人B	結A	人B	人B	直A	直A	結B	人A	人A	直B	直B
26	人B	直A	人B	直A	直A	結B	結B	人A	直B	直B	直B	直B
27	直A	結B	直A	結B	結B	人A	人A	直B	直B	直B	人A	人A
28	結B	人A	結B	人A	人A	直B	直B	直B	人A	人A	結B	結B
29	人A	直B	人A	直B	直B	直B	直B	人A	結B	結B	結B	結B
30	直B		直B	直B	直B	人A	人A	結B	結B	結B	人A	人A
31	直B		直B		人A		結B	結B		人A		直B

1989　昭和64年・平成元年

	1月	2月	3月	4月	5月	6月	7月	8月	9月	10月	11月	12月
1	直B	人A	直B	直B	直B	人A	人A	結B	直A	直A	人B	人B
2	人A	結B	直B	人A	人A	結B	結B	直A	人B	人B	結A	結A
3	結B	直A	人A	結B	結B	直A	直A	人B	結A	結A	結A	結A
4	直A	人B	結B	直A	直A	人B	人B	結A	結A	結A	人A	人A
5	人B	結A	直A	人B	人B	結A	結A	結A	人A	人A	結B	結B
6	結A	結A	人B	結A	結A	結A	結A	人A	結B	結B	直A	直A
7	結A	人A	結A	結A	結A	人A	人A	結B	直A	直A	人B	人B
8	人A	結B	結A	人A	人A	結B	結B	直A	人B	人B	結A	結A
9	結B	直A	人A	結B	結B	直A	直A	人B	結A	結A	結A	結A
10	直A	人B	結B	直A	直A	人B	人B	結A	結A	結A	人B	人B
11	人B	結A	直A	人B	人B	結A	結A	結A	人B	人B	直A	直A
12	結A	結A	人B	結A	結A	結A	結A	人B	直A	直A	結B	結B
13	結A	人B	結A	結A	結A	人B	人B	直A	結B	結B	人A	人A
14	人B	直A	結A	人B	人B	直A	直A	結B	人A	人A	結A	結A
15	直A	結B	人B	直A	直A	結B	結B	人A	結A	結A	結A	結A
16	結B	人A	直A	結B	結B	人A	人A	結A	結A	結A	人B	人B
17	人A	結A	結B	人A	人A	結A	結A	結A	人B	人B	直A	直A
18	結A	結A	人A	結A	結A	結A	結A	人B	直A	直A	結B	結B
19	結A	人B	結A	結A	結A	人B	人B	直A	結B	結B	人A	人A
20	人B	直A	結A	人B	人B	直A	直A	結B	人A	人A	直B	直B
21	直A	結B	人B	直A	直A	結B	結B	人A	直B	直B	直B	直B
22	結B	人A	直A	結B	結B	人A	人A	直B	直B	直B	人A	人A
23	人A	直B	結B	人A	人A	直B	直B	直B	人A	人A	結B	結B
24	直B	直B	人A	直B	直B	直B	直B	人A	結B	結B	結B	結B
25	直B	人A	直B	直B	直B	人A	人A	結B	結B	結B	人A	人A
26	人A	結B	直B	人A	人A	結B	結B	結B	人A	人A	直B	直B
27	結B	結B	人A	結B	結B	結B	結B	人A	直B	直B	直B	直B
28	結B	人A	結B	結B	結B	人A	人A	直B	直B	直B	人A	人A
29	人A		結B	人A	人A	直B	直B	直B	人A	人A	結B	結B
30	直B		人A	直B	直B	直B	直B	人A	結B	結B	直A	直A
31	直B		直B		直B		人A	結B		直A		人B

1990　平成２年

	1月	2月	3月	4月	5月	6月	7月	8月	9月	10月	11月	12月
1	結A	結A	人B	結A	結A	結A	結A	人A	結B	結B	直A	直A
2	結A	人A	結A	結A	結A	人A	人A	結B	直A	直A	人B	人B
3	人A	結B	結A	人A	人A	結B	結B	直A	人B	人B	結A	結A
4	結B	直A	人A	結B	結B	直A	直A	人B	結A	結A	結A	結A
5	直A	人B	結B	直A	直A	人B	人B	結A	結A	結A	人B	人B
6	人B	結A	直A	人B	人B	結A	結A	結A	人B	人B	直A	直A
7	結A	結A	人B	結A	結A	結A	結A	人B	直A	直A	結B	結B
8	結A	人B	結A	結A	結A	人B	人B	直A	結B	結B	人A	人A
9	人B	直A	結A	人B	人B	直A	直A	結B	人A	人A	結A	結A
10	直A	結B	人B	直A	直A	結B	結B	人A	結A	結A	結A	結A
11	結B	人A	直A	結B	結B	人A	人A	結A	結A	結A	人B	人B
12	人A	結A	結B	人A	人A	結A	結A	結A	人B	人B	直A	直A
13	結A	結A	人A	結A	結A	結A	結A	人B	直A	直A	結B	結B
14	結A	人B	結A	結A	結A	人B	人B	直A	結B	結B	人A	人A
15	人B	直A	結A	人B	人B	直A	直A	結B	人A	人A	直B	直B
16	直A	結B	人B	直A	直A	結B	結B	人A	直B	直B	直B	直B
17	結B	人A	直A	結B	結B	人A	人A	直B	直B	直B	人A	人A
18	人A	直B	結B	人A	人A	直B	直B	直B	人A	人A	結B	結B
19	直B	直B	人A	直B	直B	直B	直B	人A	結B	結B	結B	結B
20	直B	人A	直B	直B	直B	人A	人A	結B	結B	結B	人A	人A
21	人A	結B	直B	人A	人A	結B	結B	結B	人A	人A	直B	直B
22	結B	結B	人A	結B	結B	結B	結B	人A	直B	直B	直B	直B
23	結B	人A	結B	結B	結B	人A	人A	直B	直B	直B	人A	人A
24	人A	直B	結B	人A	人A	直B	直B	直B	人A	人A	結B	結B
25	直B	直B	人A	直B	直B	直B	直B	人A	結B	結B	直A	直A
26	直B	人A	直B	直B	直B	人A	人A	結B	直A	直A	人B	人B
27	人A	結B	直B	人A	人A	結B	結B	直A	人B	人B	結A	結A
28	結B	直A	人A	結B	結B	直A	直A	人B	結A	結A	結A	結A
29	直A		結B	直A	直A	人B	人B	結A	結A	結A	人A	人A
30	人B		直A	人B	人B	結A	結A	結A	人A	人A	結B	結B
31	結A		人B		結A		結A	人A		結B		直A

1991　平成３年

	1月	2月	3月	4月	5月	6月	7月	8月	9月	10月	11月	12月
1	人B	結A	直A	人B	人B	結A	結A	結A	人B	人B	直A	直A
2	結A	結A	人B	結A	結A	結A	結A	人B	直A	直A	結B	結B
3	結A	人B	結A	結A	結A	人B	人B	直A	結B	結B	人A	人A
4	人B	直A	結A	人B	人B	直A	直A	結B	人A	人A	結A	結A
5	直A	結B	人B	直A	直A	結B	結B	人A	結A	結A	結A	結A
6	結B	人A	直A	結B	結B	人A	人A	結A	結A	結A	人B	人B
7	人A	結A	結B	人A	人A	結A	結A	結A	人B	人B	直A	直A
8	結A	結A	人A	結A	結A	結A	結A	人B	直A	直A	結B	結B
9	結A	人B	結A	結A	結A	人B	人B	直A	結B	結B	人A	人A
10	人B	直A	結A	人B	人B	直A	直A	結B	人A	人A	直B	直B
11	直A	結B	人B	直A	直A	結B	結B	人A	直B	直B	直B	直B
12	結B	人A	直A	結B	結B	人A	人A	直B	直B	直B	人A	人A
13	人A	直B	結B	人A	人A	直B	直B	直B	人A	人A	結B	結B
14	直B	直B	人A	直B	直B	直B	直B	人A	結B	結B	結B	結B
15	直B	人A	直B	直B	直B	人A	人A	結B	結B	結B	人A	人A
16	人A	結B	直B	人A	人A	結B	結B	結B	人A	人A	直B	直B
17	結B	結B	人A	結B	結B	結B	結B	人A	直B	直B	直B	直B
18	結B	人A	結B	結B	結B	人A	人A	直B	直B	直B	人A	人A
19	人A	直B	結B	人A	人A	直B	直B	直B	人A	人A	結B	結B
20	直B	直B	人A	直B	直B	直B	直B	人A	結B	結B	直A	直A
21	直B	人A	直B	直B	直B	人A	人A	結B	直A	直A	人B	人B
22	人A	結B	直B	人A	人A	結B	結B	直A	人B	人B	結A	結A
23	結B	直A	人A	結B	結B	直A	直A	人B	結A	結A	結A	結A
24	直A	人B	結B	直A	直A	人B	人B	結A	結A	結A	人A	人A
25	人B	結A	直A	人B	人B	結A	結A	結A	人A	人A	結B	結B
26	結A	結A	人B	結A	結A	結A	結A	人A	結B	結B	直A	直A
27	結A	人A	結A	結A	結A	人A	人A	結B	直A	直A	人B	人B
28	人A	結B	結A	人A	人A	結B	結B	直A	人B	人B	結A	結A
29	結B		人A	結B	結B	直A	直A	人B	結A	結A	結A	結A
30	直A		結B	直A	直A	人B	人B	結A	結A	結A	人B	人B
31	人B		直A		人B		結A	結A		人B		直A

1992　平成４年

	1月	2月	3月	4月	5月	6月	7月	8月	9月	10月	11月	12月
1	結B	人A	結B	人A	人A	結A	結A	結A	人B	人B	直A	直A
2	人A	結A	人A	結A	結A	結A	結A	人B	直A	直A	結B	結B
3	結A	結A	結A	結A	結A	人B	人B	直A	結B	結B	人A	人A
4	結A	人B	結A	人B	人B	直A	直A	結B	人A	人A	直B	直B
5	人B	直A	人B	直A	直A	結B	結B	人A	直B	直B	直B	直B
6	直A	結B	直A	結B	結B	人A	人A	直B	直B	直B	人A	人A
7	結B	人A	結B	人A	人A	直B	直B	直B	人A	人A	結B	結B
8	人A	直B	人A	直B	直B	直B	直B	人A	結B	結B	結B	結B
9	直B	直B	直B	直B	直B	人A	人A	結B	結B	結B	人A	人A
10	直B	人A	直B	人A	人A	結B	結B	結B	人A	人A	直B	直B
11	人A	結B	人A	結B	結B	結B	結B	人A	直B	直B	直B	直B
12	結B	結B	結B	結B	結B	人A	人A	直B	直B	直B	人A	人A
13	結B	人A	結B	人A	人A	直B	直B	直B	人A	人A	結B	結B
14	人A	直B	人A	直B	直B	直B	直B	人A	結B	結B	直A	直A
15	直B	直B	直B	直B	直B	人A	人A	結B	直A	直A	人B	人B
16	直B	人A	直B	人A	人A	結B	結B	直A	人B	人B	結A	結A
17	人A	結B	人A	結B	結B	直A	直A	人B	結A	結A	結A	結A
18	結B	直A	結B	直A	直A	人B	人B	結A	結A	結A	人A	人A
19	直A	人B	直A	人B	人B	結A	結A	結A	人A	人A	結B	結B
20	人B	結A	人B	結A	結A	結A	結A	人A	結B	結B	直A	直A
21	結A	結A	結A	結A	結A	人A	人A	結B	直A	直A	人B	人B
22	結A	人A	結A	人A	人A	結B	結B	直A	人B	人B	結A	結A
23	人A	結B	人A	結B	結B	直A	直A	人B	結A	結A	結A	結A
24	結B	直A	結B	直A	直A	人B	人B	結A	結A	結A	人B	人B
25	直A	人B	直A	人B	人B	結A	結A	結A	人B	人B	直A	直A
26	人B	結A	人B	結A	結A	結A	結A	人B	直A	直A	結B	結B
27	結A	結A	結A	結A	結A	人B	人B	直A	結B	結B	人A	人A
28	結A	人B	結A	人B	人B	直A	直A	結B	人A	人A	結A	結A
29	人B	直A	人B	直A	直A	結B	結B	人A	結A	結A	結A	結A
30	直A		直A	結B	結B	人A	人A	結A	結A	結A	人B	人B
31	結B		結B		人A		結A	結A		人B		直A

1993　平成５年

	1月	2月	3月	4月	5月	6月	7月	8月	9月	10月	11月	12月
1	結B	人A	直A	結B	結B	人A	人A	直B	直B	直B	人A	人A
2	人A	直B	結B	人A	人A	直B	直B	直B	人A	人A	結B	結B
3	直B	直B	人A	直B	直B	直B	直B	人A	結B	結B	結B	結B
4	直B	人A	直B	直B	直B	人A	人A	結B	結B	結B	人A	人A
5	人A	結B	直B	人A	人A	結B	結B	結B	人A	人A	直B	直B
6	結B	結B	人A	結B	結B	結B	結B	人A	直B	直B	直B	直B
7	結B	人A	結B	結B	結B	人A	人A	直B	直B	直B	人A	人A
8	人A	直B	結B	人A	人A	直B	直B	直B	人A	人A	結B	結B
9	直B	直B	人A	直B	直B	直B	直B	人A	結B	結B	直A	直A
10	直B	人A	直B	直B	直B	人A	人A	結B	直A	直A	人B	人B
11	人A	結B	直B	人A	人A	結B	結B	直A	人B	人B	結A	結A
12	結B	直A	人A	結B	結B	直A	直A	人B	結A	結A	結A	結A
13	直A	人B	結B	直A	直A	人B	人B	結A	結A	結A	人A	人A
14	人B	結A	直A	人B	人B	結A	結A	結A	人A	人A	結B	結B
15	結A	結A	人B	結A	結A	結A	結A	人A	結B	結B	直A	直A
16	結A	人A	結A	結A	結A	人A	人A	結B	直A	直A	人B	人B
17	人A	結B	結A	人A	人A	結B	結B	直A	人B	人B	結A	結A
18	結B	直A	人A	結B	結B	直A	直A	人B	結A	結A	結A	結A
19	直A	人B	結B	直A	直A	人B	人B	結A	結A	結A	人B	人B
20	人B	結A	直A	人B	人B	結A	結A	結A	人B	人B	直A	直A
21	結A	結A	人B	結A	結A	結A	結A	人B	直A	直A	結B	結B
22	結A	人B	結A	結A	結A	人B	人B	直A	結B	結B	人A	人A
23	人B	直A	結A	人B	人B	直A	直A	結B	人A	人A	結A	結A
24	直A	結B	人B	直A	直A	結B	結B	人A	結A	結A	結A	結A
25	結B	人A	直A	結B	結B	人A	人A	結A	結A	結A	人B	人B
26	人A	結A	結B	人A	人A	結A	結A	結A	人B	人B	直A	直A
27	結A	結A	人A	結A	結A	結A	結A	人B	直A	直A	結B	結B
28	結A	人B	結A	結A	結A	人B	人B	直A	結B	結B	人A	人A
29	人B		結A	人B	人B	直A	直A	結B	人A	人A	直B	直B
30	直A		人B	直A	直A	結B	結B	人A	直B	直B	直B	直B
31	結B		直A		結B		人A	直B		直B		人A

1994　平成6年

	1月	2月	3月	4月	5月	6月	7月	8月	9月	10月	11月	12月
1	結B	結B	人A	結B	結B	結B	結B	人A	直B	直B	直B	直B
2	結B	人A	結B	結B	結B	人A	人A	直B	直B	直B	人A	人A
3	人A	直B	結B	人A	人A	直B	直B	直B	人A	人A	結B	結B
4	直B	直B	人A	直B	直B	直B	直B	人A	結B	結B	直A	直A
5	直B	人A	直B	直B	直B	人A	人A	結B	直A	直A	人B	人B
6	人A	結B	直B	人A	人A	結B	結B	直A	人B	人B	結A	結A
7	結B	直A	人A	結B	結B	直A	直A	人B	結A	結A	結A	結A
8	直A	人B	結B	直A	直A	人B	人B	結A	結A	結A	人A	人A
9	人B	結A	直A	人B	人B	結A	結A	結A	人A	人A	結B	結B
10	結A	結A	人B	結A	結A	結A	結A	人A	結B	結B	直A	直A
11	結A	人A	結A	結A	結A	人A	人A	結B	直A	直A	人B	人B
12	人A	結B	結A	人A	人A	結B	結B	直A	人B	人B	結A	結A
13	結B	直A	人A	結B	結B	直A	直A	人B	結A	結A	結A	結A
14	直A	人B	結B	直A	直A	人B	人B	結A	結A	結A	人B	人B
15	人B	結A	直A	人B	人B	結A	結A	結A	人B	人B	直A	直A
16	結A	結A	人B	結A	結A	結A	結A	人B	直A	直A	結B	結B
17	結A	人B	結A	結A	結A	人B	人B	直A	結B	結B	人A	人A
18	人B	直A	結A	人B	人B	直A	直A	結B	人A	人A	結A	結A
19	直A	結B	人B	直A	直A	結B	結B	人A	結A	結A	結A	結A
20	結B	人A	直A	結B	結B	人A	人A	結A	結A	結A	人B	人B
21	人A	結A	結B	人A	人A	結A	結A	結A	人B	人B	直A	直A
22	結A	結A	人A	結A	結A	結A	結A	人B	直A	直A	結B	結B
23	結A	人B	結A	結A	結A	人B	人B	直A	結B	結B	人A	人A
24	人B	直A	結A	人B	人B	直A	直A	結B	人A	人A	直B	直B
25	直A	結B	人B	直A	直A	結B	結B	人A	直B	直B	直B	直B
26	結B	人A	直A	結B	結B	人A	人A	直B	直B	直B	人A	人A
27	人A	直B	結B	人A	人A	直B	直B	直B	人A	人A	結B	結B
28	直B	直B	人A	直B	直B	直B	直B	人A	結B	結B	結B	結B
29	直B		直B	直B	直B	人A	人A	結B	結B	結B	人A	人A
30	人A		直B	人A	人A	結B	結B	結B	人A	人A	直B	直B
31	結B		人A		結B		結B	人A		直B		直B

1995　平成7年

	1月	2月	3月	4月	5月	6月	7月	8月	9月	10月	11月	12月
1	人A	結B	直B	人A	人A	結B	結B	直A	人B	人B	結A	結A
2	結B	直A	人A	結B	結B	直A	直A	人B	結A	結A	結A	結A
3	直A	人B	結B	直A	直A	人B	人B	結A	結A	結A	人A	人A
4	人B	結A	直A	人B	人B	結A	結A	結A	人A	人A	結B	結B
5	結A	結A	人B	結A	結A	結A	結A	人A	結B	結B	直A	直A
6	結A	人A	結A	結A	結A	人A	人A	結B	直A	直A	人B	人B
7	人A	結B	結A	人A	人A	結B	結B	直A	人B	人B	結A	結A
8	結B	直A	人A	結B	結B	直A	直A	人B	結A	結A	結A	結A
9	直A	人B	結B	直A	直A	人B	人B	結A	結A	結A	人B	人B
10	人B	結A	直A	人B	人B	結A	結A	結A	人B	人B	直A	直A
11	結A	結A	人B	結A	結A	結A	結A	人B	直A	直A	結B	結B
12	結A	人B	結A	結A	結A	人B	人B	直A	結B	結B	人A	人A
13	人B	直A	結A	人B	人B	直A	直A	結B	人A	人A	結A	結A
14	直A	結B	人B	直A	直A	結B	結B	人A	結A	結A	結A	結A
15	結B	人A	直A	結B	結B	人A	人A	結A	結A	結A	人B	人B
16	人A	結A	結B	人A	人A	結A	結A	結A	人B	人B	直A	直A
17	結A	結A	人A	結A	結A	結A	結A	人B	直A	直A	結B	結B
18	結A	人B	結A	結A	結A	人B	人B	直A	結B	結B	人A	人A
19	人B	直A	結A	人B	人B	直A	直A	結B	人A	人A	直B	直B
20	直A	結B	人B	直A	直A	結B	結B	人A	直B	直B	直B	直B
21	結B	人A	直A	結B	結B	人A	人A	直B	直B	直B	人A	人A
22	人A	直B	結B	人A	人A	直B	直B	直B	人A	人A	結B	結B
23	直B	直B	人A	直B	直B	直B	直B	人A	結B	結B	結B	結B
24	直B	人A	直B	直B	直B	人A	人A	結B	結B	結B	人A	人A
25	人A	結B	直B	人A	人A	結B	結B	結B	人A	人A	直B	直B
26	結B	結B	人A	結B	結B	結B	結B	人A	直B	直B	直B	直B
27	結B	人A	結B	結B	結B	人A	人A	直B	直B	直B	人A	人A
28	人A	直B	結B	人A	人A	直B	直B	直B	人A	人A	結B	結B
29	直B		人A	直B	直B	直B	直B	人A	結B	結B	直A	直A
30	直B		直B	直B	直B	人A	人A	結B	直A	直A	人B	人B
31	人A		直B		人A		結B	直A		人B		結A

1996　平成8年

	1月	2月	3月	4月	5月	6月	7月	8月	9月	10月	11月	12月
1	結A	人A	結A	人A	人A	結B	結B	直A	人B	人B	結A	結A
2	人A	結B	人A	結B	結B	直A	直A	人B	結A	結A	結A	結A
3	結B	直A	結B	直A	直A	人B	人B	結A	結A	結A	人B	人B
4	直A	人B	直A	人B	人B	結A	結A	結A	人B	人B	直A	直A
5	人B	結A	人B	結A	結A	結A	結A	人B	直A	直A	結B	結B
6	結A	結A	結A	結A	結A	人B	人B	直A	結B	結B	人A	人A
7	結A	人B	結A	人B	人B	直A	直A	結B	人A	人A	結A	結A
8	人B	直A	人B	直A	直A	結B	結B	人A	結A	結A	結A	結A
9	直A	結B	直A	結B	結B	人A	人A	結A	結A	結A	人B	人B
10	結B	人A	結B	人A	人A	結A	結A	結A	人B	人B	直A	直A
11	人A	結A	人A	結A	結A	結A	結A	人B	直A	直A	結B	結B
12	結A	結A	結A	結A	結A	人B	人B	直A	結B	結B	人A	人A
13	結A	人B	結A	人B	人B	直A	直A	結B	人A	人A	直B	直B
14	人B	直A	人B	直A	直A	結B	結B	人A	直B	直B	直B	直B
15	直A	結B	直A	結B	結B	人A	人A	直B	直B	直B	人A	人A
16	結B	人A	結B	人A	人A	直B	直B	直B	人A	人A	結B	結B
17	人A	直B	人A	直B	直B	直B	直B	人A	結B	結B	結B	結B
18	直B	直B	直B	直B	直B	人A	人A	結B	結B	結B	人A	人A
19	直B	人A	直B	人A	人A	結B	結B	結B	人A	人A	直B	直B
20	人A	結B	人A	結B	結B	結B	結B	人A	直B	直B	直B	直B
21	結B	結B	結B	結B	結B	人A	人A	直B	直B	直B	人A	人A
22	結B	人A	結B	人A	人A	直B	直B	直B	人A	人A	結B	結B
23	人A	直B	人A	直B	直B	直B	直B	人A	結B	結B	直A	直A
24	直B	直B	直B	直B	直B	人A	人A	結B	直A	直A	人B	人B
25	直B	人A	直B	人A	人A	結B	結B	直A	人B	人B	結A	結A
26	人A	結B	人A	結B	結B	直A	直A	人B	結A	結A	結A	結A
27	結B	直A	結B	直A	直A	人B	人B	結A	結A	結A	人A	人A
28	直A	人B	直A	人B	人B	結A	結A	結A	人A	人A	結B	結B
29	人B	結A	人B	結A	結A	結A	結A	人A	結B	結B	直A	直A
30	結A		結A	結A	結A	人A	人A	結B	直A	直A	人B	人B
31	結A		結A		人A		結B	直A		人B		結A

1997　平成9年

	1月	2月	3月	4月	5月	6月	7月	8月	9月	10月	11月	12月
1	結A	人B	結A	結A	結A	人B	人B	直A	結B	結B	人A	人A
2	人B	直A	結A	人B	人B	直A	直A	結B	人A	人A	結A	結A
3	直A	結B	人B	直A	直A	結B	結B	人A	結A	結A	結A	結A
4	結B	人A	直A	結B	結B	人A	人A	結A	結A	結A	人B	人B
5	人A	結A	結B	人A	人A	結A	結A	結A	人B	人B	直A	直A
6	結A	結A	人A	結A	結A	結A	結A	人B	直A	直A	結B	結B
7	結A	人B	結A	結A	結A	人B	人B	直A	結B	結B	人A	人A
8	人B	直A	結A	人B	人B	直A	直A	結B	人A	人A	直B	直B
9	直A	結B	人B	直A	直A	結B	結B	人A	直B	直B	直B	直B
10	結B	人A	直A	結B	結B	人A	人A	直B	直B	直B	人A	人A
11	人A	直B	結B	人A	人A	直B	直B	直B	人A	人A	結B	結B
12	直B	直B	人A	直B	直B	直B	直B	人A	結B	結B	結B	結B
13	直B	人A	直B	直B	直B	人A	人A	結B	結B	結B	人A	人A
14	人A	結B	直B	人A	人A	結B	結B	結B	人A	人A	直B	直B
15	結B	結B	人A	結B	結B	結B	結B	人A	直B	直B	直B	直B
16	結B	人A	結B	結B	結B	人A	人A	直B	直B	直B	人A	人A
17	人A	直B	結B	人A	人A	直B	直B	直B	人A	人A	結B	結B
18	直B	直B	人A	直B	直B	直B	直B	人A	結B	結B	直A	直A
19	直B	人A	直B	直B	直B	人A	人A	結B	直A	直A	人B	人B
20	人A	結B	直B	人A	人A	結B	結B	直A	人B	人B	結A	結A
21	結B	直A	人A	結B	結B	直A	直A	人B	結A	結A	結A	結A
22	直A	人B	結B	直A	直A	人B	人B	結A	結A	結A	人A	人A
23	人B	結A	直A	人B	人B	結A	結A	結A	人A	人A	結B	結B
24	結A	結A	人B	結A	結A	結A	結A	人A	結B	結B	直A	直A
25	結A	人A	結A	結A	結A	人A	人A	結B	直A	直A	人B	人B
26	人A	結B	結A	人A	人A	結B	結B	直A	人B	人B	結A	結A
27	結B	直A	人A	結B	結B	直A	直A	人B	結A	結A	結A	結A
28	直A	人B	結B	直A	直A	人B	人B	結A	結A	結A	人B	人B
29	人B		直A	人B	人B	結A	結A	結A	人B	人B	直A	直A
30	結A		人B	結A	結A	結A	結A	人B	直A	直A	結B	結B
31	結A		結A		結A		人B	直A		結B		人A

1998　平成10年

	1月	2月	3月	4月	5月	6月	7月	8月	9月	10月	11月	12月
1	結A	結A	人A	結A	結A	結A	結A	人B	直A	直A	結B	結B
2	結A	人B	結A	結A	結A	人B	人B	直A	結B	結B	人A	人A
3	人B	直A	結A	人B	人B	直A	直A	結B	人A	人A	直B	直B
4	直A	結B	人B	直A	直A	結B	結B	人A	直B	直B	直B	直B
5	結B	人A	直A	結B	結B	人A	人A	直B	直B	直B	人A	人A
6	人A	直B	結B	人A	人A	直B	直B	直B	人A	人A	結B	結B
7	直B	直B	人A	直B	直B	直B	直B	人A	結B	結B	結B	結B
8	直B	人A	直B	直B	直B	人A	人A	結B	結B	結B	人A	人A
9	人A	結B	直B	人A	人A	結B	結B	結B	人A	人A	直B	直B
10	結B	結B	人A	結B	結B	結B	結B	人A	直B	直B	直B	直B
11	結B	人A	結B	結B	結B	人A	人A	直B	直B	直B	人A	人A
12	人A	直B	結B	人A	人A	直B	直B	直B	人A	人A	結B	結B
13	直B	直B	人A	直B	直B	直B	直B	人A	結B	結B	直A	直A
14	直B	人A	直B	直B	直B	人A	人A	結B	直A	直A	人B	人B
15	人A	結B	直B	人A	人A	結B	結B	直A	人B	人B	結A	結A
16	結B	直A	人A	結B	結B	直A	直A	人B	結A	結A	結A	結A
17	直A	人B	結B	直A	直A	人B	人B	結A	結A	結A	人A	人A
18	人B	結A	直A	人B	人B	結A	結A	結A	人A	人A	結B	結B
19	結A	結A	人B	結A	結A	結A	結A	人A	結B	結B	直A	直A
20	結A	人A	結A	結A	結A	人A	人A	結B	直A	直A	人B	人B
21	人A	結B	結A	人A	人A	結B	結B	直A	人B	人B	結A	結A
22	結B	直A	人A	結B	結B	直A	直A	人B	結A	結A	結A	結A
23	直A	人B	結B	直A	直A	人B	人B	結A	結A	結A	人B	人B
24	人B	結A	直A	人B	人B	結A	結A	結A	人B	人B	直A	直A
25	結A	結A	人B	結A	結A	結A	結A	人B	直A	直A	結B	結B
26	結A	人B	結A	結A	結A	人B	人B	直A	結B	結B	人A	人A
27	人B	直A	結A	人B	人B	直A	直A	結B	人A	人A	結A	結A
28	直A	結B	人B	直A	直A	結B	結B	人A	結A	結A	結A	結A
29	結B		直A	結B	結B	人A	人A	結A	結A	結A	人B	人B
30	人A		結B	人A	人A	結A	結A	結A	人B	人B	直A	直A
31	結A		人A		結A		結A	人B		直A		結B

1999　平成11年

	1月	2月	3月	4月	5月	6月	7月	8月	9月	10月	11月	12月
1	人A	直B	結B	人A	人A	直B	直B	直B	人A	人A	結B	結B
2	直B	直B	人A	直B	直B	直B	直B	人A	結B	結B	結B	結B
3	直B	人A	直B	直B	直B	人A	人A	結B	結B	結B	人A	人A
4	人A	結B	直B	人A	人A	結B	結B	結B	人A	人A	直B	直B
5	結B	結B	人A	結B	結B	結B	結B	人A	直B	直B	直B	直B
6	結B	人A	結B	結B	結B	人A	人A	直B	直B	直B	人A	人A
7	人A	直B	結B	人A	人A	直B	直B	直B	人A	人A	結B	結B
8	直B	直B	人A	直B	直B	直B	直B	人A	結B	結B	直A	直A
9	直B	人A	直B	直B	直B	人A	人A	結B	直A	直A	人B	人B
10	人A	結B	直B	人A	人A	結B	結B	直A	人B	人B	結A	結A
11	結B	直A	人A	結B	結B	直A	直A	人B	結A	結A	結A	結A
12	直A	人B	結B	直A	直A	人B	人B	結A	結A	結A	人A	人A
13	人B	結A	直A	人B	人B	結A	結A	結A	人A	人A	結B	結B
14	結A	結A	人B	結A	結A	結A	結A	人A	結B	結B	直A	直A
15	結A	人A	結A	結A	結A	人A	人A	結B	直A	直A	人B	人B
16	人A	結B	結A	人A	人A	結B	結B	直A	人B	人B	結A	結A
17	結B	直A	人A	結B	結B	直A	直A	人B	結A	結A	結A	結A
18	直A	人B	結B	直A	直A	人B	人B	結A	結A	結A	人B	人B
19	人B	結A	直A	人B	人B	結A	結A	結A	人B	人B	直A	直A
20	結A	結A	人B	結A	結A	結A	結A	人B	直A	直A	結B	結B
21	結A	人B	結A	結A	結A	人B	人B	直A	結B	結B	人A	人A
22	人B	直A	結A	人B	人B	直A	直A	結B	人A	人A	結A	結A
23	直A	結B	人B	直A	直A	結B	結B	人A	結A	結A	結A	結A
24	結B	人A	直A	結B	結B	人A	人A	結A	結A	結A	人B	人B
25	人A	結A	結B	人A	人A	結A	結A	結A	人B	人B	直A	直A
26	結A	結A	人A	結A	結A	結A	結A	人B	直A	直A	結B	結B
27	結A	人B	結A	結A	結A	人B	人B	直A	結B	結B	人A	人A
28	人B	直A	結A	人B	人B	直A	直A	結B	人A	人A	直B	直B
29	直A		人B	直A	直A	結B	結B	人A	直B	直B	直B	直B
30	結B		直A	結B	結B	人A	人A	直B	直B	直B	人A	人A
31	人A		結B		人A		直B	直B		人A		結B

2000　平成12年

	1月	2月	3月	4月	5月	6月	7月	8月	9月	10月	11月	12月
1	結B	人A	結B	人A	人A	直B	直B	直B	人A	人A	結B	結B
2	人A	直B	人A	直B	直B	直B	直B	人A	結B	結B	直A	直A
3	直B	直B	直B	直B	直B	人A	人A	結B	直A	直A	人B	人B
4	直B	人A	直B	人A	人A	結B	結B	直A	人B	人B	結A	結A
5	人A	結B	人A	結B	結B	直A	直A	人B	結A	結A	結A	結A
6	結B	直A	結B	直A	直A	人B	人B	結A	結A	結A	人A	人A
7	直A	人B	直A	人B	人B	結A	結A	結A	人A	人A	結B	結B
8	人B	結A	人B	結A	結A	結A	結A	人A	結B	結B	直A	直A
9	結A	結A	結A	結A	結A	人A	人A	結B	直A	直A	人B	人B
10	結A	人A	結A	人A	人A	結B	結B	直A	人B	人B	結A	結A
11	人A	結B	人A	結B	結B	直A	直A	人B	結A	結A	結A	結A
12	結B	直A	結B	直A	直A	人B	人B	結A	結A	結A	人B	人B
13	直A	人B	直A	人B	人B	結A	結A	結A	人B	人B	直A	直A
14	人B	結A	人B	結A	結A	結A	結A	人B	直A	直A	結B	結B
15	結A	結A	結A	結A	結A	人B	人B	直A	結B	結B	人A	人A
16	結A	人B	結A	人B	人B	直A	直A	結B	人A	人A	結A	結A
17	人B	直A	人B	直A	直A	結B	結B	人A	結A	結A	結A	結A
18	直A	結B	直A	結B	結B	人A	人A	結A	結A	結A	人B	人B
19	結B	人A	結B	人A	人A	結A	結A	結A	人B	人B	直A	直A
20	人A	結A	人A	結A	結A	結A	結A	人B	直A	直A	結B	結B
21	結A	結A	結A	結A	結A	人B	人B	直A	結B	結B	人A	人A
22	結A	人B	結A	人B	人B	直A	直A	結B	人A	人A	直B	直B
23	人B	直A	人B	直A	直A	結B	結B	人A	直B	直B	直B	直B
24	直A	結B	直A	結B	結B	人A	人A	直B	直B	直B	人A	人A
25	結B	人A	結B	人A	人A	直B	直B	直B	人A	人A	結B	結B
26	人A	直B	人A	直B	直B	直B	直B	人A	結B	結B	結B	結B
27	直B	直B	直B	直B	直B	人A	人A	結B	結B	結B	人A	人A
28	直B	人A	直B	人A	人A	結B	結B	結B	人A	人A	直B	直B
29	人A	結B	人A	結B	結B	結B	結B	人A	直B	直B	直B	直B
30	結B		結B	結B	結B	人A	人A	直B	直B	直B	人A	人A
31	結B		結B		人A		直B	直B		人A		結B

2001　平成13年

	1月	2月	3月	4月	5月	6月	7月	8月	9月	10月	11月	12月
1	直A	人B	結B	直A	直A	人B	人B	結A	結A	結A	人A	人A
2	人B	結A	直A	人B	人B	結A	結A	結A	人A	人A	結B	結B
3	結A	結A	人B	結A	結A	結A	結A	人A	結B	結B	直A	直A
4	結A	人A	結A	結A	結A	人A	人A	結B	直A	直A	人B	人B
5	人A	結B	結A	人A	人A	結B	結B	直A	人B	人B	結A	結A
6	結B	直A	人A	結B	結B	直A	直A	人B	結A	結A	結A	結A
7	直A	人B	結B	直A	直A	人B	人B	結A	結A	結A	人B	人B
8	人B	結A	直A	人B	人B	結A	結A	結A	人B	人B	直A	直A
9	結A	結A	人B	結A	結A	結A	結A	人B	直A	直A	結B	結B
10	結A	人B	結A	結A	結A	人B	人B	直A	結B	結B	人A	人A
11	人B	直A	結A	人B	人B	直A	直A	結B	人A	人A	結A	結A
12	直A	結B	人B	直A	直A	結B	結B	人A	結A	結A	結A	結A
13	結B	人A	直A	結B	結B	人A	人A	結A	結A	結A	人B	人B
14	人A	結A	結B	人A	人A	結A	結A	結A	人B	人B	直A	直A
15	結A	結A	人A	結A	結A	結A	結A	人B	直A	直A	結B	結B
16	結A	人B	結A	結A	結A	人B	人B	直A	結B	結B	人A	人A
17	人B	直A	結A	人B	人B	直A	直A	結B	人A	人A	直B	直B
18	直A	結B	人B	直A	直A	結B	結B	人A	直B	直B	直B	直B
19	結B	人A	直A	結B	結B	人A	人A	直B	直B	直B	人A	人A
20	人A	直B	結B	人A	人A	直B	直B	直B	人A	人A	結B	結B
21	直B	直B	人A	直B	直B	直B	直B	人A	結B	結B	結B	結B
22	直B	人A	直B	直B	直B	人A	人A	結B	結B	結B	人A	人A
23	人A	結B	直B	人A	人A	結B	結B	結B	人A	人A	直B	直B
24	結B	結B	人A	結B	結B	結B	結B	人A	直B	直B	直B	直B
25	結B	人A	結B	結B	結B	人A	人A	直B	直B	直B	人A	人A
26	人A	直B	結B	人A	人A	直B	直B	直B	人A	人A	結B	結B
27	直B	直B	人A	直B	直B	直B	直B	人A	結B	結B	直A	直A
28	直B	人A	直B	直B	直B	人A	人A	結B	直A	直A	人B	人B
29	人A		直B	人A	人A	結B	結B	直A	人B	人B	結A	結A
30	結B		人A	結B	結B	直A	直A	人B	結A	結A	結A	結A
31	直A		結B		直A		人B	結A		結A		人A

2002　平成14年

	1月	2月	3月	4月	5月	6月	7月	8月	9月	10月	11月	12月
1	結B	直A	人A	結B	結B	直A	直A	人B	結A	結A	結A	結A
2	直A	人B	結B	直A	直A	人B	人B	結A	結A	結A	人B	人B
3	人B	結A	直A	人B	人B	結A	結A	結A	人B	人B	直A	直A
4	結A	結A	人B	結A	結A	結A	結A	人B	直A	直A	結B	結B
5	結A	人B	結A	結A	結A	人B	人B	直A	結B	結B	人A	人A
6	人B	直A	結A	人B	人B	直A	直A	結B	人A	人A	結A	結A
7	直A	結B	人B	直A	直A	結B	結B	人A	結A	結A	結A	結A
8	結B	人A	直A	結B	結B	人A	人A	結A	結A	結A	人B	人B
9	人A	結A	結B	人A	人A	結A	結A	結A	人B	人B	直A	直A
10	結A	結A	人A	結A	結A	結A	結A	人B	直A	直A	結B	結B
11	結A	人B	結A	結A	結A	人B	人B	直A	結B	結B	人A	人A
12	人B	直A	結A	人B	人B	直A	直A	結B	人A	人A	直B	直B
13	直A	結B	人B	直A	直A	結B	結B	人A	直B	直B	直B	直B
14	結B	人A	直A	結B	結B	人A	人A	直B	直B	直B	人A	人A
15	人A	直B	結B	人A	人A	直B	直B	直B	人A	人A	結B	結B
16	直B	直B	人A	直B	直B	直B	直B	人A	結B	結B	結B	結B
17	直B	人A	直B	直B	直B	人A	人A	結B	結B	結B	人A	人A
18	人A	結B	直B	人A	人A	結B	結B	結B	人A	人A	直B	直B
19	結B	結B	人A	結B	結B	結B	結B	人A	直B	直B	直B	直B
20	結B	人A	結B	結B	結B	人A	人A	直B	直B	直B	人A	人A
21	人A	直B	結B	人A	人A	直B	直B	直B	人A	人A	結B	結B
22	直B	直B	人A	直B	直B	直B	直B	人A	結B	結B	直A	直A
23	直B	人A	直B	直B	直B	人A	人A	結B	直A	直A	人B	人B
24	人A	結B	直B	人A	人A	結B	結B	直A	人B	人B	結A	結A
25	結B	直A	人A	結B	結B	直A	直A	人B	結A	結A	結A	結A
26	直A	人B	結B	直A	直A	人B	人B	結A	結A	結A	人A	人A
27	人B	結A	直A	人B	人B	結A	結A	結A	人A	人A	結B	結B
28	結A	結A	人B	結A	結A	結A	結A	人A	結B	結B	直A	直A
29	結A		結A	結A	結A	人A	人A	結B	直A	直A	人B	人B
30	人A		結A	人A	人A	結B	結B	直A	人B	人B	結A	結A
31	結B		人A		結B		直A	人B		結A		結A

2003　平成15年

	1月	2月	3月	4月	5月	6月	7月	8月	9月	10月	11月	12月
1	人B	直A	結A	人B	人B	直A	直A	結B	人A	人A	結A	結A
2	直A	結B	人B	直A	直A	結B	結B	人A	結A	結A	結A	結A
3	結B	人A	直A	結B	結B	人A	人A	結A	結A	結A	人B	人B
4	人A	結A	結B	人A	人A	結A	結A	結A	人B	人B	直A	直A
5	結A	結A	人A	結A	結A	結A	結A	人B	直A	直A	結B	結B
6	結A	人B	結A	結A	結A	人B	人B	直A	結B	結B	人A	人A
7	人B	直A	結A	人B	人B	直A	直A	結B	人A	人A	直B	直B
8	直A	結B	人B	直A	直A	結B	結B	人A	直B	直B	直B	直B
9	結B	人A	直A	結B	結B	人A	人A	直B	直B	直B	人A	人A
10	人A	直B	結B	人A	人A	直B	直B	直B	人A	人A	結B	結B
11	直B	直B	人A	直B	直B	直B	直B	人A	結B	結B	結B	結B
12	直B	人A	直B	直B	直B	人A	人A	結B	結B	結B	人A	人A
13	人A	結B	直B	人A	人A	結B	結B	結B	人A	人A	直B	直B
14	結B	結B	人A	結B	結B	結B	結B	人A	直B	直B	直B	直B
15	結B	人A	結B	結B	結B	人A	人A	直B	直B	直B	人A	人A
16	人A	直B	結B	人A	人A	直B	直B	直B	人A	人A	結B	結B
17	直B	直B	人A	直B	直B	直B	直B	人A	結B	結B	直A	直A
18	直B	人A	直B	直B	直B	人A	人A	結B	直A	直A	人B	人B
19	人A	結B	直B	人A	人A	結B	結B	直A	人B	人B	結A	結A
20	結B	直A	人A	結B	結B	直A	直A	人B	結A	結A	結A	結A
21	直A	人B	結B	直A	直A	人B	人B	結A	結A	結A	人A	人A
22	人B	結A	直A	人B	人B	結A	結A	結A	人A	人A	結B	結B
23	結A	結A	人B	結A	結A	結A	結A	人A	結B	結B	直A	直A
24	結A	人A	結A	結A	結A	人A	人A	結B	直A	直A	人B	人B
25	人A	結B	結A	人A	人A	結B	結B	直A	人B	人B	結A	結A
26	結B	直A	人A	結B	結B	直A	直A	人B	結A	結A	結A	結A
27	直A	人B	結B	直A	直A	人B	人B	結A	結A	結A	人B	人B
28	人B	結A	直A	人B	人B	結A	結A	結A	人B	人B	直A	直A
29	結A		人B	結A	結A	結A	結A	人B	直A	直A	結B	結B
30	結A		結A	結A	結A	人B	人B	直A	結B	結B	人A	人A
31	人B		結A		人B		直A	結B		人A		結A

2004　平成16年

	1月	2月	3月	4月	5月	6月	7月	8月	9月	10月	11月	12月
1	結A	人B	結A	人B	人B	直A	直A	結B	人A	人A	直B	直B
2	人B	直A	人B	直A	直A	結B	結B	人A	直B	直B	直B	直B
3	直A	結B	直A	結B	結B	人A	人A	直B	直B	直B	人A	人A
4	結B	人A	結B	人A	人A	直B	直B	直B	人A	人A	結B	結B
5	人A	直B	人A	直B	直B	直B	直B	人A	結B	結B	結B	結B
6	直B	直B	直B	直B	直B	人A	人A	結B	結B	結B	人A	人A
7	直B	人A	直B	人A	人A	結B	結B	結B	人A	人A	直B	直B
8	人A	結B	人A	結B	結B	結B	結B	人A	直B	直B	直B	直B
9	結B	結B	結B	結B	結B	人A	人A	直B	直B	直B	人A	人A
10	結B	人A	結B	人A	人A	直B	直B	直B	人A	人A	結B	結B
11	人A	直B	人A	直B	直B	直B	直B	人A	結B	結B	直A	直A
12	直B	直B	直B	直B	直B	人A	人A	結B	直A	直A	人B	人B
13	直B	人A	直B	人A	人A	結B	結B	直A	人B	人B	結A	結A
14	人A	結B	人A	結B	結B	直A	直A	人B	結A	結A	結A	結A
15	結B	直A	結B	直A	直A	人B	人B	結A	結A	結A	人A	人A
16	直A	人B	直A	人B	人B	結A	結A	結A	人A	人A	結B	結B
17	人B	結A	人B	結A	結A	結A	結A	人A	結B	結B	直A	直A
18	結A	結A	結A	結A	結A	人A	人A	結B	直A	直A	人B	人B
19	結A	人A	結A	人A	人A	結B	結B	直A	人B	人B	結A	結A
20	人A	結B	人A	結B	結B	直A	直A	人B	結A	結A	結A	結A
21	結B	直A	結B	直A	直A	人B	人B	結A	結A	結A	人B	人B
22	直A	人B	直A	人B	人B	結A	結A	結A	人B	人B	直A	直A
23	人B	結A	人B	結A	結A	結A	結A	人B	直A	直A	結B	結B
24	結A	結A	結A	結A	結A	人B	人B	直A	結B	結B	人A	人A
25	結A	人B	結A	人B	人B	直A	直A	結B	人A	人A	結A	結A
26	人B	直A	人B	直A	直A	結B	結B	人A	結A	結A	結A	結A
27	直A	結B	直A	結B	結B	人A	人A	結A	結A	結A	人B	人B
28	結B	人A	結B	人A	人A	結A	結A	結A	人B	人B	直A	直A
29	人A	結A	人A	結A	結A	結A	結A	人B	直A	直A	結B	結B
30	結A		結A	結A	結A	人B	人B	直A	結B	結B	人A	人A
31	結A		結A		人B		直A	結B		人A		直B

2005　平成17年

	1月	2月	3月	4月	5月	6月	7月	8月	9月	10月	11月	12月
1	直B	人A	直B	直B	直B	人A	人A	結B	結B	結B	人A	人A
2	人A	結B	直B	人A	人A	結B	結B	結B	人A	人A	直B	直B
3	結B	結B	人A	結B	結B	結B	結B	人A	直B	直B	直B	直B
4	結B	人A	結B	結B	結B	人A	人A	直B	直B	直B	人A	人A
5	人A	直B	結B	人A	人A	直B	直B	直B	人A	人A	結B	結B
6	直B	直B	人A	直B	直B	直B	直B	人A	結B	結B	直A	直A
7	直B	人A	直B	直B	直B	人A	人A	結B	直A	直A	人B	人B
8	人A	結B	直B	人A	人A	結B	結B	直A	人B	人B	結A	結A
9	結B	直A	人A	結B	結B	直A	直A	人B	結A	結A	結A	結A
10	直A	人B	結B	直A	直A	人B	人B	結A	結A	結A	人A	人A
11	人B	結A	直A	人B	人B	結A	結A	結A	人A	人A	結B	結B
12	結A	結A	人B	結A	結A	結A	結A	人A	結B	結B	直A	直A
13	結A	人A	結A	結A	結A	人A	人A	結B	直A	直A	人B	人B
14	人A	結B	結A	人A	人A	結B	結B	直A	人B	人B	結A	結A
15	結B	直A	人A	結B	結B	直A	直A	人B	結A	結A	結A	結A
16	直A	人B	結B	直A	直A	人B	人B	結A	結A	結A	人B	人B
17	人B	結A	直A	人B	人B	結A	結A	結A	人B	人B	直A	直A
18	結A	結A	人B	結A	結A	結A	結A	人B	直A	直A	結B	結B
19	結A	人B	結A	結A	結A	人B	人B	直A	結B	結B	人A	人A
20	人B	直A	結A	人B	人B	直A	直A	結B	人A	人A	結A	結A
21	直A	結B	人B	直A	直A	結B	結B	人A	結A	結A	結A	結A
22	結B	人A	直A	結B	結B	人A	人A	結A	結A	結A	人B	人B
23	人A	結A	結B	人A	人A	結A	結A	結A	人B	人B	直A	直A
24	結A	結A	人A	結A	結A	結A	結A	人B	直A	直A	結B	結B
25	結A	人B	結A	結A	結A	人B	人B	直A	結B	結B	人A	人A
26	人B	直A	結A	人B	人B	直A	直A	結B	人A	人A	直B	直B
27	直A	結B	人B	直A	直A	結B	結B	人A	直B	直B	直B	直B
28	結B	人A	直A	結B	結B	人A	人A	直B	直B	直B	人A	人A
29	人A		結B	人A	人A	直B	直B	直B	人A	人A	結B	結B
30	直B		人A	直B	直B	直B	直B	人A	結B	結B	結B	結B
31	直B		直B		直B		人A	結B		結B		人A

2006　平成18年

	1月	2月	3月	4月	5月	6月	7月	8月	9月	10月	11月	12月
1	直B	直B	人A	直B	直B	直B	直B	人A	結B	結B	直A	直A
2	直B	人A	直B	直B	直B	人A	人A	結B	直A	直A	人B	人B
3	人A	結B	直B	人A	人A	結B	結B	直A	人B	人B	結A	結A
4	結B	直A	人A	結B	結B	直A	直A	人B	結A	結A	結A	結A
5	直A	人B	結B	直A	直A	人B	人B	結A	結A	結A	人A	人A
6	人B	結A	直A	人B	人B	結A	結A	結A	人A	人A	結B	結B
7	結A	結A	人B	結A	結A	結A	結A	人A	結B	結B	直A	直A
8	結A	人A	結A	結A	結A	人A	人A	結B	直A	直A	人B	人B
9	人A	結B	結A	人A	人A	結B	結B	直A	人B	人B	結A	結A
10	結B	直A	人A	結B	結B	直A	直A	人B	結A	結A	結A	結A
11	直A	人B	結B	直A	直A	人B	人B	結A	結A	結A	人B	人B
12	人B	結A	直A	人B	人B	結A	結A	結A	人B	人B	直A	直A
13	結A	結A	人B	結A	結A	結A	結A	人B	直A	直A	結B	結B
14	結A	人B	結A	結A	結A	人B	人B	直A	結B	結B	人A	人A
15	人B	直A	結A	人B	人B	直A	直A	結B	人A	人A	結A	結A
16	直A	結B	人B	直A	直A	結B	結B	人A	結A	結A	結A	結A
17	結B	人A	直A	結B	結B	人A	人A	結A	結A	結A	人B	人B
18	人A	結A	結B	人A	人A	結A	結A	結A	人B	人B	直A	直A
19	結A	結A	人A	結A	結A	結A	結A	人B	直A	直A	結B	結B
20	結A	人B	結A	結A	結A	人B	人B	直A	結B	結B	人A	人A
21	人B	直A	結A	人B	人B	直A	直A	結B	人A	人A	直B	直B
22	直A	結B	人B	直A	直A	結B	結B	人A	直B	直B	直B	直B
23	結B	人A	直A	結B	結B	人A	人A	直B	直B	直B	人A	人A
24	人A	直B	結B	人A	人A	直B	直B	直B	人A	人A	結B	結B
25	直B	直B	人A	直B	直B	直B	直B	人A	結B	結B	結B	結B
26	直B	人A	直B	直B	直B	人A	人A	結B	結B	結B	人A	人A
27	人A	結B	直B	人A	人A	結B	結B	結B	人A	人A	直B	直B
28	結B	結B	人A	結B	結B	結B	結B	人A	直B	直B	直B	直B
29	結B		結B	結B	結B	人A	人A	直B	直B	直B	人A	人A
30	人A		結B	人A	人A	直B	直B	直B	人A	人A	結B	結B
31	直B		人A		直B		直B	人A		結B		直A

2007　平成19年

	1月	2月	3月	4月	5月	6月	7月	8月	9月	10月	11月	12月
1	人B	結A	直A	人B	人B	結A	結A	結A	人A	人A	結B	結B
2	結A	結A	人B	結A	結A	結A	結A	人A	結B	結B	直A	直A
3	結A	人A	結A	結A	結A	人A	人A	結B	直A	直A	人B	人B
4	人A	結B	結A	人A	人A	結B	結B	直A	人B	人B	結A	結A
5	結B	直A	人A	結B	結B	直A	直A	人B	結A	結A	結A	結A
6	直A	人B	結B	直A	直A	人B	人B	結A	結A	結A	人B	人B
7	人B	結A	直A	人B	人B	結A	結A	結A	人B	人B	直A	直A
8	結A	結A	人B	結A	結A	結A	結A	人B	直A	直A	結B	結B
9	結A	人B	結A	結A	結A	人B	人B	直A	結B	結B	人A	人A
10	人B	直A	結A	人B	人B	直A	直A	結B	人A	人A	結A	結A
11	直A	結B	人B	直A	直A	結B	結B	人A	結A	結A	結A	結A
12	結B	人A	直A	結B	結B	人A	人A	結A	結A	結A	人B	人B
13	人A	結A	結B	人A	人A	結A	結A	結A	人B	人B	直A	直A
14	結A	結A	人A	結A	結A	結A	結A	人B	直A	直A	結B	結B
15	結A	人B	結A	結A	結A	人B	人B	直A	結B	結B	人A	人A
16	人B	直A	結A	人B	人B	直A	直A	結B	人A	人A	直B	直B
17	直A	結B	人B	直A	直A	結B	結B	人A	直B	直B	直B	直B
18	結B	人A	直A	結B	結B	人A	人A	直B	直B	直B	人A	人A
19	人A	直B	結B	人A	人A	直B	直B	直B	人A	人A	結B	結B
20	直B	直B	人A	直B	直B	直B	直B	人A	結B	結B	結B	結B
21	直B	人A	直B	直B	直B	人A	人A	結B	結B	結B	人A	人A
22	人A	結B	直B	人A	人A	結B	結B	結B	人A	人A	直B	直B
23	結B	結B	人A	結B	結B	結B	結B	人A	直B	直B	直B	直B
24	結B	人A	結B	結B	結B	人A	人A	直B	直B	直B	人A	人A
25	人A	直B	結B	人A	人A	直B	直B	直B	人A	人A	結B	結B
26	直B	直B	人A	直B	直B	直B	直B	人A	結B	結B	直A	直A
27	直B	人A	直B	直B	直B	人A	人A	結B	直A	直A	人B	人B
28	人A	結B	直B	人A	人A	結B	結B	直A	人B	人B	結A	結A
29	結B		人A	結B	結B	直A	直A	人B	結A	結A	結A	結A
30	直A		結B	直A	直A	人B	人B	結A	結A	結A	人A	人A
31	人B		直A		人B		結A	結A		人A		結B

2008　平成20年

	1月	2月	3月	4月	5月	6月	7月	8月	9月	10月	11月	12月
1	直A	人B	直A	人B	人B	結A	結A	結A	人B	人B	直A	直A
2	人B	結A	人B	結A	結A	結A	結A	人B	直A	直A	結B	結B
3	結A	結A	結A	結A	結A	人B	人B	直A	結B	結B	人A	人A
4	結A	人B	結A	人B	人B	直A	直A	結B	人A	人A	結A	結A
5	人B	直A	人B	直A	直A	結B	結B	人A	結A	結A	結A	結A
6	直A	結B	直A	結B	結B	人A	人A	結A	結A	結A	人B	人B
7	結B	人A	結B	人A	人A	結A	結A	結A	人B	人B	直A	直A
8	人A	結A	人A	結A	結A	結A	結A	人B	直A	直A	結B	結B
9	結A	結A	結A	結A	結A	人B	人B	直A	結B	結B	人A	人A
10	結A	人B	結A	人B	人B	直A	直A	結B	人A	人A	直B	直B
11	人B	直A	人B	直A	直A	結B	結B	人A	直B	直B	直B	直B
12	直A	結B	直A	結B	結B	人A	人A	直B	直B	直B	人A	人A
13	結B	人A	結B	人A	人A	直B	直B	直B	人A	人A	結B	結B
14	人A	直B	人A	直B	直B	直B	直B	人A	結B	結B	結B	結B
15	直B	直B	直B	直B	直B	人A	人A	結B	結B	結B	人A	人A
16	直B	人A	直B	人A	人A	結B	結B	結B	人A	人A	直B	直B
17	人A	結B	人A	結B	結B	結B	結B	人A	直B	直B	直B	直B
18	結B	結B	結B	結B	結B	人A	人A	直B	直B	直B	人A	人A
19	結B	人A	結B	人A	人A	直B	直B	直B	人A	人A	結B	結B
20	人A	直B	人A	直B	直B	直B	直B	人A	結B	結B	直A	直A
21	直B	直B	直B	直B	直B	人A	人A	結B	直A	直A	人B	人B
22	直B	人A	直B	人A	人A	結B	結B	直A	人B	人B	結A	結A
23	人A	結B	人A	結B	結B	直A	直A	人B	結A	結A	結A	結A
24	結B	直A	結B	直A	直A	人B	人B	結A	結A	結A	人A	人A
25	直A	人B	直A	人B	人B	結A	結A	結A	人A	人A	結B	結B
26	人B	結A	人B	結A	結A	結A	結A	人A	結B	結B	直A	直A
27	結A	結A	結A	結A	結A	人A	人A	結B	直A	直A	人B	人B
28	結A	人A	結A	人A	人A	結B	結B	直A	人B	人B	結A	結A
29	人A	結B	人A	結B	結B	直A	直A	人B	結A	結A	結A	結A
30	結B		結B	直A	直A	人B	人B	結A	結A	結A	人B	人B
31	直A		直A		人B		結A	結A		人B		直A

2009　平成21年

	1月	2月	3月	4月	5月	6月	7月	8月	9月	10月	11月	12月
1	結B	人A	直A	結B	結B	人A	人A	結A	結A	結A	人B	人B
2	人A	結A	結B	人A	人A	結A	結A	結A	人B	人B	直A	直A
3	結A	結A	人A	結A	結A	結A	結A	人B	直A	直A	結B	結B
4	結A	人B	結A	結A	結A	人B	人B	直A	結B	結B	人A	人A
5	人B	直A	結A	人B	人B	直A	直A	結B	人A	人A	直B	直B
6	直A	結B	人B	直A	直A	結B	結B	人A	直B	直B	直B	直B
7	結B	人A	直A	結B	結B	人A	人A	直B	直B	直B	人A	人A
8	人A	直B	結B	人A	人A	直B	直B	直B	人A	人A	結B	結B
9	直B	直B	人A	直B	直B	直B	直B	人A	結B	結B	結B	結B
10	直B	人A	直B	直B	直B	人A	人A	結B	結B	結B	人A	人A
11	人A	結B	直B	人A	人A	結B	結B	結B	人A	人A	直B	直B
12	結B	結B	人A	結B	結B	結B	結B	人A	直B	直B	直B	直B
13	結B	人A	結B	結B	結B	人A	人A	直B	直B	直B	人A	人A
14	人A	直B	結B	人A	人A	直B	直B	直B	人A	人A	結B	結B
15	直B	直B	人A	直B	直B	直B	直B	人A	結B	結B	直A	直A
16	直B	人A	直B	直B	直B	人A	人A	結B	直A	直A	人B	人B
17	人A	結B	直B	人A	人A	結B	結B	直A	人B	人B	結A	結A
18	結B	直A	人A	結B	結B	直A	直A	人B	結A	結A	結A	結A
19	直A	人B	結B	直A	直A	人B	人B	結A	結A	結A	人A	人A
20	人B	結A	直A	人B	人B	結A	結A	結A	人A	人A	結B	結B
21	結A	結A	人B	結A	結A	結A	結A	人A	結B	結B	直A	直A
22	結A	人A	結A	結A	結A	人A	人A	結B	直A	直A	人B	人B
23	人A	結B	結A	人A	人A	結B	結B	直A	人B	人B	結A	結A
24	結B	直A	人A	結B	結B	直A	直A	人B	結A	結A	結A	結A
25	直A	人B	結B	直A	直A	人B	人B	結A	結A	結A	人B	人B
26	人B	結A	直A	人B	人B	結A	結A	結A	人B	人B	直A	直A
27	結A	結A	人B	結A	結A	結A	結A	人B	直A	直A	結B	結B
28	結A	人B	結A	結A	結A	人B	人B	直A	結B	結B	人A	人A
29	人B		結A	人B	人B	直A	直A	結B	人A	人A	結A	結A
30	直A		人B	直A	直A	結B	結B	人A	結A	結A	結A	結A
31	結B		直A		結B		人A	結A		結A		人B

2010　平成22年

	1月	2月	3月	4月	5月	6月	7月	8月	9月	10月	11月	12月
1	直A	結B	人B	直A	直A	結B	結B	人A	直B	直B	直B	直B
2	結B	人A	直A	結B	結B	人A	人A	直B	直B	直B	人A	人A
3	人A	直B	結B	人A	人A	直B	直B	直B	人A	人A	結B	結B
4	直B	直B	人A	直B	直B	直B	直B	人A	結B	結B	結B	結B
5	直B	人A	直B	直B	直B	人A	人A	結B	結B	結B	人A	人A
6	人A	結B	直B	人A	人A	結B	結B	結B	人A	人A	直B	直B
7	結B	結B	人A	結B	結B	結B	結B	人A	直B	直B	直B	直B
8	結B	人A	結B	結B	結B	人A	人A	直B	直B	直B	人A	人A
9	人A	直B	結B	人A	人A	直B	直B	直B	人A	人A	結B	結B
10	直B	直B	人A	直B	直B	直B	直B	人A	結B	結B	直A	直A
11	直B	人A	直B	直B	直B	人A	人A	結B	直A	直A	人B	人B
12	人A	結B	直B	人A	人A	結B	結B	直A	人B	人B	結A	結A
13	結B	直A	人A	結B	結B	直A	直A	人B	結A	結A	結A	結A
14	直A	人B	結B	直A	直A	人B	人B	結A	結A	結A	人A	人A
15	人B	結A	直A	人B	人B	結A	結A	結A	人A	人A	結B	結B
16	結A	結A	人B	結A	結A	結A	結A	人A	結B	結B	直A	直A
17	結A	人A	結A	結A	結A	人A	人A	結B	直A	直A	人B	人B
18	人A	結B	結A	人A	人A	結B	結B	直A	人B	人B	結A	結A
19	結B	直A	人A	結B	結B	直A	直A	人B	結A	結A	結A	結A
20	直A	人B	結B	直A	直A	人B	人B	結A	結A	結A	人B	人B
21	人B	結A	直A	人B	人B	結A	結A	結A	人B	人B	直A	直A
22	結A	結A	人B	結A	結A	結A	結A	人B	直A	直A	結B	結B
23	結A	人B	結A	結A	結A	人B	人B	直A	結B	結B	人A	人A
24	人B	直A	結A	人B	人B	直A	直A	結B	人A	人A	結A	結A
25	直A	結B	人B	直A	直A	結B	結B	人A	結A	結A	結A	結A
26	結B	人A	直A	結B	結B	人A	人A	結A	結A	結A	人B	人B
27	人A	結A	結B	人A	人A	結A	結A	結A	人B	人B	直A	直A
28	結A	結A	人A	結A	結A	結A	結A	人B	直A	直A	結B	結B
29	結A		結A	結A	結A	人B	人B	直A	結B	結B	人A	人A
30	人B		結A	人B	人B	直A	直A	結B	人A	人A	直B	直B
31	直A		人B		直A		結B	人A		直B		直B

2011　平成23年

	1月	2月	3月	4月	5月	6月	7月	8月	9月	10月	11月	12月
1	人A	結B	直B	人A	人A	結B	結B	結B	人A	人A	直B	直B
2	結B	結B	人A	結B	結B	結B	結B	人A	直B	直B	直B	直B
3	結B	人A	結B	結B	結B	人A	人A	直B	直B	直B	人A	人A
4	人A	直B	結B	人A	人A	直B	直B	直B	人A	人A	結B	結B
5	直B	直B	人A	直B	直B	直B	直B	人A	結B	結B	直A	直A
6	直B	人A	直B	直B	直B	人A	人A	結B	直A	直A	人B	人B
7	人A	結B	直B	人A	人A	結B	結B	直A	人B	人B	結A	結A
8	結B	直A	人A	結B	結B	直A	直A	人B	結A	結A	結A	結A
9	直A	人B	結B	直A	直A	人B	人B	結A	結A	結A	人A	人A
10	人B	結A	直A	人B	人B	結A	結A	結A	人A	人A	結B	結B
11	結A	結A	人B	結A	結A	結A	結A	人A	結B	結B	直A	直A
12	結A	人A	結A	結A	結A	人A	人A	結B	直A	直A	人B	人B
13	人A	結B	結A	人A	人A	結B	結B	直A	人B	人B	結A	結A
14	結B	直A	人A	結B	結B	直A	直A	人B	結A	結A	結A	結A
15	直A	人B	結B	直A	直A	人B	人B	結A	結A	結A	人B	人B
16	人B	結A	直A	人B	人B	結A	結A	結A	人B	人B	直A	直A
17	結A	結A	人B	結A	結A	結A	結A	人B	直A	直A	結B	結B
18	結A	人B	結A	結A	結A	人B	人B	直A	結B	結B	人A	人A
19	人B	直A	結A	人B	人B	直A	直A	結B	人A	人A	結A	結A
20	直A	結B	人B	直A	直A	結B	結B	人A	結A	結A	結A	結A
21	結B	人A	直A	結B	結B	人A	人A	結A	結A	結A	人B	人B
22	人A	結A	結B	人A	人A	結A	結A	結A	人B	人B	直A	直A
23	結A	結A	人A	結A	結A	結A	結A	人B	直A	直A	結B	結B
24	結A	人B	結A	結A	結A	人B	人B	直A	結B	結B	人A	人A
25	人B	直A	結A	人B	人B	直A	直A	結B	人A	人A	直B	直B
26	直A	結B	人B	直A	直A	結B	結B	人A	直B	直B	直B	直B
27	結B	人A	直A	結B	結B	人A	人A	直B	直B	直B	人A	人A
28	人A	直B	結B	人A	人A	直B	直B	直B	人A	人A	結B	結B
29	直B		人A	直B	直B	直B	直B	人A	結B	結B	結B	結B
30	直B		直B	直B	直B	人A	人A	結B	結B	結B	人A	人A
31	人A		直B		人A		結B	結B		人A		直B

2012　平成24年

	1月	2月	3月	4月	5月	6月	7月	8月	9月	10月	11月	12月
1	直B	人A	直B	人A	人A	結B	結B	直A	人B	人B	結A	結A
2	人A	結B	人A	結B	結B	直A	直A	人B	結A	結A	結A	結A
3	結B	直A	結B	直A	直A	人B	人B	結A	結A	結A	人A	人A
4	直A	人B	直A	人B	人B	結A	結A	結A	人A	人A	結B	結B
5	人B	結A	人B	結A	結A	結A	結A	人A	結B	結B	直A	直A
6	結A	結A	結A	結A	結A	人A	人A	結B	直A	直A	人B	人B
7	結A	人A	結A	人A	人A	結B	結B	直A	人B	人B	結A	結A
8	人A	結B	人A	結B	結B	直A	直A	人B	結A	結A	結A	結A
9	結B	直A	結B	直A	直A	人B	人B	結A	結A	結A	人B	人B
10	直A	人B	直A	人B	人B	結A	結A	結A	人B	人B	直A	直A
11	人B	結A	人B	結A	結A	結A	結A	人B	直A	直A	結B	結B
12	結A	結A	結A	結A	結A	人B	人B	直A	結B	結B	人A	人A
13	結A	人B	結A	人B	人B	直A	直A	結B	人A	人A	結A	結A
14	人B	直A	人B	直A	直A	結B	結B	人A	結A	結A	結A	結A
15	直A	結B	直A	結B	結B	人A	人A	結A	結A	結A	人B	人B
16	結B	人A	結B	人A	人A	結A	結A	結A	人B	人B	直A	直A
17	人A	結A	人A	結A	結A	結A	結A	人B	直A	直A	結B	結B
18	結A	結A	結A	結A	結A	人B	人B	直A	結B	結B	人A	人A
19	結A	人B	結A	人B	人B	直A	直A	結B	人A	人A	直B	直B
20	人B	直A	人B	直A	直A	結B	結B	人A	直B	直B	直B	直B
21	直A	結B	直A	結B	結B	人A	人A	直B	直B	直B	人A	人A
22	結B	人A	結B	人A	人A	直B	直B	直B	人A	人A	結B	結B
23	人A	直B	人A	直B	直B	直B	直B	人A	結B	結B	結B	結B
24	直B	直B	直B	直B	直B	人A	人A	結B	結B	結B	人A	人A
25	直B	人A	直B	人A	人A	結B	結B	結B	人A	人A	直B	直B
26	人A	結B	人A	結B	結B	結B	結B	人A	直B	直B	直B	直B
27	結B	結B	結B	結B	結B	人A	人A	直B	直B	直B	人A	人A
28	結B	人A	結B	人A	人A	直B	直B	直B	人A	人A	結B	結B
29	人A	直B	人A	直B	直B	直B	直B	人A	結B	結B	直A	直A
30	直B		直B	直B	直B	人A	人A	結B	直A	直A	人B	人B
31	直B		直B		人A		結B	直A		人B		結A

2013　平成25年

	1月	2月	3月	4月	5月	6月	7月	8月	9月	10月	11月	12月
1	結A	人A	結A	結A	結A	人A	人A	結B	直A	直A	人B	人B
2	人A	結B	結A	人A	人A	結B	結B	直A	人B	人B	結A	結A
3	結B	直A	人A	結B	結B	直A	直A	人B	結A	結A	結A	結A
4	直A	人B	結B	直A	直A	人B	人B	結A	結A	結A	人B	人B
5	人B	結A	直A	人B	人B	結A	結A	結A	人B	人B	直A	直A
6	結A	結A	人B	結A	結A	結A	結A	人B	直A	直A	結B	結B
7	結A	人B	結A	結A	結A	人B	人B	直A	結B	結B	人A	人A
8	人B	直A	結A	人B	人B	直A	直A	結B	人A	人A	結A	結A
9	直A	結B	人B	直A	直A	結B	結B	人A	結A	結A	結A	結A
10	結B	人A	直A	結B	結B	人A	人A	結A	結A	結A	人B	人B
11	人A	結A	結B	人A	人A	結A	結A	結A	人B	人B	直A	直A
12	結A	結A	人A	結A	結A	結A	結A	人B	直A	直A	結B	結B
13	結A	人B	結A	結A	結A	人B	人B	直A	結B	結B	人A	人A
14	人B	直A	結A	人B	人B	直A	直A	結B	人A	人A	直B	直B
15	直A	結B	人B	直A	直A	結B	結B	人A	直B	直B	直B	直B
16	結B	人A	直A	結B	結B	人A	人A	直B	直B	直B	人A	人A
17	人A	直B	結B	人A	人A	直B	直B	直B	人A	人A	結B	結B
18	直B	直B	人A	直B	直B	直B	直B	人A	結B	結B	結B	結B
19	直B	人A	直B	直B	直B	人A	人A	結B	結B	結B	人A	人A
20	人A	結B	直B	人A	人A	結B	結B	結B	人A	人A	直B	直B
21	結B	結B	人A	結B	結B	結B	結B	人A	直B	直B	直B	直B
22	結B	人A	結B	結B	結B	人A	人A	直B	直B	直B	人A	人A
23	人A	直B	結B	人A	人A	直B	直B	直B	人A	人A	結B	結B
24	直B	直B	人A	直B	直B	直B	直B	人A	結B	結B	直A	直A
25	直B	人A	直B	直B	直B	人A	人A	結B	直A	直A	人B	人B
26	人A	結B	直B	人A	人A	結B	結B	直A	人B	人B	結A	結A
27	結B	直A	人A	結B	結B	直A	直A	人B	結A	結A	結A	結A
28	直A	人B	結B	直A	直A	人B	人B	結A	結A	結A	人A	人A
29	人B		直A	人B	人B	結A	結A	結A	人A	人A	結B	結B
30	結A		人B	結A	結A	結A	結A	人A	結B	結B	直A	直A
31	結A		結A		結A		人A	結B		直A		人B

2014　平成26年

	1月	2月	3月	4月	5月	6月	7月	8月	9月	10月	11月	12月
1	結A	結A	人B	結A	結A	結A	結A	人B	直A	直A	結B	結B
2	結A	人B	結A	結A	結A	人B	人B	直A	結B	結B	人A	人A
3	人B	直A	結A	人B	人B	直A	直A	結B	人A	人A	結A	結A
4	直A	結B	人B	直A	直A	結B	結B	人A	結A	結A	結A	結A
5	結B	人A	直A	結B	結B	人A	人A	結A	結A	結A	人B	人B
6	人A	結A	結B	人A	人A	結A	結A	結A	人B	人B	直A	直A
7	結A	結A	人A	結A	結A	結A	結A	人B	直A	直A	結B	結B
8	結A	人B	結A	結A	結A	人B	人B	直A	結B	結B	人A	人A
9	人B	直A	結A	人B	人B	直A	直A	結B	人A	人A	直B	直B
10	直A	結B	人B	直A	直A	結B	結B	人A	直B	直B	直B	直B
11	結B	人A	直A	結B	結B	人A	人A	直B	直B	直B	人A	人A
12	人A	直B	結B	人A	人A	直B	直B	直B	人A	人A	結B	結B
13	直B	直B	人A	直B	直B	直B	直B	人A	結B	結B	結B	結B
14	直B	人A	直B	直B	直B	人A	人A	結B	結B	結B	人A	人A
15	人A	結B	直B	人A	人A	結B	結B	結B	人A	人A	直B	直B
16	結B	結B	人A	結B	結B	結B	結B	人A	直B	直B	直B	直B
17	結B	人A	結B	結B	結B	人A	人A	直B	直B	直B	人A	人A
18	人A	直B	結B	人A	人A	直B	直B	直B	人A	人A	結B	結B
19	直B	直B	人A	直B	直B	直B	直B	人A	結B	結B	直A	直A
20	直B	人A	直B	直B	直B	人A	人A	結B	直A	直A	人B	人B
21	人A	結B	直B	人A	人A	結B	結B	直A	人B	人B	結A	結A
22	結B	直A	人A	結B	結B	直A	直A	人B	結A	結A	結A	結A
23	直A	人B	結B	直A	直A	人B	人B	結A	結A	結A	人A	人A
24	人B	結A	直A	人B	人B	結A	結A	結A	人A	人A	結B	結B
25	結A	結A	人B	結A	結A	結A	結A	人A	結B	結B	直A	直A
26	結A	人A	結A	結A	結A	人A	人A	結B	直A	直A	人B	人B
27	人A	結B	結A	人A	人A	結B	結B	直A	人B	人B	結A	結A
28	結B	直A	人A	結B	結B	直A	直A	人B	結A	結A	結A	結A
29	直A		結B	直A	直A	人B	人B	結A	結A	結A	人B	人B
30	人B		直A	人B	人B	結A	結A	結A	人B	人B	直A	直A
31	結A		人B		結A		結A	人B		直A		結B

2015　平成27年

	1月	2月	3月	4月	5月	6月	7月	8月	9月	10月	11月	12月
1	人A	結A	結B	人A	人A	結A	結A	結A	人B	人B	直A	直A
2	結A	結A	人A	結A	結A	結A	結A	人B	直A	直A	結B	結B
3	結A	人B	結A	結A	結A	人B	人B	直A	結B	結B	人A	人A
4	人B	直A	結A	人B	人B	直A	直A	結B	人A	人A	直B	直B
5	直A	結B	人B	直A	直A	結B	結B	人A	直B	直B	直B	直B
6	結B	人A	直A	結B	結B	人A	人A	直B	直B	直B	人A	人A
7	人A	直B	結B	人A	人A	直B	直B	直B	人A	人A	結B	結B
8	直B	直B	人A	直B	直B	直B	直B	人A	結B	結B	結B	結B
9	直B	人A	直B	直B	直B	人A	人A	結B	結B	結B	人A	人A
10	人A	結B	直B	人A	人A	結B	結B	結B	人A	人A	直B	直B
11	結B	結B	人A	結B	結B	結B	結B	人A	直B	直B	直B	直B
12	結B	人A	結B	結B	結B	人A	人A	直B	直B	直B	人A	人A
13	人A	直B	結B	人A	人A	直B	直B	直B	人A	人A	結B	結B
14	直B	直B	人A	直B	直B	直B	直B	人A	結B	結B	直A	直A
15	直B	人A	直B	直B	直B	人A	人A	結B	直A	直A	人B	人B
16	人A	結B	直B	人A	人A	結B	結B	直A	人B	人B	結A	結A
17	結B	直A	人A	結B	結B	直A	直A	人B	結A	結A	結A	結A
18	直A	人B	結B	直A	直A	人B	人B	結A	結A	結A	人A	人A
19	人B	結A	直A	人B	人B	結A	結A	結A	人A	人A	結B	結B
20	結A	結A	人B	結A	結A	結A	結A	人A	結B	結B	直A	直A
21	結A	人A	結A	結A	結A	人A	人A	結B	直A	直A	人B	人B
22	人A	結B	結A	人A	人A	結B	結B	直A	人B	人B	結A	結A
23	結B	直A	人A	結B	結B	直A	直A	人B	結A	結A	結A	結A
24	直A	人B	結B	直A	直A	人B	人B	結A	結A	結A	人B	人B
25	人B	結A	直A	人B	人B	結A	結A	結A	人B	人B	直A	直A
26	結A	結A	人B	結A	結A	結A	結A	人B	直A	直A	結B	結B
27	結A	人B	結A	結A	結A	人B	人B	直A	結B	結B	人A	人A
28	人B	直A	結A	人B	人B	直A	直A	結B	人A	人A	結A	結A
29	直A		人B	直A	直A	結B	結B	人A	結A	結A	結A	結A
30	結B		直A	結B	結B	人A	人A	結A	結A	結A	人B	人B
31	人A		結B		人A		結A	結A		人B		直A

2016　平成28年

	1月	2月	3月	4月	5月	6月	7月	8月	9月	10月	11月	12月
1	結B	人A	結B	人A	人A	直B	直B	直B	人A	人A	結B	結B
2	人A	直B	人A	直B	直B	直B	直B	人A	結B	結B	結B	結B
3	直B	直B	直B	直B	直B	人A	人A	結B	結B	結B	人A	人A
4	直B	人A	直B	人A	人A	結B	結B	結B	人A	人A	直B	直B
5	人A	結B	人A	結B	結B	結B	結B	人A	直B	直B	直B	直B
6	結B	結B	結B	結B	結B	人A	人A	直B	直B	直B	人A	人A
7	結B	人A	結B	人A	人A	直B	直B	直B	人A	人A	結B	結B
8	人A	直B	人A	直B	直B	直B	直B	人A	結B	結B	直A	直A
9	直B	直B	直B	直B	直B	人A	人A	結B	直A	直A	人B	人B
10	直B	人A	直B	人A	人A	結B	結B	直A	人B	人B	結A	結A
11	人A	結B	人A	結B	結B	直A	直A	人B	結A	結A	結A	結A
12	結B	直A	結B	直A	直A	人B	人B	結A	結A	結A	人A	人A
13	直A	人B	直A	人B	人B	結A	結A	結A	人A	人A	結B	結B
14	人B	結A	人B	結A	結A	結A	結A	人A	結B	結B	直A	直A
15	結A	結A	結A	結A	結A	人A	人A	結B	直A	直A	人B	人B
16	結A	人A	結A	人A	人A	結B	結B	直A	人B	人B	結A	結A
17	人A	結B	人A	結B	結B	直A	直A	人B	結A	結A	結A	結A
18	結B	直A	結B	直A	直A	人B	人B	結A	結A	結A	人B	人B
19	直A	人B	直A	人B	人B	結A	結A	結A	人B	人B	直A	直A
20	人B	結A	人B	結A	結A	結A	結A	人B	直A	直A	結B	結B
21	結A	結A	結A	結A	結A	人B	人B	直A	結B	結B	人A	人A
22	結A	人B	結A	人B	人B	直A	直A	結B	人A	人A	結A	結A
23	人B	直A	人B	直A	直A	結B	結B	人A	結A	結A	結A	結A
24	直A	結B	直A	結B	結B	人A	人A	結A	結A	結A	人B	人B
25	結B	人A	結B	人A	人A	結A	結A	結A	人B	人B	直A	直A
26	人A	結A	人A	結A	結A	結A	結A	人B	直A	直A	結B	結B
27	結A	結A	結A	結A	結A	人B	人B	直A	結B	結B	人A	人A
28	結A	人B	結A	人B	人B	直A	直A	結B	人A	人A	直B	直B
29	人B	直A	人B	直A	直A	結B	結B	人A	直B	直B	直B	直B
30	直A		直A	結B	結B	人A	人A	直B	直B	直B	人A	人A
31	結B		結B		人A		直B	直B		人A		結B

2017　平成29年

	1月	2月	3月	4月	5月	6月	7月	8月	9月	10月	11月	12月
1	結B	人A	結B	結B	結B	人A	人A	直B	直B	直B	人A	人A
2	人A	直B	結B	人A	人A	直B	直B	直B	人A	人A	結B	結B
3	直B	直B	人A	直B	直B	直B	直B	人A	結B	結B	直A	直A
4	直B	人A	直B	直B	直B	人A	人A	結B	直A	直A	人B	人B
5	人A	結B	直B	人A	人A	結B	結B	直A	人B	人B	結A	結A
6	結B	直A	人A	結B	結B	直A	直A	人B	結A	結A	結A	結A
7	直A	人B	結B	直A	直A	人B	人B	結A	結A	結A	人A	人A
8	人B	結A	直A	人B	人B	結A	結A	結A	人A	人A	結B	結B
9	結A	結A	人B	結A	結A	結A	結A	人A	結B	結B	直A	直A
10	結A	人A	結A	結A	結A	人A	人A	結B	直A	直A	人B	人B
11	人A	結B	結A	人A	人A	結B	結B	直A	人B	人B	結A	結A
12	結B	直A	人A	結B	結B	直A	直A	人B	結A	結A	結A	結A
13	直A	人B	結B	直A	直A	人B	人B	結A	結A	結A	人B	人B
14	人B	結A	直A	人B	人B	結A	結A	結A	人B	人B	直A	直A
15	結A	結A	人B	結A	結A	結A	結A	人B	直A	直A	結B	結B
16	結A	人B	結A	結A	結A	人B	人B	直A	結B	結B	人A	人A
17	人B	直A	結A	人B	人B	直A	直A	結B	人A	人A	結A	結A
18	直A	結B	人B	直A	直A	結B	結B	人A	結A	結A	結A	結A
19	結B	人A	直A	結B	結B	人A	人A	結A	結A	結A	人B	人B
20	人A	結A	結B	人A	人A	結A	結A	結A	人B	人B	直A	直A
21	結A	結A	人A	結A	結A	結A	結A	人B	直A	直A	結B	結B
22	結A	人B	結A	結A	結A	人B	人B	直A	結B	結B	人A	人A
23	人B	直A	結A	人B	人B	直A	直A	結B	人A	人A	直B	直B
24	直A	結B	人B	直A	直A	結B	結B	人A	直B	直B	直B	直B
25	結B	人A	直A	結B	結B	人A	人A	直B	直B	直B	人A	人A
26	人A	直B	結B	人A	人A	直B	直B	直B	人A	人A	結B	結B
27	直B	直B	人A	直B	直B	直B	直B	人A	結B	結B	結B	結B
28	直B	人A	直B	直B	直B	人A	人A	結B	結B	結B	人A	人A
29	人A		直B	人A	人A	結B	結B	結B	人A	人A	直B	直B
30	結B		人A	結B	結B	結B	結B	人A	直B	直B	直B	直B
31	結B		結B		結B		人A	直B		直B		人A

2018　平成30年

	1月	2月	3月	4月	5月	6月	7月	8月	9月	10月	11月	12月
1	結B	直A	人A	結B	結B	直A	直A	人B	結A	結A	結A	結A
2	直A	人B	結B	直A	直A	人B	人B	結A	結A	結A	人A	人A
3	人B	結A	直A	人B	人B	結A	結A	結A	人A	人A	結B	結B
4	結A	結A	人B	結A	結A	結A	結A	人A	結B	結B	直A	直A
5	結A	人A	結A	結A	結A	人A	人A	結B	直A	直A	人B	人B
6	人A	結B	結A	人A	人A	結B	結B	直A	人B	人B	結A	結A
7	結B	直A	人A	結B	結B	直A	直A	人B	結A	結A	結A	結A
8	直A	人B	結B	直A	直A	人B	人B	結A	結A	結A	人B	人B
9	人B	結A	直A	人B	人B	結A	結A	結A	人B	人B	直A	直A
10	結A	結A	人B	結A	結A	結A	結A	人B	直A	直A	結B	結B
11	結A	人B	結A	結A	結A	人B	人B	直A	結B	結B	人A	人A
12	人B	直A	結A	人B	人B	直A	直A	結B	人A	人A	結A	結A
13	直A	結B	人B	直A	直A	結B	結B	人A	結A	結A	結A	結A
14	結B	人A	直A	結B	結B	人A	人A	結A	結A	結A	人B	人B
15	人A	結A	結B	人A	人A	結A	結A	結A	人B	人B	直A	直A
16	結A	結A	人A	結A	結A	結A	結A	人B	直A	直A	結B	結B
17	結A	人B	結A	結A	結A	人B	人B	直A	結B	結B	人A	人A
18	人B	直A	結A	人B	人B	直A	直A	結B	人A	人A	直B	直B
19	直A	結B	人B	直A	直A	結B	結B	人A	直B	直B	直B	直B
20	結B	人A	直A	結B	結B	人A	人A	直B	直B	直B	人A	人A
21	人A	直B	結B	人A	人A	直B	直B	直B	人A	人A	結B	結B
22	直B	直B	人A	直B	直B	直B	直B	人A	結B	結B	結B	結B
23	直B	人A	直B	直B	直B	人A	人A	結B	結B	結B	人A	人A
24	人A	結B	直B	人A	人A	結B	結B	結B	人A	人A	直B	直B
25	結B	結B	人A	結B	結B	結B	結B	人A	直B	直B	直B	直B
26	結B	人A	結B	結B	結B	人A	人A	直B	直B	直B	人A	人A
27	人A	直B	結B	人A	人A	直B	直B	直B	人A	人A	結B	結B
28	直B	直B	人A	直B	直B	直B	直B	人A	結B	結B	直A	直A
29	直B		直B	直B	直B	人A	人A	結B	直A	直A	人B	人B
30	人A		直B	人A	人A	結B	結B	直A	人B	人B	結A	結A
31	結B		人A		結B		直A	人B		結A		結A

2019　平成31年・令和元年

	1月	2月	3月	4月	5月	6月	7月	8月	9月	10月	11月	12月
1	人A	結B	結A	人A	人A	結B	結B	直A	人B	人B	結A	結A
2	結B	直A	人A	結B	結B	直A	直A	人B	結A	結A	結A	結A
3	直A	人B	結B	直A	直A	人B	人B	結A	結A	結A	人B	人B
4	人B	結A	直A	人B	人B	結A	結A	結A	人B	人B	直A	直A
5	結A	結A	人B	結A	結A	結A	結A	人B	直A	直A	結B	結B
6	結A	人B	結A	結A	結A	人B	人B	直A	結B	結B	人A	人A
7	人B	直A	結A	人B	人B	直A	直A	結B	人A	人A	結A	結A
8	直A	結B	人B	直A	直A	結B	結B	人A	結A	結A	結A	結A
9	結B	人A	直A	結B	結B	人A	人A	結A	結A	結A	人B	人B
10	人A	結A	結B	人A	人A	結A	結A	結A	人B	人B	直A	直A
11	結A	結A	人A	結A	結A	結A	結A	人B	直A	直A	結B	結B
12	結A	人B	結A	結A	結A	人B	人B	直A	結B	結B	人A	人A
13	人B	直A	結A	人B	人B	直A	直A	結B	人A	人A	直B	直B
14	直A	結B	人B	直A	直A	結B	結B	人A	直B	直B	直B	直B
15	結B	人A	直A	結B	結B	人A	人A	直B	直B	直B	人A	人A
16	人A	直B	結B	人A	人A	直B	直B	直B	人A	人A	結B	結B
17	直B	直B	人A	直B	直B	直B	直B	人A	結B	結B	結B	結B
18	直B	人A	直B	直B	直B	人A	人A	結B	結B	結B	人A	人A
19	人A	結B	直B	人A	人A	結B	結B	結B	人A	人A	直B	直B
20	結B	結B	人A	結B	結B	結B	結B	人A	直B	直B	直B	直B
21	結B	人A	結B	結B	結B	人A	人A	直B	直B	直B	人A	人A
22	人A	直B	結B	人A	人A	直B	直B	直B	人A	人A	結B	結B
23	直B	直B	人A	直B	直B	直B	直B	人A	結B	結B	直A	直A
24	直B	人A	直B	直B	直B	人A	人A	結B	直A	直A	人B	人B
25	人A	結B	直B	人A	人A	結B	結B	直A	人B	人B	結A	結A
26	結B	直A	人A	結B	結B	直A	直A	人B	結A	結A	結A	結A
27	直A	人B	結B	直A	直A	人B	人B	結A	結A	結A	人A	人A
28	人B	結A	直A	人B	人B	結A	結A	結A	人A	人A	結B	結B
29	結A		人B	結A	結A	結A	結A	人A	結B	結B	直A	直A
30	結A		結A	結A	結A	人A	人A	結B	直A	直A	人B	人B
31	人A		結A		人A		結B	直A		人B		結A

2020　令和２年

	1月	2月	3月	4月	5月	6月	7月	8月	9月	10月	11月	12月
1	結A	人B	結A	人B	人B	直A	直A	結B	人A	人A	結A	結A
2	人B	直A	人B	直A	直A	結B	結B	人A	結A	結A	結A	結A
3	直A	結B	直A	結B	結B	人A	人A	結A	結A	結A	人B	人B
4	結B	人A	結B	人A	人A	結A	結A	結A	人B	人B	直A	直A
5	人A	結A	人A	結A	結A	結A	結A	人B	直A	直A	結B	結B
6	結A	結A	結A	結A	結A	人B	人B	直A	結B	結B	人A	人A
7	結A	人B	結A	人B	人B	直A	直A	結B	人A	人A	直B	直B
8	人B	直A	人B	直A	直A	結B	結B	人A	直B	直B	直B	直B
9	直A	結B	直A	結B	結B	人A	人A	直B	直B	直B	人A	人A
10	結B	人A	結B	人A	人A	直B	直B	直B	人A	人A	結B	結B
11	人A	直B	人A	直B	直B	直B	直B	人A	結B	結B	結B	結B
12	直B	直B	直B	直B	直B	人A	人A	結B	結B	結B	人A	人A
13	直B	人A	直B	人A	人A	結B	結B	結B	人A	人A	直B	直B
14	人A	結B	人A	結B	結B	結B	結B	人A	直B	直B	直B	直B
15	結B	結B	結B	結B	結B	人A	人A	直B	直B	直B	人A	人A
16	結B	人A	結B	人A	人A	直B	直B	直B	人A	人A	結B	結B
17	人A	直B	人A	直B	直B	直B	直B	人A	結B	結B	直A	直A
18	直B	直B	直B	直B	直B	人A	人A	結B	直A	直A	人B	人B
19	直B	人A	直B	人A	人A	結B	結B	直A	人B	人B	結A	結A
20	人A	結B	人A	結B	結B	直A	直A	人B	結A	結A	結A	結A
21	結B	直A	結B	直A	直A	人B	人B	結A	結A	結A	人A	人A
22	直A	人B	直A	人B	人B	結A	結A	結A	人A	人A	結B	結B
23	人B	結A	人B	結A	結A	結A	結A	人A	結B	結B	直A	直A
24	結A	結A	結A	結A	結A	人A	人A	結B	直A	直A	人B	人B
25	結A	人A	結A	人A	人A	結B	結B	直A	人B	人B	結A	結A
26	人A	結B	人A	結B	結B	直A	直A	人B	結A	結A	結A	結A
27	結B	直A	結B	直A	直A	人B	人B	結A	結A	結A	人B	人B
28	直A	人B	直A	人B	人B	結A	結A	結A	人B	人B	直A	直A
29	人B	結A	人B	結A	結A	結A	結A	人B	直A	直A	結B	結B
30	結A		結A	結A	結A	人B	人B	直A	結B	結B	人A	人A
31	結A		結A		人B		直A	結B		人A		結A

2021　令和３年

	1月	2月	3月	4月	5月	6月	7月	8月	9月	10月	11月	12月
1	結A	人B	結A	結A	結A	人B	人B	直A	結B	結B	人A	人A
2	人B	直A	結A	人B	人B	直A	直A	結B	人A	人A	直B	直B
3	直A	結B	人B	直A	直A	結B	結B	人A	直B	直B	直B	直B
4	結B	人A	直A	結B	結B	人A	人A	直B	直B	直B	人A	人A
5	人A	直B	結B	人A	人A	直B	直B	直B	人A	人A	結B	結B
6	直B	直B	人A	直B	直B	直B	直B	人A	結B	結B	結B	結B
7	直B	人A	直B	直B	直B	人A	人A	結B	結B	結B	人A	人A
8	人A	結B	直B	人A	人A	結B	結B	結B	人A	人A	直B	直B
9	結B	結B	人A	結B	結B	結B	結B	人A	直B	直B	直B	直B
10	結B	人A	結B	結B	結B	人A	人A	直B	直B	直B	人A	人A
11	人A	直B	結B	人A	人A	直B	直B	直B	人A	人A	結B	結B
12	直B	直B	人A	直B	直B	直B	直B	人A	結B	結B	直A	直A
13	直B	人A	直B	直B	直B	人A	人A	結B	直A	直A	人B	人B
14	人A	結B	直B	人A	人A	結B	結B	直A	人B	人B	結A	結A
15	結B	直A	人A	結B	結B	直A	直A	人B	結A	結A	結A	結A
16	直A	人B	結B	直A	直A	人B	人B	結A	結A	結A	人A	人A
17	人B	結A	直A	人B	人B	結A	結A	結A	人A	人A	結B	結B
18	結A	結A	人B	結A	結A	結A	結A	人A	結B	結B	直A	直A
19	結A	人A	結A	結A	結A	人A	人A	結B	直A	直A	人B	人B
20	人A	結B	結A	人A	人A	結B	結B	直A	人B	人B	結A	結A
21	結B	直A	人A	結B	結B	直A	直A	人B	結A	結A	結A	結A
22	直A	人B	結B	直A	直A	人B	人B	結A	結A	結A	人B	人B
23	人B	結A	直A	人B	人B	結A	結A	結A	人B	人B	直A	直A
24	結A	結A	人B	結A	結A	結A	結A	人B	直A	直A	結B	結B
25	結A	人B	結A	結A	結A	人B	人B	直A	結B	結B	人A	人A
26	人B	直A	結A	人B	人B	直A	直A	結B	人A	人A	結A	結A
27	直A	結B	人B	直A	直A	結B	結B	人A	結A	結A	結A	結A
28	結B	人A	直A	結B	結B	人A	人A	結A	結A	結A	人B	人B
29	人A		結B	人A	人A	結A	結A	結A	人B	人B	直A	直A
30	結A		人A	結A	結A	結A	結A	人B	直A	直A	結B	結B
31	結A		結A		結A		人B	直A		結B		人A

2022　令和４年

	1月	2月	3月	4月	5月	6月	7月	8月	9月	10月	11月	12月
1	直B	直B	人A	直B	直B	直B	直B	人A	結B	結B	結B	結B
2	直B	人A	直B	直B	直B	人A	人A	結B	結B	結B	人A	人A
3	人A	結B	直B	人A	人A	結B	結B	結B	人A	人A	直B	直B
4	結B	結B	人A	結B	結B	結B	結B	人A	直B	直B	直B	直B
5	結B	人A	結B	結B	結B	人A	人A	直B	直B	直B	人A	人A
6	人A	直B	結B	人A	人A	直B	直B	直B	人A	人A	結B	結B
7	直B	直B	人A	直B	直B	直B	直B	人A	結B	結B	直A	直A
8	直B	人A	直B	直B	直B	人A	人A	結B	直A	直A	人B	人B
9	人A	結B	直B	人A	人A	結B	結B	直A	人B	人B	結A	結A
10	結B	直A	人A	結B	結B	直A	直A	人B	結A	結A	結A	結A
11	直A	人B	結B	直A	直A	人B	人B	結A	結A	結A	人A	人A
12	人B	結A	直A	人B	人B	結A	結A	結A	人A	人A	結B	結B
13	結A	結A	人B	結A	結A	結A	結A	人A	結B	結B	直A	直A
14	結A	人A	結A	結A	結A	人A	人A	結B	直A	直A	人B	人B
15	人A	結B	結A	人A	人A	結B	結B	直A	人B	人B	結A	結A
16	結B	直A	人A	結B	結B	直A	直A	人B	結A	結A	結A	結A
17	直A	人B	結B	直A	直A	人B	人B	結A	結A	結A	人B	人B
18	人B	結A	直A	人B	人B	結A	結A	結A	人B	人B	直A	直A
19	結A	結A	人B	結A	結A	結A	結A	人B	直A	直A	結B	結B
20	結A	人B	結A	結A	結A	人B	人B	直A	結B	結B	人A	人A
21	人B	直A	結A	人B	人B	直A	直A	結B	人A	人A	結A	結A
22	直A	結B	人B	直A	直A	結B	結B	人A	結A	結A	結A	結A
23	結B	人A	直A	結B	結B	人A	人A	結A	結A	結A	人B	人B
24	人A	結A	結B	人A	人A	結A	結A	結A	人B	人B	直A	直A
25	結A	結A	人A	結A	結A	結A	結A	人B	直A	直A	結B	結B
26	結A	人B	結A	結A	結A	人B	人B	直A	結B	結B	人A	人A
27	人B	直A	結A	人B	人B	直A	直A	結B	人A	人A	直B	直B
28	直A	結B	人B	直A	直A	結B	結B	人A	直B	直B	直B	直B
29	結B		直A	結B	結B	人A	人A	直B	直B	直B	人A	人A
30	人A		結B	人A	人A	直B	直B	直B	人A	人A	結B	結B
31	直B		人A		直B		直B	人A		結B		結B

2023　令和５年

	1月	2月	3月	4月	5月	6月	7月	8月	9月	10月	11月	12月
1	人A	直B	結B	人A	人A	直B	直B	直B	人A	人A	結B	結B
2	直B	直B	人A	直B	直B	直B	直B	人A	結B	結B	直A	直A
3	直B	人A	直B	直B	直B	人A	人A	結B	直A	直A	人B	人B
4	人A	結B	直B	人A	人A	結B	結B	直A	人B	人B	結A	結A
5	結B	直A	人A	結B	結B	直A	直A	人B	結A	結A	結A	結A
6	直A	人B	結B	直A	直A	人B	人B	結A	結A	結A	人A	人A
7	人B	結A	直A	人B	人B	結A	結A	結A	人A	人A	結B	結B
8	結A	結A	人B	結A	結A	結A	結A	人A	結B	結B	直A	直A
9	結A	人A	結A	結A	結A	人A	人A	結B	直A	直A	人B	人B
10	人A	結B	結A	人A	人A	結B	結B	直A	人B	人B	結A	結A
11	結B	直A	人A	結B	結B	直A	直A	人B	結A	結A	結A	結A
12	直A	人B	結B	直A	直A	人B	人B	結A	結A	結A	人B	人B
13	人B	結A	直A	人B	人B	結A	結A	結A	人B	人B	直A	直A
14	結A	結A	人B	結A	結A	結A	結A	人B	直A	直A	結B	結B
15	結A	人B	結A	結A	結A	人B	人B	直A	結B	結B	人A	人A
16	人B	直A	結A	人B	人B	直A	直A	結B	人A	人A	結A	結A
17	直A	結B	人B	直A	直A	結B	結B	人A	結A	結A	結A	結A
18	結B	人A	直A	結B	結B	人A	人A	結A	結A	結A	人B	人B
19	人A	結A	結B	人A	人A	結A	結A	結A	人B	人B	直A	直A
20	結A	結A	人A	結A	結A	結A	結A	人B	直A	直A	結B	結B
21	結A	人B	結A	結A	結A	人B	人B	直A	結B	結B	人A	人A
22	人B	直A	結A	人B	人B	直A	直A	結B	人A	人A	直B	直B
23	直A	結B	人B	直A	直A	結B	結B	人A	直B	直B	直B	直B
24	結B	人A	直A	結B	結B	人A	人A	直B	直B	直B	人A	人A
25	人A	直B	結B	人A	人A	直B	直B	直B	人A	人A	結B	結B
26	直B	直B	人A	直B	直B	直B	直B	人A	結B	結B	結B	結B
27	直B	人A	直B	直B	直B	人A	人A	結B	結B	結B	人A	人A
28	人A	結B	直B	人A	人A	結B	結B	結B	人A	人A	直B	直B
29	結B		人A	結B	結B	結B	結B	人A	直B	直B	直B	直B
30	結B		結B	結B	結B	人A	人A	直B	直B	直B	人A	人A
31	人A		結B		人A		直B	直B		人A		結B

2024　令和６年

	1月	2月	3月	4月	5月	6月	7月	8月	9月	10月	11月	12月
1	直A	人B	直A	人B	人B	結A	結A	結A	人A	人A	結B	結B
2	人B	結A	人B	結A	結A	結A	結A	人A	結B	結B	直A	直A
3	結A	結A	結A	結A	結A	人A	人A	結B	直A	直A	人B	人B
4	結A	人A	結A	人A	人A	結B	結B	直A	人B	人B	結A	結A
5	人A	結B	人A	結B	結B	直A	直A	人B	結A	結A	結A	結A
6	結B	直A	結B	直A	直A	人B	人B	結A	結A	結A	人B	人B
7	直A	人B	直A	人B	人B	結A	結A	結A	人B	人B	直A	直A
8	人B	結A	人B	結A	結A	結A	結A	人B	直A	直A	結B	結B
9	結A	結A	結A	結A	結A	人B	人B	直A	結B	結B	人A	人A
10	結A	人B	結A	人B	人B	直A	直A	結B	人A	人A	結A	結A
11	人B	直A	人B	直A	直A	結B	結B	人A	結A	結A	結A	結A
12	直A	結B	直A	結B	結B	人A	人A	結A	結A	結A	人B	人B
13	結B	人A	結B	人A	人A	結A	結A	結A	人B	人B	直A	直A
14	人A	結A	人A	結A	結A	結A	結A	人B	直A	直A	結B	結B
15	結A	結A	結A	結A	結A	人B	人B	直A	結B	結B	人A	人A
16	結A	人B	結A	人B	人B	直A	直A	結B	人A	人A	直B	直B
17	人B	直A	人B	直A	直A	結B	結B	人A	直B	直B	直B	直B
18	直A	結B	直A	結B	結B	人A	人A	直B	直B	直B	人A	人A
19	結B	人A	結B	人A	人A	直B	直B	直B	人A	人A	結B	結B
20	人A	直B	人A	直B	直B	直B	直B	人A	結B	結B	結B	結B
21	直B	直B	直B	直B	直B	人A	人A	結B	結B	結B	人A	人A
22	直B	人A	直B	人A	人A	結B	結B	結B	人A	人A	直B	直B
23	人A	結B	人A	結B	結B	結B	結B	人A	直B	直B	直B	直B
24	結B	結B	結B	結B	結B	人A	人A	直B	直B	直B	人A	人A
25	結B	人A	結B	人A	人A	直B	直B	直B	人A	人A	結B	結B
26	人A	直B	人A	直B	直B	直B	直B	人A	結B	結B	直A	直A
27	直B	直B	直B	直B	直B	人A	人A	結B	直A	直A	人B	人B
28	直B	人A	直B	人A	人A	結B	結B	直A	人B	人B	結A	結A
29	人A	結B	人A	結B	結B	直A	直A	人B	結A	結A	結A	結A
30	結B		結B	直A	直A	人B	人B	結A	結A	結A	人A	人A
31	直A		直A		人B		結A	結A		人A		結B

2025　令和７年

	1月	2月	3月	4月	5月	6月	7月	8月	9月	10月	11月	12月
1	直A	人B	結B	直A	直A	人B	人B	結A	結A	結A	人B	人B
2	人B	結A	直A	人B	人B	結A	結A	結A	人B	人B	直A	直A
3	結A	結A	人B	結A	結A	結A	結A	人B	直A	直A	結B	結B
4	結A	人B	結A	結A	結A	人B	人B	直A	結B	結B	人A	人A
5	人B	直A	結A	人B	人B	直A	直A	結B	人A	人A	結A	結A
6	直A	結B	人B	直A	直A	結B	結B	人A	結A	結A	結A	結A
7	結B	人A	直A	結B	結B	人A	人A	結A	結A	結A	人B	人B
8	人A	結A	結B	人A	人A	結A	結A	結A	人B	人B	直A	直A
9	結A	結A	人A	結A	結A	結A	結A	人B	直A	直A	結B	結B
10	結A	人B	結A	結A	結A	人B	人B	直A	結B	結B	人A	人A
11	人B	直A	結A	人B	人B	直A	直A	結B	人A	人A	直B	直B
12	直A	結B	人B	直A	直A	結B	結B	人A	直B	直B	直B	直B
13	結B	人A	直A	結B	結B	人A	人A	直B	直B	直B	人A	人A
14	人A	直B	結B	人A	人A	直B	直B	直B	人A	人A	結B	結B
15	直B	直B	人A	直B	直B	直B	直B	人A	結B	結B	結B	結B
16	直B	人A	直B	直B	直B	人A	人A	結B	結B	結B	人A	人A
17	人A	結B	直B	人A	人A	結B	結B	結B	人A	人A	直B	直B
18	結B	結B	人A	結B	結B	結B	結B	人A	直B	直B	直B	直B
19	結B	人A	結B	結B	結B	人A	人A	直B	直B	直B	人A	人A
20	人A	直B	結B	人A	人A	直B	直B	直B	人A	人A	結B	結B
21	直B	直B	人A	直B	直B	直B	直B	人A	結B	結B	直A	直A
22	直B	人A	直B	直B	直B	人A	人A	結B	直A	直A	人B	人B
23	人A	結B	直B	人A	人A	結B	結B	直A	人B	人B	結A	結A
24	結B	直A	人A	結B	結B	直A	直A	人B	結A	結A	結A	結A
25	直A	人B	結B	直A	直A	人B	人B	結A	結A	結A	人A	人A
26	人B	結A	直A	人B	人B	結A	結A	結A	人A	人A	結B	結B
27	結A	結A	人B	結A	結A	結A	結A	人A	結B	結B	直A	直A
28	結A	人A	結A	結A	結A	人A	人A	結B	直A	直A	人B	人B
29	人A		結A	人A	人A	結B	結B	直A	人B	人B	結A	結A
30	結B		人A	結B	結B	直A	直A	人B	結A	結A	結A	結A
31	直A		結B		直A		人B	結A		結A		人B

2026　令和８年

	1月	2月	3月	4月	5月	6月	7月	8月	9月	10月	11月	12月
1	直A	結B	人B	直A	直A	結B	結B	人A	結A	結A	結A	結A
2	結B	人A	直A	結B	結B	人A	人A	結A	結A	結A	人B	人B
3	人A	結A	結B	人A	人A	結A	結A	結A	人B	人B	直A	直A
4	結A	結A	人A	結A	結A	結A	結A	人B	直A	直A	結B	結B
5	結A	人B	結A	結A	結A	人B	人B	直A	結B	結B	人A	人A
6	人B	直A	結A	人B	人B	直A	直A	結B	人A	人A	直B	直B
7	直A	結B	人B	直A	直A	結B	結B	人A	直B	直B	直B	直B
8	結B	人A	直A	結B	結B	人A	人A	直B	直B	直B	人A	人A
9	人A	直B	結B	人A	人A	直B	直B	直B	人A	人A	結B	結B
10	直B	直B	人A	直B	直B	直B	直B	人A	結B	結B	結B	結B
11	直B	人A	直B	直B	直B	人A	人A	結B	結B	結B	人A	人A
12	人A	結B	直B	人A	人A	結B	結B	結B	人A	人A	直B	直B
13	結B	結B	人A	結B	結B	結B	結B	人A	直B	直B	直B	直B
14	結B	人A	結B	結B	結B	人A	人A	直B	直B	直B	人A	人A
15	人A	直B	結B	人A	人A	直B	直B	直B	人A	人A	結B	結B
16	直B	直B	人A	直B	直B	直B	直B	人A	結B	結B	直A	直A
17	直B	人A	直B	直B	直B	人A	人A	結B	直A	直A	人B	人B
18	人A	結B	直B	人A	人A	結B	結B	直A	人B	人B	結A	結A
19	結B	直A	人A	結B	結B	直A	直A	人B	結A	結A	結A	結A
20	直A	人B	結B	直A	直A	人B	人B	結A	結A	結A	人A	人A
21	人B	結A	直A	人B	人B	結A	結A	結A	人A	人A	結B	結B
22	結A	結A	人B	結A	結A	結A	結A	人A	結B	結B	直A	直A
23	結A	人A	結A	結A	結A	人A	人A	結B	直A	直A	人B	人B
24	人A	結B	結A	人A	人A	結B	結B	直A	人B	人B	結A	結A
25	結B	直A	人A	結B	結B	直A	直A	人B	結A	結A	結A	結A
26	直A	人B	結B	直A	直A	人B	人B	結A	結A	結A	人B	人B
27	人B	結A	直A	人B	人B	結A	結A	結A	人B	人B	直A	直A
28	結A	結A	人B	結A	結A	結A	結A	人B	直A	直A	結B	結B
29	結A		結A	結A	結A	人B	人B	直A	結B	結B	人A	人A
30	人B		結A	人B	人B	直A	直A	結B	人A	人A	結A	結A
31	直A		人B		直A		結B	人A		結A		結A

2027　令和９年

	1月	2月	3月	4月	5月	6月	7月	8月	9月	10月	11月	12月
1	人B	直A	結A	人B	人B	直A	直A	結B	人A	人A	直B	直B
2	直A	結B	人B	直A	直A	結B	結B	人A	直B	直B	直B	直B
3	結B	人A	直A	結B	結B	人A	人A	直B	直B	直B	人A	人A
4	人A	直B	結B	人A	人A	直B	直B	直B	人A	人A	結B	結B
5	直B	直B	人A	直B	直B	直B	直B	人A	結B	結B	結B	結B
6	直B	人A	直B	直B	直B	人A	人A	結B	結B	結B	人A	人A
7	人A	結B	直B	人A	人A	結B	結B	結B	人A	人A	直B	直B
8	結B	結B	人A	結B	結B	結B	結B	人A	直B	直B	直B	直B
9	結B	人A	結B	結B	結B	人A	人A	直B	直B	直B	人A	人A
10	人A	直B	結B	人A	人A	直B	直B	直B	人A	人A	結B	結B
11	直B	直B	人A	直B	直B	直B	直B	人A	結B	結B	直A	直A
12	直B	人A	直B	直B	直B	人A	人A	結B	直A	直A	人B	人B
13	人A	結B	直B	人A	人A	結B	結B	直A	人B	人B	結A	結A
14	結B	直A	人A	結B	結B	直A	直A	人B	結A	結A	結A	結A
15	直A	人B	結B	直A	直A	人B	人B	結A	結A	結A	人A	人A
16	人B	結A	直A	人B	人B	結A	結A	結A	人A	人A	結B	結B
17	結A	結A	人B	結A	結A	結A	結A	人A	結B	結B	直A	直A
18	結A	人A	結A	結A	結A	人A	人A	結B	直A	直A	人B	人B
19	人A	結B	結A	人A	人A	結B	結B	直A	人B	人B	結A	結A
20	結B	直A	人A	結B	結B	直A	直A	人B	結A	結A	結A	結A
21	直A	人B	結B	直A	直A	人B	人B	結A	結A	結A	人B	人B
22	人B	結A	直A	人B	人B	結A	結A	結A	人B	人B	直A	直A
23	結A	結A	人B	結A	結A	結A	結A	人B	直A	直A	結B	結B
24	結A	人B	結A	結A	結A	人B	人B	直A	結B	結B	人A	人A
25	人B	直A	結A	人B	人B	直A	直A	結B	人A	人A	結A	結A
26	直A	結B	人B	直A	直A	結B	結B	人A	結A	結A	結A	結A
27	結B	人A	直A	結B	結B	人A	人A	結A	結A	結A	人B	人B
28	人A	結A	結B	人A	人A	結A	結A	結A	人B	人B	直A	直A
29	結A		人A	結A	結A	結A	結A	人B	直A	直A	結B	結B
30	結A		結A	結A	結A	人B	人B	直A	結B	結B	人A	人A
31	人B		結A		人B		直A	結B		人A		直B

2028　令和10年

	1月	2月	3月	4月	5月	6月	7月	8月	9月	10月	11月	12月
1	直B	人A	直B	人A	人A	結B	結B	結B	人A	人A	直B	直B
2	人A	結B	人A	結B	結B	結B	結B	人A	直B	直B	直B	直B
3	結B	結B	結B	結B	結B	人A	人A	直B	直B	直B	人A	人A
4	結B	人A	結B	人A	人A	直B	直B	直B	人A	人A	結B	結B
5	人A	直B	人A	直B	直B	直B	直B	人A	結B	結B	直A	直A
6	直B	直B	直B	直B	直B	人A	人A	結B	直A	直A	人B	人B
7	直B	人A	直B	人A	人A	結B	結B	直A	人B	人B	結A	結A
8	人A	結B	人A	結B	結B	直A	直A	人B	結A	結A	結A	結A
9	結B	直A	結B	直A	直A	人B	人B	結A	結A	結A	人A	人A
10	直A	人B	直A	人B	人B	結A	結A	結A	人A	人A	結B	結B
11	人B	結A	人B	結A	結A	結A	結A	人A	結B	結B	直A	直A
12	結A	結A	結A	結A	結A	人A	人A	結B	直A	直A	人B	人B
13	結A	人A	結A	人A	人A	結B	結B	直A	人B	人B	結A	結A
14	人A	結B	人A	結B	結B	直A	直A	人B	結A	結A	結A	結A
15	結B	直A	結B	直A	直A	人B	人B	結A	結A	結A	人B	人B
16	直A	人B	直A	人B	人B	結A	結A	結A	人B	人B	直A	直A
17	人B	結A	人B	結A	結A	結A	結A	人B	直A	直A	結B	結B
18	結A	結A	結A	結A	結A	人B	人B	直A	結B	結B	人A	人A
19	結A	人B	結A	人B	人B	直A	直A	結B	人A	人A	結A	結A
20	人B	直A	人B	直A	直A	結B	結B	人A	結A	結A	結A	結A
21	直A	結B	直A	結B	結B	人A	人A	結A	結A	結A	人B	人B
22	結B	人A	結B	人A	人A	結A	結A	結A	人B	人B	直A	直A
23	人A	結A	人A	結A	結A	結A	結A	人B	直A	直A	結B	結B
24	結A	結A	結A	結A	結A	人B	人B	直A	結B	結B	人A	人A
25	結A	人B	結A	人B	人B	直A	直A	結B	人A	人A	直B	直B
26	人B	直A	人B	直A	直A	結B	結B	人A	直B	直B	直B	直B
27	直A	結B	直A	結B	結B	人A	人A	直B	直B	直B	人A	人A
28	結B	人A	結B	人A	人A	直B	直B	直B	人A	人A	結B	結B
29	人A	直B	人A	直B	直B	直B	直B	人A	結B	結B	結B	結B
30	直B		直B	直B	直B	人A	人A	結B	結B	結B	人A	人A
31	直B		直B		人A		結B	結B		人A		直B

2029　令和11年

	1月	2月	3月	4月	5月	6月	7月	8月	9月	10月	11月	12月
1	直B	人A	直B	直B	直B	人A	人A	結B	直A	直A	人B	人B
2	人A	結B	直B	人A	人A	結B	結B	直A	人B	人B	結A	結A
3	結B	直A	人A	結B	結B	直A	直A	人B	結A	結A	結A	結A
4	直A	人B	結B	直A	直A	人B	人B	結A	結A	結A	人A	人A
5	人B	結A	直A	人B	人B	結A	結A	結A	人A	人A	結B	結B
6	結A	結A	人B	結A	結A	結A	結A	人A	結B	結B	直A	直A
7	結A	人A	結A	結A	結A	人A	人A	結B	直A	直A	人B	人B
8	人A	結B	結A	人A	人A	結B	結B	直A	人B	人B	結A	結A
9	結B	直A	人A	結B	結B	直A	直A	人B	結A	結A	結A	結A
10	直A	人B	結B	直A	直A	人B	人B	結A	結A	結A	人B	人B
11	人B	結A	直A	人B	人B	結A	結A	結A	人B	人B	直A	直A
12	結A	結A	人B	結A	結A	結A	結A	人B	直A	直A	結B	結B
13	結A	人B	結A	結A	結A	人B	人B	直A	結B	結B	人A	人A
14	人B	直A	結A	人B	人B	直A	直A	結B	人A	人A	結A	結A
15	直A	結B	人B	直A	直A	結B	結B	人A	結A	結A	結A	結A
16	結B	人A	直A	結B	結B	人A	人A	結A	結A	結A	人B	人B
17	人A	結A	結B	人A	人A	結A	結A	結A	人B	人B	直A	直A
18	結A	結A	人A	結A	結A	結A	結A	人B	直A	直A	結B	結B
19	結A	人B	結A	結A	結A	人B	人B	直A	結B	結B	人A	人A
20	人B	直A	結A	人B	人B	直A	直A	結B	人A	人A	直B	直B
21	直A	結B	人B	直A	直A	結B	結B	人A	直B	直B	直B	直B
22	結B	人A	直A	結B	結B	人A	人A	直B	直B	直B	人A	人A
23	人A	直B	結B	人A	人A	直B	直B	直B	人A	人A	結B	結B
24	直B	直B	人A	直B	直B	直B	直B	人A	結B	結B	結B	結B
25	直B	人A	直B	直B	直B	人A	人A	結B	結B	結B	人A	人A
26	人A	結B	直B	人A	人A	結B	結B	結B	人A	人A	直B	直B
27	結B	結B	人A	結B	結B	結B	結B	人A	直B	直B	直B	直B
28	結B	人A	結B	結B	結B	人A	人A	直B	直B	直B	人A	人A
29	人A		結B	人A	人A	直B	直B	直B	人A	人A	結B	結B
30	直B		人A	直B	直B	直B	直B	人A	結B	結B	直A	直A
31	直B		直B		直B		人A	結B		直A		人B

2030　令和12年

	1月	2月	3月	4月	5月	6月	7月	8月	9月	10月	11月	12月
1	結A	結A	人B	結A	結A	結A	結A	人A	結B	結B	直A	直A
2	結A	人A	結A	結A	結A	人A	人A	結B	直A	直A	人B	人B
3	人A	結B	結A	人A	人A	結B	結B	直A	人B	人B	結A	結A
4	結B	直A	人A	結B	結B	直A	直A	人B	結A	結A	結A	結A
5	直A	人B	結B	直A	直A	人B	人B	結A	結A	結A	人B	人B
6	人B	結A	直A	人B	人B	結A	結A	結A	人B	人B	直A	直A
7	結A	結A	人B	結A	結A	結A	結A	人B	直A	直A	結B	結B
8	結A	人B	結A	結A	結A	人B	人B	直A	結B	結B	人A	人A
9	人B	直A	結A	人B	人B	直A	直A	結B	人A	人A	結A	結A
10	直A	結B	人B	直A	直A	結B	結B	人A	結A	結A	結A	結A
11	結B	人A	直A	結B	結B	人A	人A	結A	結A	結A	人B	人B
12	人A	結A	結B	人A	人A	結A	結A	結A	人B	人B	直A	直A
13	結A	結A	人A	結A	結A	結A	結A	人B	直A	直A	結B	結B
14	結A	人B	結A	結A	結A	人B	人B	直A	結B	結B	人A	人A
15	人B	直A	結A	人B	人B	直A	直A	結B	人A	人A	直B	直B
16	直A	結B	人B	直A	直A	結B	結B	人A	直B	直B	直B	直B
17	結B	人A	直A	結B	結B	人A	人A	直B	直B	直B	人A	人A
18	人A	直B	結B	人A	人A	直B	直B	直B	人A	人A	結B	結B
19	直B	直B	人A	直B	直B	直B	直B	人A	結B	結B	結B	結B
20	直B	人A	直B	直B	直B	人A	人A	結B	結B	結B	人A	人A
21	人A	結B	直B	人A	人A	結B	結B	結B	人A	人A	直B	直B
22	結B	結B	人A	結B	結B	結B	結B	人A	直B	直B	直B	直B
23	結B	人A	結B	結B	結B	人A	人A	直B	直B	直B	人A	人A
24	人A	直B	結B	人A	人A	直B	直B	直B	人A	人A	結B	結B
25	直B	直B	人A	直B	直B	直B	直B	人A	結B	結B	直A	直A
26	直B	人A	直B	直B	直B	人A	人A	結B	直A	直A	人B	人B
27	人A	結B	直B	人A	人A	結B	結B	直A	人B	人B	結A	結A
28	結B	直A	人A	結B	結B	直A	直A	人B	結A	結A	結A	結A
29	直A		結B	直A	直A	人B	人B	結A	結A	結A	人A	人A
30	人B		直A	人B	人B	結A	結A	結A	人A	人A	結B	結B
31	結A		人B		結A		結A	人A		結B		直A

2031　令和13年

	1月	2月	3月	4月	5月	6月	7月	8月	9月	10月	11月	12月
1	人B	結A	直A	人B	人B	結A	結A	結A	人B	人B	直A	直A
2	結A	結A	人B	結A	結A	結A	結A	人B	直A	直A	結B	結B
3	結A	人B	結A	結A	結A	人B	人B	直A	結B	結B	人A	人A
4	人B	直A	結A	人B	人B	直A	直A	結B	人A	人A	結A	結A
5	直A	結B	人B	直A	直A	結B	結B	人A	結A	結A	結A	結A
6	結B	人A	直A	結B	結B	人A	人A	結A	結A	結A	人B	人B
7	人A	結A	結B	人A	人A	結A	結A	結A	人B	人B	直A	直A
8	結A	結A	人A	結A	結A	結A	結A	人B	直A	直A	結B	結B
9	結A	人B	結A	結A	結A	人B	人B	直A	結B	結B	人A	人A
10	人B	直A	結A	人B	人B	直A	直A	結B	人A	人A	直B	直B
11	直A	結B	人B	直A	直A	結B	結B	人A	直B	直B	直B	直B
12	結B	人A	直A	結B	結B	人A	人A	直B	直B	直B	人A	人A
13	人A	直B	結B	人A	人A	直B	直B	直B	人A	人A	結B	結B
14	直B	直B	人A	直B	直B	直B	直B	人A	結B	結B	結B	結B
15	直B	人A	直B	直B	直B	人A	人A	結B	結B	結B	人A	人A
16	人A	結B	直B	人A	人A	結B	結B	結B	人A	人A	直B	直B
17	結B	結B	人A	結B	結B	結B	結B	人A	直B	直B	直B	直B
18	結B	人A	結B	結B	結B	人A	人A	直B	直B	直B	人A	人A
19	人A	直B	結B	人A	人A	直B	直B	直B	人A	人A	結B	結B
20	直B	直B	人A	直B	直B	直B	直B	人A	結B	結B	直A	直A
21	直B	人A	直B	直B	直B	人A	人A	結B	直A	直A	人B	人B
22	人A	結B	直B	人A	人A	結B	結B	直A	人B	人B	結A	結A
23	結B	直A	人A	結B	結B	直A	直A	人B	結A	結A	結A	結A
24	直A	人B	結B	直A	直A	人B	人B	結A	結A	結A	人A	人A
25	人B	結A	直A	人B	人B	結A	結A	結A	人A	人A	結B	結B
26	結A	結A	人B	結A	結A	結A	結A	人A	結B	結B	直A	直A
27	結A	人A	結A	結A	結A	人A	人A	結B	直A	直A	人B	人B
28	人A	結B	結A	人A	人A	結B	結B	直A	人B	人B	結A	結A
29	結B		人A	結B	結B	直A	直A	人B	結A	結A	結A	結A
30	直A		結B	直A	直A	人B	人B	結A	結A	結A	人B	人B
31	人B		直A		人B		結A	結A		人B		直A

2032　令和14年

	1月	2月	3月	4月	5月	6月	7月	8月	9月	10月	11月	12月
1	結B	人A	結B	人A	人A	結A	結A	結A	人B	人B	直A	直A
2	人A	結A	人A	結A	結A	結A	結A	人B	直A	直A	結B	結B
3	結A	結A	結A	結A	結A	人B	人B	直A	結B	結B	人A	人A
4	結A	人B	結A	人B	人B	直A	直A	結B	人A	人A	直B	直B
5	人B	直A	人B	直A	直A	結B	結B	人A	直B	直B	直B	直B
6	直A	結B	直A	結B	結B	人A	人A	直B	直B	直B	人A	人A
7	結B	人A	結B	人A	人A	直B	直B	直B	人A	人A	結B	結B
8	人A	直B	人A	直B	直B	直B	直B	人A	結B	結B	結B	結B
9	直B	直B	直B	直B	直B	人A	人A	結B	結B	結B	人A	人A
10	直B	人A	直B	人A	人A	結B	結B	結B	人A	人A	直B	直B
11	人A	結B	人A	結B	結B	結B	結B	人A	直B	直B	直B	直B
12	結B	結B	結B	結B	結B	人A	人A	直B	直B	直B	人A	人A
13	結B	人A	結B	人A	人A	直B	直B	直B	人A	人A	結B	結B
14	人A	直B	人A	直B	直B	直B	直B	人A	結B	結B	直A	直A
15	直B	直B	直B	直B	直B	人A	人A	結B	直A	直A	人B	人B
16	直B	人A	直B	人A	人A	結B	結B	直A	人B	人B	結A	結A
17	人A	結B	人A	結B	結B	直A	直A	人B	結A	結A	結A	結A
18	結B	直A	結B	直A	直A	人B	人B	結A	結A	結A	人A	人A
19	直A	人B	直A	人B	人B	結A	結A	結A	人A	人A	結B	結B
20	人B	結A	人B	結A	結A	結A	結A	人A	結B	結B	直A	直A
21	結A	結A	結A	結A	結A	人A	人A	結B	直A	直A	人B	人B
22	結A	人A	結A	人A	人A	結B	結B	直A	人B	人B	結A	結A
23	人A	結B	人A	結B	結B	直A	直A	人B	結A	結A	結A	結A
24	結B	直A	結B	直A	直A	人B	人B	結A	結A	結A	人B	人B
25	直A	人B	直A	人B	人B	結A	結A	結A	人B	人B	直A	直A
26	人B	結A	人B	結A	結A	結A	結A	人B	直A	直A	結B	結B
27	結A	結A	結A	結A	結A	人B	人B	直A	結B	結B	人A	人A
28	結A	人B	結A	人B	人B	直A	直A	結B	人A	人A	結A	結A
29	人B	直A	人B	直A	直A	結B	結B	人A	結A	結A	結A	結A
30	直A		直A	結B	結B	人A	人A	結A	結A	結A	人B	人B
31	結B		結B		人A		結A	結A		人B		直A

2033　令和15年

	1月	2月	3月	4月	5月	6月	7月	8月	9月	10月	11月	12月
1	結B	人A	直A	結B	結B	人A	人A	直B	直B	直B	人A	人A
2	人A	直B	結B	人A	人A	直B	直B	直B	人A	人A	結B	結B
3	直B	直B	人A	直B	直B	直B	直B	人A	結B	結B	結B	結B
4	直B	人A	直B	直B	直B	人A	人A	結B	結B	結B	人A	人A
5	人A	結B	直B	人A	人A	結B	結B	結B	人A	人A	直B	直B
6	結B	結B	人A	結B	結B	結B	結B	人A	直B	直B	直B	直B
7	結B	人A	結B	結B	結B	人A	人A	直B	直B	直B	人A	人A
8	人A	直B	結B	人A	人A	直B	直B	直B	人A	人A	結B	結B
9	直B	直B	人A	直B	直B	直B	直B	人A	結B	結B	直A	直A
10	直B	人A	直B	直B	直B	人A	人A	結B	直A	直A	人B	人B
11	人A	結B	直B	人A	人A	結B	結B	直A	人B	人B	結A	結A
12	結B	直A	人A	結B	結B	直A	直A	人B	結A	結A	結A	結A
13	直A	人B	結B	直A	直A	人B	人B	結A	結A	結A	人A	人A
14	人B	結A	直A	人B	人B	結A	結A	結A	人A	人A	結B	結B
15	結A	結A	人B	結A	結A	結A	結A	人A	結B	結B	直A	直A
16	結A	人A	結A	結A	結A	人A	人A	結B	直A	直A	人B	人B
17	人A	結B	結A	人A	人A	結B	結B	直A	人B	人B	結A	結A
18	結B	直A	人A	結B	結B	直A	直A	人B	結A	結A	結A	結A
19	直A	人B	結B	直A	直A	人B	人B	結A	結A	結A	人B	人B
20	人B	結A	直A	人B	人B	結A	結A	結A	人B	人B	直A	直A
21	結A	結A	人B	結A	結A	結A	結A	人B	直A	直A	結B	結B
22	結A	人B	結A	結A	結A	人B	人B	直A	結B	結B	人A	人A
23	人B	直A	結A	人B	人B	直A	直A	結B	人A	人A	結A	結A
24	直A	結B	人B	直A	直A	結B	結B	人A	結A	結A	結A	結A
25	結B	人A	直A	結B	結B	人A	人A	結A	結A	結A	人B	人B
26	人A	結A	結B	人A	人A	結A	結A	結A	人B	人B	直A	直A
27	結A	結A	人A	結A	結A	結A	結A	人B	直A	直A	結B	結B
28	結A	人B	結A	結A	結A	人B	人B	直A	結B	結B	人A	人A
29	人B		結A	人B	人B	直A	直A	結B	人A	人A	直B	直B
30	直A		人B	直A	直A	結B	結B	人A	直B	直B	直B	直B
31	結B		直A		結B		人A	直B		直B		人A

2034　令和16年

	1月	2月	3月	4月	5月	6月	7月	8月	9月	10月	11月	12月
1	結B	結B	人A	結B	結B	結B	結B	人A	直B	直B	直B	直B
2	結B	人A	結B	結B	結B	人A	人A	直B	直B	直B	人A	人A
3	人A	直B	結B	人A	人A	直B	直B	直B	人A	人A	結B	結B
4	直B	直B	人A	直B	直B	直B	直B	人A	結B	結B	直A	直A
5	直B	人A	直B	直B	直B	人A	人A	結B	直A	直A	人B	人B
6	人A	結B	直B	人A	人A	結B	結B	直A	人B	人B	結A	結A
7	結B	直A	人A	結B	結B	直A	直A	人B	結A	結A	結A	結A
8	直A	人B	結B	直A	直A	人B	人B	結A	結A	結A	人A	人A
9	人B	結A	直A	人B	人B	結A	結A	結A	人A	人A	結B	結B
10	結A	結A	人B	結A	結A	結A	結A	人A	結B	結B	直A	直A
11	結A	人A	結A	結A	結A	人A	人A	結B	直A	直A	人B	人B
12	人A	結B	結A	人A	人A	結B	結B	直A	人B	人B	結A	結A
13	結B	直A	人A	結B	結B	直A	直A	人B	結A	結A	結A	結A
14	直A	人B	結B	直A	直A	人B	人B	結A	結A	結A	人B	人B
15	人B	結A	直A	人B	人B	結A	結A	結A	人B	人B	直A	直A
16	結A	結A	人B	結A	結A	結A	結A	人B	直A	直A	結B	結B
17	結A	人B	結A	結A	結A	人B	人B	直A	結B	結B	人A	人A
18	人B	直A	結A	人B	人B	直A	直A	結B	人A	人A	結A	結A
19	直A	結B	人B	直A	直A	結B	結B	人A	結A	結A	結A	結A
20	結B	人A	直A	結B	結B	人A	人A	結A	結A	結A	人B	人B
21	人A	結A	結B	人A	人A	結A	結A	結A	人B	人B	直A	直A
22	結A	結A	人A	結A	結A	結A	結A	人B	直A	直A	結B	結B
23	結A	人B	結A	結A	結A	人B	人B	直A	結B	結B	人A	人A
24	人B	直A	結A	人B	人B	直A	直A	結B	人A	人A	直B	直B
25	直A	結B	人B	直A	直A	結B	結B	人A	直B	直B	直B	直B
26	結B	人A	直A	結B	結B	人A	人A	直B	直B	直B	人A	人A
27	人A	直B	結B	人A	人A	直B	直B	直B	人A	人A	結B	結B
28	直B	直B	人A	直B	直B	直B	直B	人A	結B	結B	結B	結B
29	直B		直B	直B	直B	人A	人A	結B	結B	結B	人A	人A
30	人A		直B	人A	人A	結B	結B	結B	人A	人A	直B	直B
31	結B		人A		結B		結B	人A		直B		直B

2035　令和17年

	1月	2月	3月	4月	5月	6月	7月	8月	9月	10月	11月	12月
1	人A	結B	直B	人A	人A	結B	結B	直A	人B	人B	結A	結A
2	結B	直A	人A	結B	結B	直A	直A	人B	結A	結A	結A	結A
3	直A	人B	結B	直A	直A	人B	人B	結A	結A	結A	人A	人A
4	人B	結A	直A	人B	人B	結A	結A	結A	人A	人A	結B	結B
5	結A	結A	人B	結A	結A	結A	結A	人A	結B	結B	直A	直A
6	結A	人A	結A	結A	結A	人A	人A	結B	直A	直A	人B	人B
7	人A	結B	結A	人A	人A	結B	結B	直A	人B	人B	結A	結A
8	結B	直A	人A	結B	結B	直A	直A	人B	結A	結A	結A	結A
9	直A	人B	結B	直A	直A	人B	人B	結A	結A	結A	人B	人B
10	人B	結A	直A	人B	人B	結A	結A	結A	人B	人B	直A	直A
11	結A	結A	人B	結A	結A	結A	結A	人B	直A	直A	結B	結B
12	結A	人B	結A	結A	結A	人B	人B	直A	結B	結B	人A	人A
13	人B	直A	結A	人B	人B	直A	直A	結B	人A	人A	結A	結A
14	直A	結B	人B	直A	直A	結B	結B	人A	結A	結A	結A	結A
15	結B	人A	直A	結B	結B	人A	人A	結A	結A	結A	人B	人B
16	人A	結A	結B	人A	人A	結A	結A	結A	人B	人B	直A	直A
17	結A	結A	人A	結A	結A	結A	結A	人B	直A	直A	結B	結B
18	結A	人B	結A	結A	結A	人B	人B	直A	結B	結B	人A	人A
19	人B	直A	結A	人B	人B	直A	直A	結B	人A	人A	直B	直B
20	直A	結B	人B	直A	直A	結B	結B	人A	直B	直B	直B	直B
21	結B	人A	直A	結B	結B	人A	人A	直B	直B	直B	人A	人A
22	人A	直B	結B	人A	人A	直B	直B	直B	人A	人A	結B	結B
23	直B	直B	人A	直B	直B	直B	直B	人A	結B	結B	結B	結B
24	直B	人A	直B	直B	直B	人A	人A	結B	結B	結B	人A	人A
25	人A	結B	直B	人A	人A	結B	結B	結B	人A	人A	直B	直B
26	結B	結B	人A	結B	結B	結B	結B	人A	直B	直B	直B	直B
27	結B	人A	結B	結B	結B	人A	人A	直B	直B	直B	人A	人A
28	人A	直B	結B	人A	人A	直B	直B	直B	人A	人A	結B	結B
29	直B		人A	直B	直B	直B	直B	人A	結B	結B	直A	直A
30	直B		直B	直B	直B	人A	人A	結B	直A	直A	人B	人B
31	人A		直B		人A		結B	直A		人B		結A

2036　令和18年

	1月	2月	3月	4月	5月	6月	7月	8月	9月	10月	11月	12月
1	結A	人A	結A	人A	人A	結B	結B	直A	人B	人B	結A	結A
2	人A	結B	人A	結B	結B	直A	直A	人B	結A	結A	結A	結A
3	結B	直A	結B	直A	直A	人B	人B	結A	結A	結A	人B	人B
4	直A	人B	直A	人B	人B	結A	結A	結A	人B	人B	直A	直A
5	人B	結A	人B	結A	結A	結A	結A	人B	直A	直A	結B	結B
6	結A	結A	結A	結A	結A	人B	人B	直A	結B	結B	人A	人A
7	結A	人B	結A	人B	人B	直A	直A	結B	人A	人A	結A	結A
8	人B	直A	人B	直A	直A	結B	結B	人A	結A	結A	結A	結A
9	直A	結B	直A	結B	結B	人A	人A	結A	結A	結A	人B	人B
10	結B	人A	結B	人A	人A	結A	結A	結A	人B	人B	直A	直A
11	人A	結A	人A	結A	結A	結A	結A	人B	直A	直A	結B	結B
12	結A	結A	結A	結A	結A	人B	人B	直A	結B	結B	人A	人A
13	結A	人B	結A	人B	人B	直A	直A	結B	人A	人A	直B	直B
14	人B	直A	人B	直A	直A	結B	結B	人A	直B	直B	直B	直B
15	直A	結B	直A	結B	結B	人A	人A	直B	直B	直B	人A	人A
16	結B	人A	結B	人A	人A	直B	直B	直B	人A	人A	結B	結B
17	人A	直B	人A	直B	直B	直B	直B	人A	結B	結B	結B	結B
18	直B	直B	直B	直B	直B	人A	人A	結B	結B	結B	人A	人A
19	直B	人A	直B	人A	人A	結B	結B	結B	人A	人A	直B	直B
20	人A	結B	人A	結B	結B	結B	結B	人A	直B	直B	直B	直B
21	結B	結B	結B	結B	結B	人A	人A	直B	直B	直B	人A	人A
22	結B	人A	結B	人A	人A	直B	直B	直B	人A	人A	結B	結B
23	人A	直B	人A	直B	直B	直B	直B	人A	結B	結B	直A	直A
24	直B	直B	直B	直B	直B	人A	人A	結B	直A	直A	人B	人B
25	直B	人A	直B	人A	人A	結B	結B	直A	人B	人B	結A	結A
26	人A	結B	人A	結B	結B	直A	直A	人B	結A	結A	結A	結A
27	結B	直A	結B	直A	直A	人B	人B	結A	結A	結A	人A	人A
28	直A	人B	直A	人B	人B	結A	結A	結A	人A	人A	結B	結B
29	人B	結A	人B	結A	結A	結A	結A	人A	結B	結B	直A	直A
30	結A		結A	結A	結A	人A	人A	結B	直A	直A	人B	人B
31	結A		結A		人A		結B	直A		人B		結A

2037　令和19年

	1月	2月	3月	4月	5月	6月	7月	8月	9月	10月	11月	12月
1	結A	人B	結A	結A	結A	人B	人B	直A	結B	結B	人A	人A
2	人B	直A	結A	人B	人B	直A	直A	結B	人A	人A	結A	結A
3	直A	結B	人B	直A	直A	結B	結B	人A	結A	結A	結A	結A
4	結B	人A	直A	結B	結B	人A	人A	結A	結A	結A	人B	人B
5	人A	結A	結B	人A	人A	結A	結A	結A	人B	人B	直A	直A
6	結A	結A	人A	結A	結A	結A	結A	人B	直A	直A	結B	結B
7	結A	人B	結A	結A	結A	人B	人B	直A	結B	結B	人A	人A
8	人B	直A	結A	人B	人B	直A	直A	結B	人A	人A	直B	直B
9	直A	結B	人B	直A	直A	結B	結B	人A	直B	直B	直B	直B
10	結B	人A	直A	結B	結B	人A	人A	直B	直B	直B	人A	人A
11	人A	直B	結B	人A	人A	直B	直B	直B	人A	人A	結B	結B
12	直B	直B	人A	直B	直B	直B	直B	人A	結B	結B	結B	結B
13	直B	人A	直B	直B	直B	人A	人A	結B	結B	結B	人A	人A
14	人A	結B	直B	人A	人A	結B	結B	結B	人A	人A	直B	直B
15	結B	結B	人A	結B	結B	結B	結B	人A	直B	直B	直B	直B
16	結B	人A	結B	結B	結B	人A	人A	直B	直B	直B	人A	人A
17	人A	直B	結B	人A	人A	直B	直B	直B	人A	人A	結B	結B
18	直B	直B	人A	直B	直B	直B	直B	人A	結B	結B	直A	直A
19	直B	人A	直B	直B	直B	人A	人A	結B	直A	直A	人B	人B
20	人A	結B	直B	人A	人A	結B	結B	直A	人B	人B	結A	結A
21	結B	直A	人A	結B	結B	直A	直A	人B	結A	結A	結A	結A
22	直A	人B	結B	直A	直A	人B	人B	結A	結A	結A	人A	人A
23	人B	結A	直A	人B	人B	結A	結A	結A	人A	人A	結B	結B
24	結A	結A	人B	結A	結A	結A	結A	人A	結B	結B	直A	直A
25	結A	人A	結A	結A	結A	人A	人A	結B	直A	直A	人B	人B
26	人A	結B	結A	人A	人A	結B	結B	直A	人B	人B	結A	結A
27	結B	直A	人A	結B	結B	直A	直A	人B	結A	結A	結A	結A
28	直A	人B	結B	直A	直A	人B	人B	結A	結A	結A	人B	人B
29	人B		直A	人B	人B	結A	結A	結A	人B	人B	直A	直A
30	結A		人B	結A	結A	結A	結A	人B	直A	直A	結B	結B
31	結A		結A		結A		人B	直A		結B		人A

著者紹介

佐奈由紀子（さな　ゆきこ）

（株）バースデイサイエンス研究所　代表取締役。

大学卒業後、大手上場企業、外資系IT企業で秘書を経験。そこで、部下の扱いに悩む上司の苦しみを目の当たりにし、華々しく活躍する人ほど人の悩みが深いことに驚愕する。以来、「人」に興味を持ち、さまざまな角度から検証。

平成９年、生年月日の研究に出会い、性格学、態度類型学に深く傾倒する。

平成12年より講座を開催。「何度受けても毎回新たな発見がある」と評判で、７割以上がリピーターとなっている。毎月通う熱心な受講者も多く、個人の人間関係相談には、1000人以上を継続的に支援。その慈愛に満ちた親身な姿勢から「人の生まれ出る泉＝バースデイの女神」と呼ばれている。

著書に『生年月日の真実』（青春出版社）がある。

この作品は、2009年２月にPHP文庫として刊行された『生年月日の暗号』を改版し、加筆・修正したものです。

PHP文庫　新装版
生年月日の暗号
統計心理学でわかる6つの性格

2019年10月14日　第1版第1刷

著　者　佐奈由紀子
発行者　後藤淳一
発行所　株式会社ＰＨＰ研究所
東京本部　〒135-8137　江東区豊洲5-6-52
第四制作部文庫課　☎03-3520-9617（編集）
普及部　☎03-3520-9630（販売）
京都本部　〒601-8411　京都市南区西九条北ノ内町11
PHP INTERFACE　https://www.php.co.jp/
組　版　朝日メディアインターナショナル株式会社
印刷所
製本所　図書印刷株式会社

ISBN978-4-569-76973-8